장자

몸으로 노닐다

생명 · 생태 · 삶의 미학

장자
몸으로 노닐다

박현숙 지음

한국학술정보

차례

서문

몸은 항상 껍데기라고 여겼다. 진정한 나는 이 껍데기가 아니라 심오한 어딘가에서 다시 찾아내야 한다고 생각했다. 그래서 몸을 이기고 싶었고, 속세의 삶을 떠나고 싶었다. 몸과 마음의 분열은 삶을 고통스럽게 하였다. 나이가 들어 몸이 삐걱거리며 아우성치기 시작해서야 결국 이 몸이 곧 나라는 것을 알게 되었다.

늦게 시작한 공부에서 장자를 만난 것은 행운이었다. 장자는 피안의 순수한 영혼의 행복을 말하는 것이 아니라 바로 이 세상에서 몸으로 사는 방법을 말한다. 장자는 몸을 통하지 않고는 어떠한 고귀한 가치도 실현될 수 없고, 몸을 부정하고는 어떠한 진리에도 도달하지 못한다는 것을 깨우쳐 주었다.

몇 년간 장자와 치열한 시간을 보냈다. 『장자』라는 텍스트는 가장 고전적이면서도 동시에 가장 현대적이며, 철학서라기보다 차라리 한 편의 길고 긴 시이다. 장자는 직접적으로 자신의 주장을 기술하지 않지만 온갖 비유와 은유, 해학적인 패러디가 깊은 계곡에서 울리는 듯한 메아리와 그림자를 남긴다. 텍스트는 두껍지만 그가 말하는 방식은 가볍고 발랄하고 유쾌하며 무한한 해석의 공간을 용납한다.

나는 장자로부터 이러한 가벼움과 유쾌함을 배웠고, 삶에 대해 좀더 긍정적이고 유연하게 사고하는 법을 배웠다. 또한 현실을 긍정하되 동시에 현실에 안주하지 않고 끝없이 도전하며 비상하는 것도 배웠다. 「소요유」편을 읽고 나면 누군들 붕새가 되어 창공을 나는 꿈을 꾸지 않겠는가. 이것은 현실과 이상의 조화, 삶과 꿈의 조화이고 한마디로 몸과 마음의 화해이다.

이 책은 지난 몇 년간 온몸으로 쓴 것이다. 행간마다 몸의 고통의 흔적이 고스란히 배어 있는 듯하다. 감사할 분들을 일일이 밝히기에는 너무나 많다. 이 책이 나오기까지 만났던 모든 분께 한꺼번에 고개 숙여 감사의 인사를 전한다.

2019. 10. 중국 산동대학교 쟝전(蔣震) 도서관에서
박 현 숙

논문 개요

　본 연구는 심신이분법에 의한 몸이 아닌 심신유기체로서의 몸을 중심으로 장자의 몸의 미학을 탐구한다. 몸의 미학의 관점에서 장자의 핵심 사상은 '養生', '齊物', '逍遙遊'이고 이는 각각 생명미학, 생태미학, 삶의 미학을 구현한다. 몸의 일차적인 의미는 생명을 보존하는 것이다. 이 생명은 독자적인 생존이 불가능하며, 항상 환경과의 상호작용을 통해 존재한다. 인간의 삶은 결국 이러한 생명의 전개 과정이라는 점에서, 몸의 미학은 곧 생명미학이자 생태미학이자 삶의 미학이다.

　중국 고대철학에서 몸은 물리적 층위에서부터 정신적 층위까지 모두를 총합하는 개념으로서 학습, 경험 등 사회적 행위를 통해 축적된 가치로서의 몸이자 한 개인의 인격적 실체를 의미한다. 그러나 유가의 修身은 자연적인 몸 자체보다는 정치적인 몸, 도덕화된 몸, 의례화된 몸 등에 큰 가치를 부여함으로써 정신성을 우위에 두는 경향이 있다. 반면 장자는 인위적 가치에 물들기 전의 자연적인 몸과 생명력 넘치는 몸을 중시하였다. 장자에서 '形'은 하늘로부터 받은 자연적인 몸을 대변하고, '神'은 '形'과 '心'이 막힘없이 소통하여 활발하게 생명 활동을 하는 최고의 몸 상태를 의미한다.

　장자의 '養生' 개념은 '養形'에서부터 '養神'까지 모두 포괄하는 것으로 전 인격체의 성숙과 완성을 의미한다. 양생의 방법인 '坐忘'은

形과 心 양 방면을 모두 비워내서 우주의 생명력을 소통시키고 복원시키는 것이다. 이러한 생명미학의 체현자는 외모상으로는 극단적으로 상반된 眞人과 畸人이다. 진인이 완벽한 도를 육체적으로 이상화한 것이라면, 기인은 현실적 조건에서 살아갈 수밖에 없는 인간을 대변한다. 기인은 온갖 육체적인 불완전함과 추함을 지녔지만, 내재된 덕성으로 인해 오히려 강한 생명미를 드러낸다.

장자의 최고 심미 활동인 '遊'는 자연 속 자유로운 몸의 동작에서부터 도의 체득까지 아우르는 자연생태 미학 개념을 내포한다. 자연의 심미 체험을 통해 체득한 도의 경지는 '天籟'와 '以明'으로 은유된다. 천뢰는 소리 없는 소리요, 이명은 빛나지 않는 빛으로서 모두 언어로 표현할 수 없는 도를 시청각적 요소로 은유한 것이다. 장자의 만물제동의 사유는 자연에 대한 지배와 착취의 조건이 사회적 위계와 착취에서 비롯된다는 사회생태적 함의를 갖는다. 또한 몸의 부정성을 가장 크게 드러내는 죽음을 지구 전체 생명의 순환적 입장에서 사유한다.

'逍遙遊'는 단지 정신적인 자유가 아니라 구체적인 사회 현실과 정치 현실에 대한 비판 정신에서 도출된 것이다. 이는 신체 은유를 통해 드러나는 정치에 대한 비판 의식에서 잘 드러난다. 장자의 정치에 대한 신체 은유는 권력 중심과 전체론 우위의 유가 정치체에 대한 비판을 담고 있다. 일상생활 속에서 행위와 실천을 통하여 삶의 미학을 체현하는 자들은 군자나 귀족이 아니라 다양한 기술을 갖고 생계를 엮어나가고 있는 일반 민중들이다. 최고의 기술을 연마한 포정을 비롯해 장인들은 도의 체험이 정신의 추상적 사변이 아니라 구체적이고 생생한 몸의 감각을 통하여 체현된다는 것을 보여준다.

결론적으로 장자의 몸의 미학은 자연의 생명력이 충만한 생명미학이자, 자연환경 및 사회환경 안에서 다양한 사물과 함께 평등과 다양성을 존중하는 생태미학이며, 구체적인 삶 속에서 실천을 통하여 일상의 삶을 예술로 승화시키는 삶의 미학이다.

제1장

서론

1. 문제 제기 및 연구 목적

본 연구는 미학의 주된 관심이 예술만이 아니라 삶의 여러 영역으로 확장되어야 하고, 이를 위해서는 기존 심신이분법에 의한 몸이 아닌 심신유기체로서의 몸이 중심이 되어야 한다는 관점 아래 장자의 몸의 미학을 탐구하고자 한다. 여기서 말하는 몸은 단지 물리적이고 생리적인 육체만을 말하는 것이 아니라 감정, 사유, 정서, 느낌 등을 모두 포함하는 통합된 유기체로서의 몸이고, 삶을 직접 살아가는 생명력 넘치는 생생한 몸으로서의 전인격적 인간을 의미한다. 따라서 몸의 미학이 연구하는 대상은 예술 작품이라기보다 생생한 몸의 감각과 삶의 터전에서 일어나는 생생한 활동들이다.

미학은 넓게는 예술에 관한 이론으로, 좁게는 미의 개념을 정의하는 예술에 대한 철학적 연구로 알려져 있다. 미학(Asthetik)은 본래 "지각하다", "감각하다"라는 뜻의 그리스어 'aisthesis'에서 유래한 것으로서, 지성을 매개로 하는 논리학에 대비하여 감성을 매개로 하는 보조적 인식학으로서의 '감성학(aesthetica)'으로 탄생하였다. 애초에 감성은 지성보다 열등하고 저급하다는 전제 위에 시작되었으나 동시에 이성 중심주의에 대한 비판을 암시하고 있기도 하다. 그러나 미학이라는 학문이 성립된 이후 미학은 예술적인 것을 일상의 삶으로부터 분리함으로써 학문의 정체성을 추구하여 왔다. 현대 미적 논의를 대표하는 예술제도론과 미적태도론은 이를 잘 보여준다. 예술제도론에서는 예술 작품과 예술 작품이 아닌 것을 구분하고, 미적태도론에서는 미적 태도와 일상적 태도를 분리하는데, 이는 한마디로 예술과 일상적인 삶의 분리를 의미한다. 예술제도론이 객관적 대상을 우선시한다면 미적태도론은 주관적 심리에 주목하며, 이는 물리적 대상과 심리적 경험의 대립이자 곧 주관과 객관의 대립이다. 이러한 주관·객관의 대립 및 분리의 가장 깊은 기초는 바로 몸과 마음을 분리하는 것에 있다. 몸과 마음, 이성과 감성을 분리한 후 몸 혹은 감성을 열등한 것으로 치부하고, 마음 혹은 이성에 우월적 지위와 특권을 부여하는 것이다. 이러한 이원론은 서양 전통철학에 뿌리 깊이 내재해 있다.

서양 전통에서는 고대 그리스의 플라톤에서부터 중세 기독교까지 몸을 욕망의 근원이자 참된 인식을 방해하는 것으로 여겼고, 근대에 이르러서는 인간에게서 몸을 완전히 분리하고 자신의 정체성을 오직 이성과 사고에만 정초하였다. 데카르트는 이 세계를 사유와 연장, 즉 마음과 몸이라는 두 실체로 상정함으로써 이성과 감성, 인간과 자연을 분리하였고, 칸트의 계몽주의 역시 이성의 자율성을 낙관하며 몸과 자연을 주변화시켰다. 이성과 감성, 자연과 문화, 물질과 관념, 남자와 여자, 주체와 객체 등 근대의 모든 이원적 대립 구조는 바로 몸과 마음의 이원론에 기초하고 있다. 근대성의 위기는 바로 이성 중심의 의식철학이 야기한 것이라 할 수 있다. 니체, 메를로 퐁티, 푸코 등이 철학의 중심을 의식에서 몸으로 전환한 것은 그러한 근대철학에 대한 반성에 기초한다. 니체(F. Nietzsche)는 "나는 몸 이

외에 아무것도 아니고, 영혼이란 몸에 딸린 무엇일 뿐이다."[1]라고 선언하며 순수한 영혼주의를 비판하고 몸 중심으로 철학의 전환을 시도하였다. 메를로-퐁티(M. Merleau-Ponty)는 근대철학의 경험주의와 주지주의를 모두 투명철학이라 비판하면서 철학은 객관적 세계의 이면에 있는 체험된 세계로 복귀해야 한다고 말하였다.[2] 체험된 세계란 이성이 아닌 몸이 주체가 되는 세계이며, 이때의 몸은 물리적이거나 생리적인 육체를 의미하는 것이 아니라 정신·사유·반성의 기능을 함께 수행하는 '체화된 의식(conscience incarnée)'으로서의 몸을 의미한다. 이러한 몸 주체는 세계 속에 거주하면서 세계와 구조적으로 연관되는 '세계에의 존재(être-au-monde)'이다. 세계에의 존재로서의 몸은 세계와 하나가 되기 위해 끊임없이 세계 속에 적응하며 자신의 몸속에 세계를 구조화한다. 이러한 퐁티의 전기 사상이 몸 주체로 대변된다면, 그의 후기 사상은 모든 존재의 근본 뿌리를 '살(la chair)'로 보는 '살(la chair)'의 존재로 확장된다.[3] 미셸 푸코(Michel Foucault)는 "몸은 영혼의 감옥이다."라는 플라톤의 말을 "영혼은 정치적 해부술의 성과이자 도구이며, 또한 신체의 감옥이다."[4]라고 뒤집으면서, 사회적·정치적 구도 속에서 실제로 몸이 어떻게 취급되는가를 구체적 담론을 참고하여 실증적으로 밝힌다. 요

---

1) 니체(Friedrich Wilhelm Nietzsche), 최승자 역, 『짜라투스트라는 이렇게 말했다』, 서울: 청하, 1997, p.73.

2) 모리스 메를로-퐁티(Maurice Merleau-Ponty), 류의근 옮김, 『지각의 현상학』, 서울: 문학과지성사, 2002, p.111.

3) 메를로 퐁티의 전기 사상이 『지각의 현상학』(1945)을 중심으로 한다면, 후기 철학을 대표하는 것은 유고작인 『보이는 것과 보이지 않는 것』(1964)(남수인·최의영 역, 『보이는 것과 보이지 않는 것』, 서울: 東文選, 2004)의 「얽힘-교차」 장이다. 물론 『지각의 현상학』도 존재론을 함축하고 있으나 몸과 세계의 관계를 다소 인식론적 방법으로 탐구한다면, 『보이는 것과 보이지 않는 것』에서는 존재론적 탐구로 심화된다.

4) 미셸 푸코(Michel Foucault), 오생근 옮김, 『감시와 처벌』(재판), 서울: 나남출판, 2003, p.62.

는 서양에서 근대성에 대한 반성이 결국 철학의 중심을 의식에서 몸으로 대전환하기에 이른 것이다.

이러한 철학의 대전환에 따라 정신 위주의 근대 미학 또한 관점의 전환이 요청된다. 예술이나 미의 개념은 고정된 실체로 있는 것이 아니다. 문화가 역사와 시대에 따라 달라지듯이 미학의 개념 또한 변화해 왔으며 또 변화해야 한다. 미학을 한 가지 규정된 개념으로만 단정하기보다는 시대의 요구에 부응하면서 끊임없이 새롭게 확장할 수 있어야 한다.5) 현대의 요청에 맞게 미학을 재규정하기 위해서는 근대 미학에서 소외되었던 몸의 복권이 우선 필요하며, 이를 적극적으로 표현한 것이 몸의 미학이다. 미학이 본래 감성학에서 탄생한 것이라면 감성 혹은 감각적 인식을 담당하는 것은 마음이 아니라 바로 몸이다. 따라서 몸의 미학이란 기존의 미학 개념에서 감성을 단순히 지성의 보조 역할이라는 소극적 의미가 아닌, 지성에 대한 감성의 필연성, 혹은 감성의 가치에 대한 정당성이라는 적극적 의미로 미학을 재해석하는 것이다. 또한 이렇게 몸 중심으로 미학의 관점을 전환하면 동양 예술론을 설명하는 데 더욱 설득력을 얻을 수 있다. 장자의 사상이 과연 서양의 미학이나 예술 개념으로 탐구될 수 있는가, 나아가 동양미학이라는 말 자체가 성립될 수 있는가에 대한 의문 및 반성은 꾸준히 제기되어 왔다.6) 서양 근대 미학의 개

---

5) 이러한 관점을 대표하는 미학자는 볼프강 벨슈(Wolfgang Welsch)이다. 그는 다양한 의미를 하나의 기본 개념으로 환원하는 철학이야말로 나쁜 철학이므로 미학을 단일하고 근본적인 개념으로 규정하는 것은 잘못이라고 비판한다. 그에 의하면 미학의 개념은 엄밀하게 닫혀 있는 것이 아니라 확장될 수 있으며, 역사적인 의미뿐 아니라 새로운 의미로 변형이 가능해야 한다(볼프강 벨슈(Wolfgang Welsch), 심혜련 옮김, 『미학의 경계를 넘어』, 서울: 향연, 2005, pp.51-53.).

6) 박소정은 미학의 성립 자체가 서양 근대의 사고방식에 근거하므로 동아시아의 심미 정신을 표현하기에는 부족할 뿐 아니라, '미학'이라는 말에 자꾸 걸려 '미'라는 개념 탐구를 학문의 출발점으로 삼는다고 우려하면서, 이러한 태생적 한계를 지닌 미학 대신 예술철학이라는 개념을 선택한다

념으로만 엄격히 따진다면, 장자 미학뿐만 아니라 중국 미학이라는 말도 성립하기 어렵다. 또한 'fine art'의 번역어인 '예술'이라는 말도 중국에서 예술이라고 부를 수 있는 현상 — 예를 들어 詩, 文, 書, 畵, 樂 — 과 그 개념과 범주가 매우 다르다. 애초에 고대 중국에선 이성적 인식에 대비되는 감성적 인식을 추구하지도 않았고, 眞・善 과 독립된 가치로서 정신적 즐거움을 목적으로 하는 미를 추구하지 도 않았다. 그러나 미학이 예술 현상을 더는 설명할 수 없다는 난점 은 단지 동양미학이나 장자 미학에만 해당하는 것이 아니다. 기존의 근대 미학의 개념으로는 이미 현대 예술의 특성들조차 설명할 수 없 게 되었다. 현대 예술은 미추의 구분을 뛰어넘고 작품성 자체를 버 리는 등 기존의 예술적 가치를 완전히 탈피하였다. 그럼으로써 근대 미학의 개념으로는 더는 해명하기 어렵게 된 것이다. 따라서 동서양 을 막론하고 중요한 것은 '미학'이라는 용어의 폐기나 대체가 아니 라 그 개념의 재규정에 있다. 현대의 요청에 맞게 미학을 재규정하 기 위해서는 더는 미학을 예술이라는 틀로 제한해서는 안 되고, 그 것을 일상으로부터 분리할 필요도 없다. 이를 위해서는 미학의 대상 을 정신에서 몸으로의 전환 및 확장해야 한다.

고 밝혔다(박소정, 「악론을 통해 본 장자의 예술철학」, 연세대학교 박사학위논문, 2002, pp.4-10.); 신정근은 장자 미학에서 '미학'의 대안으로 美遊 또는 美道' 개념을 제시한다(신정근, 「'莊子'의 審美世界, 美學인가 美遊인가?」, 유교사상문화연구, Vol.59, 2015, pp.161-162.); 오병남 또한 동양 미학을 체계적으로 수립하기 위해서는 서양에서 근대에 확립된 '뷰티'와 '화인 아트'의 번역어인 '미'와 '예술'이라는 말을 그대로 사용하기보다는 동양철학 문맥 내에서 기본 개념을 발굴해 내야 한다면서 동양에서 이에 맞먹는 개념은 '미'라기 보다는 '道'라고 말한다(오병남, 『미학강의』, 서 울: 서울대학교 출판부, 2003, pp.526-527.); 이종선은 특히 쉬푸관이 『中國藝術精神』에서 논한 것 처럼 장자의 도를 예술 정신으로 해석할 수 있는지에 대해 비판적이다(이종선, 「『장자(莊子)』예 술론에 대한 반성적 시론」, 東洋哲學硏究, Vol.74, 2013.). 이 점은 중국 미학을 저술한 학자들조차 이미 경계하던 바이다. 예랑(葉朗)은 만일 '미'라는 글자만 붙잡고, 혹은 미라는 범주를 중심으로 만 중국 미학사를 연구한다면 중국 미학사는 매우 단조롭고 무미건조한 것으로 변해버릴 것이라 고 경고하였다(葉朗, 『中國美學史大綱』, 上海: 上海人民出版社, 1985, p.3.).

정신 중심의 서양 근대 미학의 무분별한 수용에 대한 반성과 그 한계에 대한 지적은 이미 다각도에서 제기되어 왔다. 박상환은 현재 한국 사회의 인문학의 위기를 논하면서, 동아시아 근대화 논리에서 '中體西用', '和魂洋才', '東道西器' 등 정신을 중심으로 하는 이분법적 사유 형태가 여전히 지배적이라는 점을 지적하고, 이를 탈피하기 위해서는 무엇보다 정신 중심의 엘리트의식을 극복해야 한다고 지적한다. 이러한 맥락에서 "예술이 미학의 핵심이라고 간주하거나 예술을 미적 행위의 보편적 모델로 이해하는 근대적 사고는 현재의 사회적 발전 상황에서는 더 이상 설득력이 없다. 즉 단절된 지식을 결합하는 유기적 지식체계는 '미학 밖의 미학'으로 전환할 것을 요청한다."[7]라고 말한다. '미학 밖의 미학'이란 고급문화와 대중문화가 분리되지 않고 상호 보완되고, 예술이 삶과 별도로 있는 것이 아니라 일상의 삶 속에서 지각되고 구현되는 것을 의미한다. 이는 예술 속에 갇혀 있던 미학을 일상생활 속까지 확장하는 것이자 정신적 경험만을 대상으로 하던 미학을 몸의 경험과 활동까지 확장한다는 의미를 함축한다.

쉐푸싱(薛富興)은 20세기 후반 중국 미학의 가장 큰 한계점을 미학이 사회 대중의 현실적인 심미 활동에서 단절된 것이라고 보는데 이는 곧 예술철학 전통, 나아가 예술 비평이론이 된 서양미학의 한계라고 지적한다. 따라서 새로운 미학은 이론 중심, 예술 중심, 엘리트 중심에서 탈피하여 당대 대중의 현실적인 심미 활동을 기점으로 삼아 현실 생활과 밀접한 관련을 맺으면서 인생에 유익해야 하는 것

---

7) 박상환, 「인문학의 "위기"와 문화연구를 위한 시론 -분과학문의 배타성을 넘어 공존의 학문으로-」, 大東文化硏究, Vol.57, 2007, p.120.

이라고 주장한다. 그는 이러한 미학으로 '삶의 미학[生活美學]'을 제시한다.[8] '삶의 미학'이란 미학이 관념을 벗어나 대중의 현실적인 심미성을 바탕으로 대중을 행복하게 하고, 그들의 현실적 삶을 궁극적 목적으로 삼는 것이다. 이러한 삶의 미학은 의식이나 마음이 아니라 삶의 주체인 몸을 중심으로 전개되지 않을 수 없다.

미학의 중심을 이성에서 몸으로 전환하면서 '몸의 미학(somaesthetic)'이라는 적극적인 표현을 가장 먼저 제안한 사람은 리처드 슈스터만(Richard Shusterman)이다.[9] 그에 의하면, 감각이나 감성보다 이성적·인지적 활동을 중시하는 주지주의 전통의 미학에서 예술은 철저하게 철학에 복속해 왔다. 이는 칸트로 대변되는 근대관념론 미학에서 극단적으로 심화함으로써, 미학은 인간의 관심과 욕구로부터 완전히 초연한 주관적이고 순수한 정신적 즐거움의 경험으로 좁혀졌다. 이로 인해 근대 미학은 미적 경험을 일상의 다른 경험과 철저히 분리하고, 삶과 예술을 분리하면서 순수 예술과 응용 예술, 고급

---

8) 薛富興, 「生活美學─種立足於大衆文化立場的現實主義思考」, 文藝研究, 2003(03).

9) 슈스터만의 대표 저서로는, *Pragmatist Aesthstics: Living Beauty, Rethinking Art*, Blackwell Pub, 1992(김광명·김진엽 옮김, 『프라그마티즘 미학: 살아있는 아름다움, 다시 생각해보는 예술』, 서울: 북코리아, 2009); *Performing Live: Aesthetic Alternative for The Ends of Art*, Ithaca and London: Cornell University press, 2000(허정선·김진엽 옮김, 『삶의 미학』, 서울: 이학사, 2012); *Body Consciousness: A Philosophy of Mindfulness and Somaesthetics*, Cambridge Univ Press, 2008(이혜진 옮김, 『몸의 미학』, 서울: 북코리아, 2013). 슈스터만의 몸 미학은 자연주의적 측면과 역사주의적 측면으로 구성되었다. 그 계보로 '예술 작품으로서의 예술'이 아니라 삶 속에 겪는 '경험으로서의 예술'을 주장한 존 듀이의 경험주의 및 자연주의 예술론과 부르디외, 아도르노 등의 역사주의 예술론을 비판 수용했다. 몸 미학은 세 가지 차원으로 구성된다. ① 분석적 몸 미학, ② 실용적 몸 미학, ③ 실천적 몸 미학이다. ① 분석적 몸 미학은 몸에 대한 존재론적·인식론적인 문제 및 사회적 탐구에 관한 이론이다. ② 실용적 몸 미학은 다시 세 가지로 분류된다. 메이크업, 헤어스타일, 성형수술, 화장술 등 몸의 외형에 관계된 재현적 몸 미학, 선과 명상 등 몸의 내적 경험에 초점을 둔 경험적 몸 미학, 육상이나 무예 등 몸의 강인함이나 건강을 위한 실행적 몸 미학이다. 재현적 몸 미학은 대체로 지배 이데올로기를 강화하는 수단으로 비판받지만, 몸의 안과 밖이 불가피한 상보성을 갖는다는 점에서 재현과 경험을 엄격히 상호 배타적으로 취급하지 않는다. 마지막으로 ③ 실천적 몸 미학은 위의 분석적 몸의 미학과 실용적 몸의 미학, 즉 이론과 방법을 종합하여 신체적 자기 개선을 실천하는 것이다.

예술과 대중 예술, 공간 예술과 시간 예술, 미와 실천, 예술가와 일
반인 등 온갖 이분법적 개념을 만들었다고 진단한다. 따라서 그가
말하는 몸 미학은 일상생활에서 몸을 통해 경험하는 생생한 활동에
미적 가치를 부여하고, 그럼으로써 예술의 지위를 보편적인 삶의 영
역으로 확장하며, 또한 미학의 연구 대상을 예술가나 예술 작품뿐만
이 아니라 삶에서 건강한 즐거움을 산출하는 모든 경험과 활동으로
확장하는 것이다. 그가 말하는 몸의 미학은 앞서 말한 쉐푸싱의 '삶
의 미학', 박상환의 '미학 밖의 미학'과 상통하는 것이다.

그렇다면 왜 장자의 미학을 설명하는 데 기존의 미학이 아닌 몸의
미학이 더욱 설득력이 있는가. 그것은 중국철학의 전통과 관련된다.
이성 중심의 의식철학이 주도했던 서구철학과 달리 중국 고대철학
은 그 출발부터 몸과 깊이 관련된 몸의 철학이다.[10] 그러나 중국철
학에 뿌리 깊게 내재했던 몸 중심의 전통은 근대 서양철학의 수용과
더불어 의식 중심으로 편향되면서 서서히 잊혀 버렸다. 중국철학에
서 잊힌 몸을 복구하는 작업은 근대성에 대한 반성에 기초한 포스트
모던의 학문 조류에 의해 촉발되면서 활성화되었다.[11]

먼저 유아사 야스오(湯淺泰雄)는 중국, 인도, 일본을 포괄하는 동
양적 사고와 고대 그리스, 중세 기독교, 근대로 이어지는 서양적 사
고의 비교를 통하여 동양적 사고의 가장 큰 특징은 몸을 바탕으로
技術的 관점에서 세계를 보는 것이라고 결론짓는다.[12] 그에 의하면

---

10) 예를 들어 『상서』의 '愼厥身', 『주역』의 '乾道成男, 坤道成女', '近取諸身', '安身', 『예기』의 '敬
身爲大', 『중용』의 '反求諸其身', 『대학』의 '修身齊家' 등 중국 고대 전적에서는 우주론에서 수
양론까지 모든 사유의 중심에 몸이 있다.
11) 중국철학의 신체관 연구 과정은 서양-일본-대만-중국 본토의 4단계를 거쳐 진행되었다(李清良,「
中國身體觀與中國問題—兼評周與沉≪身體:思想與修行≫」, 哲學動態, 2006(05), p.2.).
12) 유아사 야스오(湯淺泰雄), 이정배 · 이한영 옮김, 『몸의 우주성』, 서울: 모시는사람들, 2013, p.104.

모든 중국 전통철학은 유·불·도를 막론하고 일상생활에서 자기의 몸에 관한 건강 및 도덕 문제를 처리 대상으로 삼는 강렬한 실천철학의 성격을 갖는다. 따라서 동양철학은 '메타프락시스(meta-praxis)'라고 칭할 수 있으며 이는 몸과 마음을 사용하여 실천하고 수행하는 체험적 지식이며, 이 체험적 지식을 기초로 일상 경험을 뛰어넘는 고차원적 지식을 획득하는 것이다.[13] 유아사 야스오가 비록 미학을 논한 것은 아니지만 그가 언급한 몸을 바탕으로 한 기술, 일상생활과의 강한 연결, 강력한 실천성, 체험적 지식 등은 본 연구가 추구하는 몸의 미학과 많은 공통점이 있다.

　기존의 유학 연구가 심성론에 치중되어 있다면 양루빈(楊儒賓)은 신체론의 관점에서 유학을 전면적으로 논하였다. 이에 따르면 선진시기에 이미 유가 신체의 원형이 만들어졌으며 후대에 전개된 신체관은 모두 이 원형의 각주이다.[14] 그는 유가의 신체를 단순히 물질적 육체가 아니라 形-氣-心의 통일체로 보았고, 또한 신체의 가장 중요한 의의를 修身에 두면서 신체를 실천의 주체로 간주하였다.[15] 그러나 황쥔제(黃俊傑)가 지적하듯이 양루빈은 신심일여의 해석을 하면서도 항상 마음의 우위성을 암시하고 있다.[16] 그가 제시하는 유가의 신체가 정신 수양이 체현되는 장소, 다시 말해 '정신화된 신체'로

---

13) 湯淺泰雄,「'氣'之身體觀'在東亞哲學與科學中的探討」, 楊儒賓 編,『中國古代思想中的氣論及身體觀』, 台北: 巨流圖書公司, 1993, p.67.

14) 楊儒賓은 선진시기 유가 신체관의 원형을 2원 3파로 제시한다. 2원은 周禮를 중심으로 하는 威儀的 신체관과 의학을 중심으로 하는 혈기관이다. 3파는 정신화된 신체로서 踐形觀, 자연화 혹은 우주화된 신체로서 자연기화관, 사회화된 신체로서 예의관이다. 맹자의 신체관이 천형관을 대변한다면 순자의 신체관은 전형적인 예의관이라 할 수 있다. 전통적인 유가의 이상적인 신체는 사체일체의 신체로서, 의식적 신체, 형기적 신체, 기화적 신체, 사회적 신체가 하나가 되는 것이다 (楊儒賓,『儒家身體觀』(修訂1版), 臺北: 中央研究院中國文哲研究所, 1988, pp.2-8.).

15) 楊儒賓,『儒家身體觀』(修訂1版), 臺北: 中央研究院中國文哲研究所, 1988, p.83.

16) 黃俊傑,「中國思想史中'身體觀'研究的新視野」, 中國文哲研究集, 第24期, 2002, p.554.

서만 의미를 갖는다면 신체는 사실상 마음을 위한 수단일 뿐인가라는 의문이 생기게 된다. 이러한 의문은 어쩌면 장자가 유가의 몸 개념을 끊임없이 비판하며 제기했던 문제와 통할 수 있다.

장짜이린(張再林)은 오랫동안 서구 모더니즘의 의식철학 패러다임으로 중국철학을 해석한 것을 비판하면서, 중국철학의 가장 큰 특징을 '신체성'이라고 규정지었다.[17] 즉 중국철학은 몸을 가지고 세계를 구축하고, 몸으로부터 사회윤리를 추출하며, 정신적 초월조차 몸을 통해 기도된다는 것이다.

60년대 쉬푸관(徐復觀)이 장자를 중국 예술 정신의 주체로 부각한 이래, 그리고 80년대 미학열이 부흥하면서 장자에 관한 미학적 연구는 중국 미학사의 일부에서부터 전문 연구서를 거쳐 구체적 주제에 이르기까지 빠르게 확장·심화해 왔다. 이러한 흐름은 한국에서도 마찬가지이다.[18] 장자 미학에 대한 초기 연구의 핵심은 주로 '物我

---

[17] 張再林, 『作爲身體哲學的中國古代哲學』, 北京: 中國社會科學出版社, 2008, p.3. 중국의 신체철학 연구에서 주목할 만한 이 책은 몸을 우주론, 윤리학, 종교관, 그리고 중국철학의 역사 속에서 분석하였다. 이 책에 수록된 네 편의 논문은 다음과 같다. 「中國古代宇宙論的身體性」, 「中國古代倫理學的身體性」, 「中國古代宗敎觀的身體性」, 「作爲身體哲學的中國哲學的歷史」. 이에 의하면 중국 고대인은 우주가 기계적이고 형식적으로 움직이는 것이 아니라 하나의 생명이자 유기체로서 움직인다고 이해한다. 따라서 우주 전체를 사람 몸의 화신으로 여기고 우주적 생명의 발생을 남녀의 교감으로 표현한다. 윤리학의 신체성은 훈련된 몸을 표현하는 궁행주의에서 가장 잘 드러나며 신체로부터 시작하여 사회적 윤리학으로 확대된다. 종교관은 서양 전통 종교의 외재초월성과는 달리 내재초월성을 갖는데 이는 마음에 내재한 것이 아니라 신체에 내재한 것이다. '신인교감' 또한 남녀교감의 신체성으로 환원하여 해석한다. 마지막으로 선진철학은 신체의 확립기, 송명철학은 신체의 은퇴기, 명청철학은 신체의 회복기로 신체철학의 역사를 구분 짓는다.

[18] 특히 국내 도가철학 연구는 90년대 이후부터 대폭 증가하였다. 도가의 범위 또한 노자나 장자뿐 아니라 황로학과 현학의 범위까지 확대되고 있는 추세이다. 한국의 도가 사상의 연구 경향에 대해서는 다음 논문을 참고할 것. 정륜, 「90년대 이후 한국의 도가 연구 -박사논문을 중심으로-」, 동서철학연구, Vol.0 No.37, 2005. 장자 미학을 다룬 국내 박사논문으로는, 조민환, 「老莊의 美學思想에 관한 硏究」(성균관대학교 박사학위논문, 1991); 이성희, 「莊子 哲學의 실재관 연구: 심미적 성격을 중심으로」(부산대학교 박사학위논문, 2001); 박소정, 「악론을 통해 본 장자의 예술철학」(연세대학교 박사학위논문, 2002); 노은임, 「자유와 미: 장자와 칸트에 있어서 실천미학의 가능성」(성균관대학교 박사학위논문, 2009); 임태규, 「'덕(德)'을 통해 본 장자(莊子)의 미학 사상에 관한 연구: 예술 창작 주체의 관점을 중심으로」(성균관대학교 박사학위논문, 2010). 조민환의 연구는 한국에서 노장의 미학을 총체적으로 수립한 최초의 논문으로서 노장의 철학적 기초, 미학의 전

兩忘', '天人合一', '至美至樂', '逍遙遊' 등을 둘러싸고 해명되었고, 이후 장자 미학 연구에 물꼬를 트는 역할을 하였다. 그러나 장자에 대한 주류 미학적 관점은 서양철학의 영향 아래 주로 미적 체험이나 관조, 경지, 경계 등으로 근대 미학에서 중시되던 의식 혹은 정신 중심으로 편향되었던 것이 사실이다. 일례로 세계적으로 알려진 장자 연구자인 류샤오간(劉笑敢)은 장자 철학의 핵심이라 할 수 있는 '소요유'에 대해 "소요유는 단지 마음이 노니는 것, (…) 소위 노니는 주체가 마음이지 몸이 아니다."라며 몸과 마음을 분리한다.[19] 이는 서구 철학의 이원론적 시각으로 장자를 해석한 것이다. 그러나 소요유의 자유는 단지 소극적이고 정신적인 것만이 아니라 매우 실천적이고 적극적인 의미가 있다. 박소정은 장자의 자유를 고찰하면서 '懸解'가 질곡에서 벗어난다는 의미의 소극적 자유의 개념이라면, '遊'와 '逍遙'는 도를 파악한 의식 상태에 도달한 인간의 능동적 활동으

개, 미학의 응용 등으로 구조화시켰으며, 장자의 미추관, 음악, 무정설, 미적 체험 등을 고찰하였다. 이성희의 연구 또한 장자 미학을 이론적으로 정초하는 작업으로서 장자의 형이상학과 자연학, 우주론, 인생론이 모두 미학적 태도로 구성되어 있다고 보고, 정신적인 경지와 기화론을 융합하여 장자의 심미적 실재를 드러내고자 하였다. 이에 의하면 장자의 실재란 부분과 전체 혹은 주체와 객체가 회통하는 심미적 성격을 갖는다. 박소정은 중국 예술철학의 중심 문제를 악론으로 보고 장자의 예술 정신과 심미성을 악론 중심으로 재구성하였는데, 정감론과 조화론의 고찰을 통하여 장자의 악론을 해명하고 나아가 장자의 심미적 경지를 밝혔다. 임태규는 추상적인 도 대신에 개체의 고유성·내적 잠재력·생명의 근원을 의미하는 덕을 예술 창작 주체의 내재적 심미 의식의 관점에서 다루었다. 노은임은 비교미학의 관점에서 칸트 미학과 장자 미학 양자 간 유사점과 차이점을 밝혔다.

19) 류샤오간(劉笑敢), 최진석 옮김, 『莊子哲學』(개정2판), 서울: 소나무, 2015, p.132. 이러한 경향은 천구잉(陳鼓應), 왕보(王博), 왕카이(王凱) 등 유명 연구자들에서도 많이 드러난다. 천구잉(陳鼓應)은 소요유란 "어느 것에도 구속됨이 없는 마음, 유유자적하며 편안히 노니는 마음"이라며 마음만을 언급한다(천구잉(陳鼓應), 최진석 옮김, 『老莊新論』(제2판), 서울: 소나무, 2013, p.213.); 왕보(王博)는 「소요유」 편의 곤은 몸을, 대붕을 마음을 상징하는 것으로 몸과 마음을 완전히 대립시킨다. 소요유의 주인공은 의심할 여지 없이 마음이라고 보고, 몸은 아예 허영 덩어리로 단정한다(왕보(王博), 김갑수 옮김, 『장자를 읽다』, 서울: 바다출판사, 2007, pp.317-320.); 왕카이(王凱)는 "장자의 소요유는 모든 세속의 구속을 벗어난 초월로, 현실에서는 찾을 수 없는 정신 영역의 만족이다. 경험세계를 벗어난 공허한 주관적 환상이다."라고 말한다(왕카이(王凱), 신정근 책임번역, 강효석·김선창 옮김, 『소요유 장자의 미학』, 서울: 성균관대학교출판부, 2013, p.392.). 이는 모두 장자의 소요유를 현실성과 실천성이 없는 정신적 만족으로만 한정하는 것이다.

로서 적극적인 자유의 의미가 있다고 본다. 즉 장자의 자유는 자연의 이치를 파악하고 이에 따라 살아가려고 노력하며, 아울러 수양을 통해 의식의 변화와 실천을 전제한다는 점에서 적극적인 의미를 갖는다는 것이다.[20] 관점을 달리하면, 즉 육체와 정신의 분리를 전제하는 이원론이 아니라 심신유기체로서의 몸의 관점에서 장자의 사상을 독해하면 장자의 자유의 적극적 의미가 더욱 명확하게 해명된다. 장자의 사상을 피세적, 둔세적, 은일적 관점에서만 보았던 초기 연구는 이원론의 함정에 빠져『장자』텍스트의 진의를 파악하지 못한 것이라 할 수 있다.

천왕형(陳望衡)이 말했듯이 장자의 사상을 미학으로 볼 수 있는 이유는 인생의 근본 진리를 파악하는 방식이 인식이 아닌 체험을 중심으로 하기 때문이다. 즉 도를 체득하는 체도의 체험이 바로 미적 체험과 통한다.[21] 인식이 의식과 이성이 담당하는 것이라면, 체험은 바로 몸이 담당하는 것이자 몸 자체가 실천하는 것이다. 몸의 미학은 바로 체험을 중심으로 하는 미학이다. 장자의 도는 앉아서 정신적으로 도달하는 것이 아니라 몸의 직접적인 실천을 통해 體得하는 것이자 體道하는 것이다.

미학에서 몸을 직접적으로 언급하지 않았지만 이러한 체험을 강조한 연구들이 있다. 박연숙은 기존의 미학 이론이 객관과 주관의 대립

---

20) 박소정, 「莊子의 인간 '자유'에 대한 고찰」, 연세대학교 석사학위논문, 1994, p.21. 이렇게 소요유에 적극적 의미를 부여한 연구로는, 정종모, 「장자의 소요유(逍遙遊)와 정치적 자유」, 철학논집, Vol.16, 2008; 이종성, 「소요와 노닒 또는 걸림 없는 자유」, 동서철학연구, Vol.67, 2013; 맹제영, 「장자의 <逍遙遊>라는 행위에 대한 의미분석」, 인간연구, Vol.- No.1, 2000. 이들 연구는 소요유가 단순히 현실도피의 정신적 만족이 아니라 당시 정치 및 사회적 상황과 밀접한 관련을 맺고 도출된 개념이라고 보고, 그것에 실천적이고 적극적인 의미를 부여한다.

21) 陳望衡, 『中國古典美學史 上』, 武漢: 武漢大學出版社, 2007, p.127.

을 전제하며, 이 때문에 예술과 일상이 분리되었다고 비판하면서 이 두 가지를 통합할 수 있는 미학으로서 프라그마티즘에 기반한 '경험 미학'을 제안한다.[22] 여기서의 '경험'이란 전통적인 의미의 주관적 경험을 의미하는 것이 아니라 유기체와 환경이 끊임없이 상호작용하면서 주관과 객관의 분리를 초월하는 경험을 의미한다. 즉 주관과 객관, 작품과 감상자, 능동과 수동의 역동적 상호작용에 의해 의미를 획득하는 경험이다. 이러한 경험의 의미를 가장 완벽하게 구현하는 것이 미적 경험이다. 따라서 경험미학의 가장 주요한 핵심은 예술을 위한 예술 혹은 일상으로부터 초연한 예술을 거부하고, 예술과 일상의 연속성을 확보하면서 삶을 위한 예술을 건립하는 것이라 할 수 있다.

박소정은 장자와 듀이(John Dewey)의 사상을 비교하며 듀이가 철학을 예술로 재구성하려 했던 것처럼 장자는 예술을 도에 이르는 길로 설정했다고 밝힌다. 장자와 듀이의 공통점은 무엇보다 예술을 정의하거나 분류하는 것이 아니라 생생하게 움직이는 일상의 경험을 예술로 격상시킨다는 데 있다.[23] 구체적으로 말하자면, 삶과 예술의 연속성을 회복하고자 하고, 몸이 겪는 실질적 경험을 강조하며, 예술 작품과 예술 작업 혹은 창작자와 감상자를 분리하지 않는 경험으로서의 예술을 강조한다.[24] 따라서 『장자』에서 창작과 감상이 분리되지 않고 하나로 일치하는 것이야말로 진정한 심미 경지인데 이것이 '지극히 아름답고 지극히 즐거운[至美至樂]' 경지이다.[25] 이렇게

22) 박연숙, 「듀이(J. Dewey)의 경험 미학과 예술 교호작용」, 이화여자대학교 박사학위논문, 2006, p.7.
23) 박소정, 「A Comparative study of the Aesthetic viewpoint in John Dewey and Zhuangzi」, 동아연구, No.54, 2008, pp.255-257.
24) 박소정, 「듀이와 장자의 '자연' 개념」, 철학연구, Vol.0 No.76, 2007, pp.38-39.
25) 박소정, 「악론을 통해 본 장자의 예술철학」, 연세대학교 박사학위논문, 2002. pp212-216.

경험을 강조하는 미학적 입장에서는 삶과 예술은 분리되지 않고 연속적이며, 미학의 목표는 바로 삶 전체를 예술의 경지로 끌어올리는 것이라 할 수 있다. 경험이란 유기체로서의 인간이 주변 환경에 적응해 나가는 모든 과정으로서 결국 몸과 불가분의 관계이다. '체험'이란 '경험'이라는 말에 몸의 의미를 좀 더 적극적으로 담은 말로 결국 같은 말이다. 위의 박연숙과 박소정의 연구는 비록 몸을 전면에 부각하지는 않았지만, 경험미학이란 곧 몸을 통해 이루어지기 때문에 몸 미학의 취지와 많은 부분이 상통한다.

몸의 미학에서 말하는 몸은 단순히 물리적이고 생물학적인 육체만을 의미하는 것이 아니다. 최근 인지신경과학에 의하면 감성과 정서뿐 아니라 사유와 이성 그리고 정신의 출처도 모두 몸이다. 또한 감성이란 곧 몸에 대한 관념으로서 몸이 세계를 접촉하고 세계에서 기능할 수 있도록 하는 수단이다. 이러한 과학적 성과를 적극적으로 수용한 체험주의 철학에서 인식의 기본 토대는 몸의 직접적인 경험으로서, 인간의 추상적 사고와 고등의 개념도 모두 몸에 근거한 것이자 몸을 통해 학습한 것이라 본다. 유기체는 주변 환경과 끊임없이 상호작용하는데 이것이 곧 경험이다. 몸과 마음은 이러한 경험의 두 양상일 뿐이지 결코 독립된 실체가 아니며 서로 분리할 수도 없다.

따라서 몸의 미학에서 말하는 몸이란 마음과 별도로 분리된 물리적 생리적 몸만을 일컫는 것이 아니라 감정, 사유, 정서, 느낌 등을 모두 포함하는 통합된 유기체로서의 몸, 삶을 직접 살아가는 생명력 넘치는 몸을 의미한다. 체험주의 철학에서는 "신체화된 의미의 모든 양상이 미적인 것으로 가장 잘 해석될 수 있다."[26]라고 말한다. 이에 따르면 미학은 의미를 만들고 경험할 수 있는 인간 능력으로 유입되는 모든 것에 대한 연구이다. 따라서 미학을 예술과 미적 경험에 대한 연구로 협소화해서는 안 되고, 오히려 모든 철학의 기초로 삼아야 한다. 체험주의 미학은 결국 몸의 미학이라 할 수 있다.

그렇다면 장자 철학에서 몸을 주제로 한 연구는 어떻게 진행되고 있는지 알아보자. 몸이 현대철학과 사회의 화두가 된 만큼 한국 학계에서도 몸에 관한 연구를 진행하고 있다.[27] 비록 대부분의 연구가 유가 위주이지만 동양철학에서도 몸에 관한 연구가 꾸준히 진행되고 있으며,[28] 최근 장자의 몸에 관한 석사논문도 한편 발표되었다.[29] 중국철학에서 신체관 연구는 유가 신체관에서 시작되었고, 『장자』 신체관 연구는 최근에서야 시작되었다. 라이시싼(賴錫三)은 『장자』에 나타난 신체를 기호의 해체, 기예의 융합, 기화의 교환이라는 세 차원의 변증이라고 논한다.[30] 기호 신체는 문화 기호를 통해서 형성된 신체로 권력 중심, 예 중심, 기호 중심의 신체이다. 장자는 문화 기호로 경직되고 기계화된 신체 대신 기호에서 이탈한 누추하고 기형적인 신체를 제시함으로써 이러한 기호를 해체

---

26) 마크 존슨(Mark Johnson), 김동환·최영호 옮김, 『몸의 의미』, 서울: 東文選, 2012, p.12.

27) 대표적으로 다음 세 연구소가 있다. 건국대학교 '몸 문화연구소', '전남대학교 BK21플러스 횡단형 철학전문인력 양성사업단', '고려대학교 철학연구소 심신가치론 연구단'.

28) 유초하, 「동양의 철학적 전통에 나타난 몸과 마음의 존재론적 위치」, 泰東古典研究, Vol.5, 1989; 김성태, 「몸: 주체성의 표현 형식」, 哲學, Vol.43, 1995; 이승환, 「'몸'의 기호학적 고찰: 유가 전통을 중심으로」, 기호학연구, Vol.3 No.1, 1997; 조민환, 「유가미학에서 바라본 몸」, 東洋哲學研究, Vol.18, 1998; 이승환, 「눈빛 낯빛 몸짓-유가 전통에서 덕의 감성적 표현에 관하여」, 정대현 외 지음, 『감성의 철학』, 서울: 민음사, 1999(재수록: 손병석 외 공저, 『동서 철학 심신관계론의 가치론적 조명』, 파주: 한국학술정보, 2013); 김재숙, 「형·기·신: 심신 대립을 넘어선 도가적 정신 해방」, 철학연구, Vol.98, 2006(재수록: 손병석 외 공저, 『동서 철학 심신관계론의 가치론적 조명』, 파주: 한국학술정보, 2013); 윤지원, 「『莊子』에 나타난 마음(心)과 몸(身)에 대한 고찰」, 中國學研究, Vol.60, 2012.

29) 허성두, 「장자의 '몸': 身 개념을 중심으로」, 서강대학교 석사학위논문, 2018.

30) 賴錫三, 「≪莊子≫身體觀的三維辯證: 符號解構·技藝融入·氣化交換」, 淸華學報, 42卷1期, 2012, pp.1-43.

시킨다. 몸과 마음이 물질을 매개로 높은 기예의 수준에 오르는 것이 기예 융합의 신체이다. 이는 분리되어 있던 몸, 마음, 물질(도구)이 만나 서로 융합하여 주체도 대상도 없이 합일되어 일체감을 느끼는 것으로 「양생주」의 포정해우와 「달생」의 백공들의 몸이 여기에 해당한다. 기예의 몸이 특수한 물질적 중개나 특정한 상황에 기대는 것이라면, 진인의 몸은 우주 본체와 융합하여 무제한으로 개방된 몸이다. 이때 신체는 완전히 도와 통하여 개방되면서 우주의 기가 흐르고 교환되는 장소가 된다. 즉 진인의 몸은 우주적 신체이자 기화 교환의 신체로 초역사적, 초시공적인 몸이다. 그러나 라이시싼은 장자의 지향점이 이러한 초월적 신비에 있는 것이 아니라 결국 인간의 생활세계로 되돌아와서 사는 것이므로 이 두 가지 신체를 변증적으로 통합하는 것이 필요하다고 본다. 이 논문은 몸을 매개로 장자의 사상 전체를 조망할 수 있는 탁월한 안목을 제시해 준다.

최근 장자의 신체관에 관한 박사 논문 두 편이 발표되었다. 리지엔훙(李劍虹)은 장자 사상의 핵심을 "도를 체득하고 자연에 맡기는 것[體道而任自然]"이라고 보고 체도자의 신체에 집중하여 고찰하였다.[31] 이에 의하면 체도자의 신체는 도덕적 신체, 자연적 신체, 사회적 신체, 신체 사유 등의 영역을 형성한다. 리지엔훙은 우선 신체 사유와 인식론적 사유를 구분하고 혜시가 인식론적 사유라면 장자의 사유 방식이 신체 사유를 대표한다는 점을 논증한다. 나아가 신체는 장자에서 가장 높은 범주인 도와 덕의 기초이자 전제이므로 몸이 곧 도인 '卽身卽道'의 신체본체론을 주장한다. 또한 『장자』에서 '全德養

---

31) 李劍虹, 「自然與自由, 莊子身體觀硏究 - 以內七篇爲中心」, 安徽大學 博士學位論文, 2011.

身'의 자연 신체관과 '全德保身'의 사회 신체관이 일체가 된다. 결론적으로 장자가 추구하는 소요는 신심일여의 완전한 신체적 자유이다. 펑펑이(馮鳳儀)는 장자의 핵심 사상을 '소요'로 보고 신체와 소요의 관계를 집중적으로 논한다.[32] 그 결과 신체를 중심으로 장자의 소요를 탐구하면 사람은 '관계 속에 존재하는 몸'으로 드러나며, 구체적인 인간관계를 통해 자신의 소요를 전개한다는 것이다. 이 연구의 특징은 연구 과정에 서양의 사회학 및 심리학의 최근 이론을 적극적으로 차용하였다는 것이다. 유가와 도가의 활동 방식과 폭을 비교하고, 이를 통해 개방적인 신체 활동을 모방함으로써 경직된 인간관계를 극복하고 탄력적인 상호 활동 관계를 개발할 수 있다는 전략을 제시한다. 또한 생태심리학의 '행동유도성(affordance)' 개념을 도입하여 인간과 인간을 둘러싼 환경과의 탄력적인 상호 관계를 통하여 이 세계에서 소요할 수 있음을 논한다. 결론적으로 소요는 정신적인 것이 아니라 세상에서 타자와 더불어 살면서 몸으로 실천하는 것이다. 위의 두 연구는 무엇보다 소요유의 신체성과 실천성을 밝히는 데 집중되어 있다. 이렇게 몸의 문제로 소요유를 논하면 장자의 사상은 그동안 소극적이고 은둔적으로 해석되었던 것과 달리 세속성과 적극성을 띠게 된다.

장짜이린에 의하면 현대철학의 근본적인 패러다임 변화는 형이상에서 형이하로, 사변 세계에서 생활세계로, 의식철학에서 신체철학으로의 변화이다.[33] 본 연구는 이러한 현대철학의 근본적인 패러다임의 전환, 정서와 감성이 모두 몸의 기제라는 최신 인지과학의 결

---

32) 馮鳳儀, 「莊子身體觀 - 論逍遙的實踐基礎」, 國立臺灣大學校 博士學位論文, 2016.

33) 張再林, 『作爲身體哲學的中國古代哲學』, 北京: 中國社會科學出版社, 2008, p.2.

과, 이를 적극적으로 철학에 수용하여 인간의 의미 구성의 중심을 몸이라고 보는 체험주의, 그리고 경험미학 등을 토대로 장자 미학에 대한 새로운 해석의 틀을 제시하고자 한다. 새로운 해석의 틀은 무엇보다 정신 위주에서 몸으로의 전환과 예술 작품에서 삶으로의 확장을 요구한다고 보며, 이를 가장 핵심적으로 드러내는 것이 '몸의 미학'이다. 중국 전통철학은 본래 심신의 분열이 없는 몸의 철학이었다는 점을 고려할 때, 몸의 미학이야말로 장자 미학의 특징을 더욱 잘 드러낼 수 있다고 생각한다.

장자는 양생을 통하여 생명력을 키우고, 자신을 둘러싼 자연 및 사회환경에 관해 만물제동의 생태적 입장을 가지고 있었으며, 구체적인 삶 속에서 자유를 추구하며 도의 실천을 중시하였다. 따라서 몸의 관점에서 장자의 핵심 사상은 '양생', '제물', '소요유'라고 할 수 있다. 이는 몸의 미학의 관점에서 각각 생명미학, 생태미학, 삶의 미학으로 구현된다. 몸의 미학은 순수 예술을 위한 미학이나 정신적 즐거움만을 위한 미학을 의미하는 것이 아니라 일상의 삶 속에서 몸을 통하여 건강한 즐거움을 생산하는 모든 경험과 활동을 의미한다. 따라서 장자의 미학은 생생하게 살아있는 몸의 실천이자 몸의 미학이다. 자연의 질서에 부합하는 육체적 경험을 토대로 생명을 기르고, 자연과 사회를 생태적으로 포괄하며, 삶 속에서 실천을 통해 자기완성을 지향한다. 이는 물리적인 신체 차원의 자기 개선에서부터 도의 실천과 체험까지 모두 포괄하는 것이자 육체와 정신, 삶과 예술, 그리고 윤리학과 미학을 통일하는 것이다.

2. 연구 범위·방법 및 논문 구성

　현재 통행본 『장자』는 내편 7, 외편 15, 잡편 11인 총 33편으로 대체로 위진시대 곽상에 의해 편집되고 확정된 것으로 본다. 『장자』라는 책은 장자 단일의 저작이라기보다는 장자 본인의 사상을 기초로 장자 후학의 사상을 모두 포함한, 말하자면 장자 학파의 공동 저작이라 볼 수 있다. 장자 학파의 분류와 저술 시기 등에 관해서는 이미 추이다화(崔大華)[34]와 류샤오간 등이 치밀하게 고증하여 밝힌 바 있다. 예를 들어 류샤오간에 의하면, 외·잡편의 저자는 장자의 사상을 그대로 계승한 술장파, 현실을 비판한 무군파, 한 대 이후 다양한 백가의 사상과 융합된 황로파로 구분된다.[35] 장자와 장자 후학 사이, 그리고 이들 장자 후학의 세 학파 간에 공통점과 차이점도 있지만 한 권의 책으로 같이 묶였다는 점에서 통일된 하나의 사상으로 볼 수 있다. 또한 외편과 잡편이 원래 장자학의 주해적 성질을 갖고 있다는 점을 고려한다면,[36] 장자 연구에서 굳이 내편의 순수성만을 고집할 필요가 없다고 생각한다. 본 연구는 내편을 위주로 하되 철

---

34) 다음을 참조할 것. 崔大華, 『莊學硏究』, 北京: 人民出版社, 1992, pp.52-103.

35) 류샤오간(劉笑敢), 최진석 옮김, 『莊子哲學』(개정2판), 서울: 소나무, 2015, pp.355-357, 360, 400, 435.

36) 쉬푸관(徐復觀), 유일환 옮김, 『中國人性論史: 先秦篇』, 서울: 을유문화사, 1995, p.109.

학적으로 중요하고 빈번히 인용되는 외·잡편도 내편과 크게 충돌하지 않는 한 포함시켰다. 이 논문에서 사용된 『장자』원문은 陳鼓應, 『莊子今注今譯』을 기본으로 하되 郭慶藩, 『莊子集釋』을 참조하였으며,[37] 안동림, 안병주·전호근, 조현숙 등의 번역을 참조하여 번역하였다.[38]

본 연구는 장자의 미학 사상을 정신 위주의 미학에서 벗어나 새로운 몸의 미학의 관점에서 접근하고자 하는 것으로 삶의 미학 혹은 경험미학과 일맥상통한다. 새로운 미학적 관점의 핵심은 그동안의 정신주의 미학에 대한 반론으로서 몸을 핵심 개념으로 삼아야 한다는 것이다. 따라서 이러한 미학 개념을 제대로 함축하고 있는 슈스터만의 '몸 미학'이라는 용어를 그대로 수용한다. 그러나 슈스터만의 몸 미학의 개념으로 장자의 사상을 분석하거나, 양자 간의 동이를 비교 분석하려는 것은 아니다. 슈스터만이 스스로 밝혔듯이 그가 말하는 몸은 고대 중국에서 말하는 몸[身] 개념과 가장 유사하며, 자신은 동아시아 전통철학에서 몸 미학의 풍부한 사례를 깨닫는다고 하였다. 따라서 『장자』를 몸의 미학의 관점에서 보는 것은 새로운 서양미학의 잣대로 장자를 해독하려는 것이 아니라 오히려 동양 전통 고전의 의미를 회복한다는 의미가 있다. 또한 정신주의 관점만으로는 드러나지 않았던 장자의 사상을 몸이라는 각도에서 조명함으로써 그 특징을 더욱 잘 드러낼 수 있을 것으로 본다. 몸 미학에서 말하는 몸은 단지 물리적이고 생리적인 육체만을 말하는 것이 아니라 감정, 사유, 정서,

---

37) 陳鼓應 注釋, 『莊子今注今譯』上·中·下, 北京: 中華書局, 1983; [淸]郭慶藩 撰, 王孝魚 點校, 『莊子集釋』(第3板)上·中·下, 北京: 中華書局, 2012.

38) 안동림 역주, 『莊子』(개정2판), 서울: 현암사, 2013; 안병주·전호근 공역, 『역주 장자』(총4편), 서울: 전통문화연구회, 2001; 조현숙 옮김, 『莊子』, 서울: 책세상, 2016.

느낌 등을 모두 포함하는 심신유기체로서의 몸이고, 삶을 직접 살아가는 생명력 넘치는 생생한 몸이자, 육체와 정신이 통합된 전체로서의 전인격적 인간을 의미한다. 또한 몸의 미학은 예술을 위한 예술이 아닌 삶을 위한 예술에 방점이 있으며, 삶과 예술의 긴밀한 통합을 추구한다. 따라서 몸 미학의 연구 대상은 예술 작품만이 아니라 삶의 터전에서 일어나는 구체적인 실천과 활동이다.

본서는 장자의 몸의 미학을 생명·생태·삶의 미학으로 구체화했다. 몸의 일차적인 의미는 생명을 보존한다는 것이고, 이 생명은 독자적인 생존이 불가능하므로 항상 환경과의 상호작용을 통해 존재한다. 결국 인간의 삶이란 이러한 생명의 전개 과정이라는 점에서, 몸의 미학은 곧 생명미학이자 생태미학이자 삶의 미학을 구현하는 것이라 할 수 있다. 생명·생태·삶의 관점에서 장자의 핵심 사상은 각각 養生·齊物·逍遙遊이다. 양생·제물·소요유는 『장자』의 내편을 구성하는 주요 편명에 속하기도 하지만, 단순히 세 편을 해설하려는 것이 아니라, 『장자』 전편을 통해 생명·생태·삶을 대표하는 핵심 사상으로 도출한 것이다.

인간의 몸이란 일차적으로 생명의 담지체이다. 삶이란 결국 생명의 과정으로서 생명이 없다면 그 무엇도 무의미하다. 생명 유지를 위해서는 기본적으로 물리적·생리적 욕구를 충족할 필요가 있는데, 이러한 욕구는 저급하거나 무시해야 하는 것이 아니라 오히려 미학의 가장 강력한 에너지원으로 작용할 수 있다. 즉 진화론의 관점에서 인간의 미적 반응은 생존을 위한 원초적 요구이다. 생명의 욕구는 물질적·생리적인 것에서 그치는 것이 아니라 사회적·정신적 차원까지 펼쳐진다. 장자의 양생 개념은 이러한 물리적 차원에서부터 정신적 차원에 이르기까지 생명의 욕구를 최대한 만족시켜 주는 것이다. 『장자』에서 양생이란 곧 몸을 살리는 活身으로서 물리적 층위에서부터 정신적 층위까지 포괄하기 때문이다. 따라서 장자의 '양생'은 생명미학의 핵심 개념이 된다.

그러나 생명은 단독적으로 존재할 수 없다. 생명을 가진 유기체의 기본 시스템은 환경과의 상호작용이다. 유기체는 환경과 분리되어 독립적으로 존재할 수 없고, 존재하지도 않으며, 환경과 지속적인 상호작용을 통해 생명을 유지하고 성장시킨다. 따라서 환경은 인간 존재의 일부이다. 생태학이란 생물과 생물을 둘러싼 환경과의 관계를 다루는 것으로서 모든 생명이 상호 의존하여 존재한다는 점에서 종간 가치의 평등성과 다양성을 도출한다. 장자의 '제물' 개념은 인간 중심주의의 탈피, 동물과 인간 간의 평등성과 다양성의 인정, 나아가 인간 사회 내에서 위계를 무너뜨리고 평등성을 추구하는 등의 생태적 함의를 갖는다. 天地大美와 萬物齊同은 각기 자연생태와 사회생태를 대표할 수 있는 말이다. 따라서 장자의 '제물'은 생태미학을 가장 잘 드러내 주는 개념이다.

몸을 둘러싸고 있는 환경은 자연과 사회를 모두 포함한다. 인간은 자연환경과만 상호작용을 하는 것이 아니라 사회문화적 환경과 활발하게 관계를 맺고 상호작용하며 자신을 형성해 간다. 유기체가 환경과 분리되지 않듯이 개인과 사회의 관계도 완전하게 구분되는 것이 아니다. 세계의 모든 역사·문화·가치는 사회 속에서 몸을 통해 유입된다. 추상적 개념이나 사고도 모두 몸에 근거하여 도출되었다는 체험주의 이론을 반추한다면 소요유 또한 그 몸이 놓인 사회·정치·문화와 별개일 수 없다. 따라서 장자의 자유정신을 대표하는 소요유는 사회를 떠나 진공 속에서 만들어진 추상 개념이 아니라 철저하게 정치사회의 환경 속에서 도출된 개념이라고 볼 수 있다. 즉 구체적인 삶 속에서 도출되어 추상적인 개념으로까지 발전된 것이다. 따라서 '소요유'는 삶의 미학의 범주로서 다룰 것이다.

따라서 본서는 장자의 몸 미학의 핵심 사상을 양생, 제물, 소요유로 규정하고, 이를 바탕으로 각각 생명미학, 생태미학, 삶의 미학을 구성하였다. 즉 장자의 몸의 미학은 자연의 생명력이 충만한 몸의 미학이자, 자연환경 및 사회환경 안에서 다양한 사물과 함께 평등과 다양성을 존중하는 생태미학이며, 아울러 구체적인 삶 속에서 실천을 통하여 일상의 삶을 예술로 승화시키는 삶의 미학이다. 각 장의 구성은 다음과 같다.

Ⅱ장에서는 우선 중국 선진시기 문헌에서 '身', '體', '軀', '形', '躬' 등 몸을 가리키는 다양한 용어와 그 차이점을 정리한다. 장자의 몸의 담론은 유가 신체에 대한 비판점 위에 있으므로 먼저 유가에서의 몸의 의미를 고찰한다. 장자가 보기에 유가가 말하는 몸은 자연적인 몸이 아니라 정치적, 도덕적, 사회문화적인 인위적인 가치에 물들여진 몸이다. 장자는 이러한 몸에 대한 비판적 대안으로서 자연적인 몸과 생명력 넘치는 몸을 제시한다. 장자가 形을 경시하고 心만을 중시한다는 일반적인 유심론적 해석과 달리 『장자』에서 形과 心은 긍정되기도 하고 부정되기도 하는데, 자연적인 몸이란 어떠한 인위적 가치가 부여되기 이전에 자연으로부터 받은 그대로의 形과 心이다. 이러한 形과 心은 이원적 실체가 아니라 기의 다른 현상일 뿐이므로 기에 의하여 통합될 수 있으며, 통합된 形과 心의 신묘한 작용성을 의미하는 것이 神이다. 즉 장자가 생각하는 가장 이상적인 몸

은 곧 神의 상태로서 이는 가장 생명력이 넘치는 몸이다.

Ⅲ장에서는『장자』의 양생 사상에 담긴 생명미학을 고찰한다. 우선 생명의 근원으로서의 도와 덕을 다루고 생명과 미학의 관계를 活身의 관점으로 논한다. 심미 활동이란 생명의 욕구와 만족에 부합하는 것이라는 점에서 몸은 생명미학의 관건이 된다. 양생이란 곧 몸의 생명의 역량을 최대한 발휘하는 것이므로 養形에서 養神까지를 모두 포괄하는 養身이며, 그 방법으로 '좌망'과 '심재'를 살펴본다. 이러한 생명미학을 구체적으로 체현한 것이 진인과 기인이다. 진인은 육신화한 도로서 몸의 완벽한 생명력을 보여주는 반면, 추남, 불구자 등의 기인은 추한 외모와 내적인 생명력이 강하게 대비됨으로써 미추의 반전과 더불어 기존 질서에 대한 저항과 비판 정신을 드러낸다는 점을 살펴볼 것이다.

Ⅳ장에서는 장자의 제물적 사유를 생태미학이라는 이름으로 탐구한다. 생태학은 필히 인간의 몸과 그 몸이 놓인 환경과의 관계를 다루는 것으로 자연환경 및 사회환경을 모두 포괄한다. 먼저 천지대미의 자연생태를 고찰한다. '遊'는 자연 속에서 직접적인 몸의 움직임을 통하여 아름다움을 감수하는 것으로서 후대 산수 체험의 원형이 된다. '천뢰'와 '以明'은 도의 속성을 자연의 소리와 빛으로 표현한 것이다. 이어서 만물제동의 사회생태를 고찰한다. '竝生'이란 인간과 동물, 나아가 한 사회 속 인간 간의 존중과 조화의 추구이며, '化'란 인간의 삶과 죽음이 전체 생태계에서 다른 모든 존재와 똑같이 순환하고 있음을 나타낸다. 이로써 장자의 제물 사상은 자연생태와 사회생태를 모두 포괄하고 있다는 점이 밝혀질 것이다.

Ⅴ장에서는 기존의 연구에서 정신적 만족 혹은 미적 관조로 가장

많이 해석되었던 소요유를 삶과 구체적으로 연결하여 삶의 미학으로서 다룬다. 소요유가 단순히 소극적인 현실도피를 위한 것이 아니라 기존 정치에 대한 비판 정신으로부터 나온 자유정신이며, 그것이 정치의 신체 은유를 통해 어떻게 드러나는지를 논한다. 또한 유가의 예로 훈육된 몸이 사회적 계급과 신분의 표지가 될 뿐 아니라 몸을 억압하는 사회통제의 권력 기능이라고 보고 이를 해체하는 방법을 고찰한다. 따라서 왕공 대부 등의 귀족이 아닌 포정을 비롯한 일반 민중이야말로 삶의 미학의 체현자로서 등장한다. 이를 통해 장자의 몸의 미학은 삶과 예술, 엘리트와 민중, 예술가와 일반인 등을 통합하는 삶의 미학임이 밝혀질 것이다.

제2장

선진시기 몸의 의미

몸을 바라보는 차이는 시대와 역사 그리고 문화에 따라 변화하고 이러한 차이는 서로 다른 사고 유형을 대변한다. 몸을 보는 관점을 두 가지로 나누면 몸을 외부로부터 관찰할 수 있는 객체로 보는 입장과 안에서부터 보는 주체적인 입장이 있다. 전자가 근대 의학의 관점이라면, 후자는 동양 신체론의 전통이다.[1] 동양 전통에서 몸은 물리적 대상이 아니라 자기 정체성의 소재이다. 반면 서양의 몸 개념에는 마음과 정신을 통합하는 의미가 적고 단지 물리적 육체만을 의미하는 경향이 강하다. 영어의 'body'나 그 어원인 그리스어 'soma'는 기본적으로 정신과 물질, 영혼과 육체를 분리하는 서구 형이상학의 이원론적 패러다임에 기반해 있다.[2] 독일어의 'Leib'나 프랑스어의 'corps'도 마찬가지여서 육체와 정신의 통일성을 표현하기에는 충분하지 않다. 이원론의 맥락에서는 항상 정신이 주체가 되고 육체는 객관적 대상으로만 인식된다. 현재 한국어의 '몸' 혹은 '신체'라는 단어가 일상에서 주로 물질적이고 생리적인 기초로서의 육체,

---

1) 유아사 야스오(湯淺泰雄), 이정배·이한영 옮김, 『몸의 우주성』, 서울: 모시는사람들, 2013, p.81.
2) 줄리언 제인스(Julian Jaynes), 김득룡 역, 『의식의 기원』, 서울: 한길사, 2005, pp.101-102. 'body'의 어원인 단어 'soma'는 그리스에서 본래 죽은 사지나 시체를 의미한 것으로 'psyche'의 반대말이었다가 기원전 5세기에 와서야 신체를 의미하게 된다.

체질 등을 의미하고 정신, 마음, 영혼 등과 상대되는 범주로 쓰이는 것은 이러한 서구 철학의 영향으로부터 기원한다. 그러나 한국어의 '몸'이라는 단어도 본래 어원상 몸과 마음을 통합하는 일원론적 경향이 강한 것이었다.[3] 고대 중국의 '身'[4] 또한 육체와 정신이 분리되지 않은 몸 그 자체이자 곧 자신을 의미한다.[5] 고대 중국에서 몸에 대한 사유가 얼마나 정밀했는지를 단적으로 드러내는 것은 몸에 대한 용어의 세분화에서 볼 수 있다. 선진시기 '身', '體', '軀', '形', '躬' 등은[6] 한국어로는 모두 몸이라고 칭하지만 맥락에 따라 미세한 차이를 내포하며 각기 다른 영역을 가리킨다. 우선 『논어』에서 '體'와 '身'이 동시에 나온 구절을 보자.

> 자로가 따라가다 뒤에 처져 있다가 지팡이와 대그릇을 맨 장인을 만났다. 자로가 묻기를 "노인은 우리 선생님을 보셨습니까?" 장인이 대답하기를 "四體를 움직이지 않고 오곡을 분별하지 못하는데

---

3) 한국어의 '몸'이라는 용어의 어원은 '사람을 이루는 전체'라는 의미로서 시원적으로는 퉁구스어, 알타이어 mən(자기, 자신), 퉁구스어 방언 man, mon(自身)에 상응한다. 이는 심신합일의 동양 신체론과 맥을 같이한다(백문식, 『우리말의 뿌리를 찾아서』, 서울: 삼광출판사, 1998; 조영언, 『한국어 어원사전』, 부산: 다솜출판사, 2004, p.187.).

4) '身體'라는 복합사는 '身'과 '體'라고 독립적으로 쓰이던 단사가 합해져서 만들어진 것으로 선진 문헌에서는 거의 등장하지 않고 『관자』에서 세 번 등장할 뿐이다("四肢六道, 身之體也. 四正五官, 國之體也.", "君之在國道者, 若心之在身體也."(「君臣」下), "凡人君之所以內失百姓, 外失諸侯, 兵挫而地削, 名卑而國虧, 社稷滅覆, 身體危殆."(「五輔」)).

5) 리처드 슈스터만은 자신이 말하는 몸 미학의 '몸' 개념과 중국의 '신체' 개념이 사고와 느낌, 지식과 행동, 내적 특징과 외적 표현 등으로 분리되는 육체와 정신의 이원화를 거부한다는 점에서 서로 잘 부합한다고 말한다(R. Shusterman, "Somaesthetics and Chinese Philosophy: Between Unity and Pragmatist Pluralism", *Frontiers of Philosophy in China*, 2015, 10(2), p.1.).

6) 『설문해자』에 의하면 "身, 躬也, 象人之身", "躬, 身也", "軀, 身也."(許慎 撰, 段玉裁 注, 『說文解字注』, 上海古籍出版社, 2008, p.1550.) 또한 '體'란 사람의 외부 형체를 이루는 각 구성 요소의 총합이라는 의미가 있다. "體, 總十二屬也"에 대한 단옥재의 주석은 다음과 같다. "十二屬許未詳言. 今以人體及許書覈之. 首之屬有三. 曰頂・曰面・曰頤. 身之屬三. 曰肩・曰脊・曰臀. 手之屬三. 曰厷・曰臂・曰手. 足之屬三. 曰股・曰脛・曰足."(같은 책, p.662.) 한편 『字源』에 의하면 신체를 의미하는 '體'는 출토 문헌 자료 중 전국시대에 최초로 보이며 '軆', '躰'의 이체자가 있다(李學勤, 『字源』, 天津: 天津古籍出版社, 2012, p.352.).

누구를 선생님이라 하는가?" (…) 자로가 말하였다. "벼슬하지 않는 것은 의가 없으니, 장유의 예절을 폐할 수 없는데 군신의 의를 어찌 폐할 수 있겠는가? 자기 몸[身]을 깨끗하게 하고자 대륜을 어지럽히는 것이다."7)

여기서 "四體를 움직이지 않는다."라는 말은 몸을 움직여 농사일을 하지 않는다는 의미로 이때 '體'는 시각적으로 즉시 드러나고 그 움직임이 파악되는 육체로서 직접 무언가를 한다는 동사적 의미가 들어있다. 그러나 "자기 身을 깨끗이 하고자" 할 때의 '身'은 단순한 외적 형체가 아니라 장유의 예와 군신의 의로 대표되는 사회적·도덕적 의무를 수행하는 인격을 의미한다. 『순자』「권학」편을 보자.

군자의 학문은 귀로 들어와 마음에 담겨서 四體로 퍼져 행동으로 나타난다. 잔잔히 말하고 점잖이 움직여 모두가 법도가 될 만하다. 소인의 학문은 귀로 들어와 입으로 나온다. 입과 귀의 사이는 네 치도 안 되니, 어찌 일곱 자나 되는 軀를 아름답게 할 수 있을 것인가? 옛날 사람들은 자기 자신[己]을 위해 배웠는데 요즘 사람들은 남에게 보이기 위해 배운다. 군자가 배우는 것은 자신의 몸[身]을 아름답게 하기 위해서이고, 소인이 배우는 것은 남에게 보여주기 위해서이다.8)

이 문장에는 '體', '軀', '身'이 모두 출현하여 그 의미 차이를 쉽게 파악할 수 있다. 먼저 '四體'는 몸을 구성하는 네 가지 부분이라는 의미가 있고, 마음의 수동체라는 의미가 들어있다. '일곱 자의 軀'는 객관적으로 측정하고 계량할 수 있는 물질 덩어리로서의 몸이라는

---

7) 子路從而後, 遇丈人, 以杖荷蓧. 子路問曰, "子見夫子乎?" 丈人曰, "四體不勤, 五穀不分. 孰爲夫子?" (…) 子路曰, "不仕無義. 長幼之節, 不可廢也, 君臣之義, 如之何其廢之? 欲潔其身, 而亂大倫." 『論語』「微子」

8) 君子之學也, 入乎耳, 箸乎心, 布乎四體, 形乎動靜. 端而言, 蝡而動, 一可以爲法則. 小人之學也, 入乎耳, 出乎口. 口耳之間則四寸, 曷足以美七尺之軀哉. 古之學者爲己, 今之學者爲人. 君子之學也, 以美其身, 小人之學也, 以爲禽犢. 『荀子』「勸學」

의미가 있다. 반면 "몸을 아름답게 한다."에서 '身'은 배움을 통해 축적된 가치와 습관을 내재한 개인적 인격으로서 군자를 상징한다. 즉 '나[己]'를 의미하는 것이 '身'이다. 『논어』의 '吾身', '正身'9), 『맹자』의 '反身', '誠身', '守身', '愛身',10) 순자의 '正身', '美身'11) 등의 身은 모두 한 사람의 인격과 정체성을 몸으로 나타낸다. 그러므로 身은 단지 '體', '軀' 등의 물리적인 몸뿐 아니라 마음·정신·의식 등도 포함하지 않을 수 없다. 『대학』에서 "부는 집을 윤택하게 하고, 덕은 몸[身]을 윤택하게 한다. (덕이 있으면) 마음[心]이 넓어지고 몸[體]이 펴진다. 그러므로 군자는 반드시 그 뜻을 성실하게 한다."12)라고 하였는데, 여기서 보듯이 身은 心과 體를 모두 포괄하고 있다. 體와 心을 통합하여 한 개인의 자아를 이루는 것이 身이다. 따라서 '身'은 '體', '軀', '形' 등 몸의 물리적 층위에서부터 '心'의 정신적 층위까지 모두를 총합하는 개념이다. 본 논문에서 말하는 몸이란 이 身을 의미한다.

몸에 대한 관점은 각기 다른 철학을 반영하므로 동서양 간의 차이만 존재하는 것이 아니라 동시대에도 학파에 따른 차이가 존재한다. 선전시기 장자는 유가의 몸에 대해 비판적 입장을 취한다. 이 장에서는 먼저 장자가 비판적 시각에서 바라본 선진유가의 몸을 고찰하고, 이어서 이에 대립하여 장자가 제시한 몸에 대해서 고찰하겠다.

---

9) 吾日三省吾身, 爲人謀而不忠乎, 與朋友交而不信乎, 傳不習乎. 『論語』「學而」; 苟正其身矣, 於從政乎何有. 『論語』「子路」; 其身正, 不令而行, 其身不正, 雖令不從. 『論語』「子路」; 苟正其身矣, 於從政乎何有. 『論語』「子路」

10) 悅親有道, 反身不誠, 不悅於親矣. 誠身有道, 不明乎善, 不誠其身矣. 『孟子』「離婁」; 守孰爲大? 守身爲大. (…) 孰不爲守? 守身, 守之本也. 『孟子』「離婁」; 無人乎繆公之側 則不能安其身. 『孟子』「公孫丑」下; 孟子曰, 拱把之桐梓, 人苟欲生之, 皆知所以養之者, 至於身而不知所以養之者, 豈愛身不若桐梓哉. 『孟子』「告子」下

11) 禮者, 所以正身也, 師者, 所以正禮也. 無禮何以正身? 『荀子』「脩身」; 君子之學也, 以美其身, 小人之學也, 以爲禽犢. 『荀子』「勸學」

12) 富潤屋, 德潤身, 心廣體胖, 故君子必誠其意. 『大學』

1. 유가에서 몸의 의미

몸은 생리적이자 문화적이고, 물질적이자 정신적이며, 개체적이자 사회적인 면을 복합적으로 지니지만 유가는 생리적이고, 물질적이고, 개체적인 몸보다 문화적이고, 정신적이며, 사회적인 몸을 더 중시하는 경향이 있다. 선진유가의 몸 개념을 무엇보다 가장 잘 표현한 것은 『대학』의 '修身'[13) 개념인데, 여기서 '身'은 육체와 정신이 분리되지 않는 몸이기는 하지만 이때의 몸은 마음의 도덕심을 체현하는 데 의미가 있고, 이를 바탕으로 국가와 사회 속에서의 인격을 이루는 데 목표가 있다. 장자의 유가에 대한 비판점은 여기에 있다. 장자는 유가가 자연 그대로의 순수한 몸을 인정하지 않고 사회적·정치적·도덕적 등 온갖 인위적 가치를 덧붙인다고 비판한다. 장자가 보기에 공자는 군주 및 국가와의 관계 속에서의 정치적인 몸을 강조하고, 맹자는 인의예지의 발현으로서 도덕화된 몸을, 순자는 교양과 사회적 지위로 구성된 의례화된 몸을 강조한다. 이러한 장자의 비판적 시각에 의하면 유가가 중시하는 몸의 핵심은 정치적인 몸, 도덕화된 몸, 의례화된 몸이다.

---

13) 修身齊家治國平天下.『大學』

1) 정치적인 몸

『논어』에서 공자의 몸을 가장 특징적으로 보여주는 것은 '躬'이다. 증자가 "나는 하루에 세 가지로 나의 몸[身]을 반성한다."[14]라고 했을 때 이 몸은 단순히 물리적인 육체를 의미하는 것이 아니라, 군신의 예를 실현하고 사회적 도덕적 의무를 수행하는 인격을 의미하는 것으로 『대학』의 '修身'의 의미를 강하게 드러낸다. '수신'의 궁극적 의미가 '평천하'에 있듯이 『논어』에서 수신의 의미는 정치적 목적으로 귀결된다. 따라서 공자는 "진실로 자기 몸을 바르게 하면 정치를 하는 데 무슨 어려움이 있을 것이며, 자기 몸을 바르게 하지 못한다면 어찌 남을 바르게 할 수 있겠는가."[15]라고 말한다. 즉 자기 몸을 바르게 하는 이유는 정치적 목적에 있다. 『논어』에서 수신의 의의를 가장 잘 드러내는 몸은 '躬'으로서, 「향당」편에서 공자의 행동은 거의 '躬'으로 표현된다.

> 공문에 들어갈 때는 몸[躬]을 구부린 듯이 하여 마치 용납하지 못하는 듯이 하였다. 문 가운데에 서지 않으며 문지방을 밟고 다니지 않았다. 자리를 지나갈 때 낯빛을 바꾸고 발걸음을 조심하며 말을 부족한 듯하였다. 옷자락을 걷고 마루에 오를 때에는 몸[躬]을 구부린 듯하며, 숨을 죽여 숨 쉬지 않는 듯하였다. 나가서 한 계단을 내려가서 낯빛을 펴고 기쁜 듯하였으며, 계단을 다 내려와서는 종종걸음으로 날개를 편 듯이 걸었고, 자리에 돌아와서는 삼가는 듯하였다.[16]

---

14) 吾日三省吾身. 『論語』「學而」

15) 苟正其身矣, 於從政乎何有, 不能正其身, 如正人何. 『論語』「子路」

16) 入公門, 鞠躬如也, 如不容. 立不中門, 行不履閾. 過位, 色勃如也, 足躩如也, 其言似不足者. 攝齊升堂, 鞠躬如也, 屛氣似不息者. 出, 降一等, 逞顔色, 怡怡如也. 沒階趨進, 翼如也. 復其位, 踧踖如也. 『論語』「鄕黨」

공자의 몸은 예에 의해 정식화된 행동 방식을 보여준다. '躬'으로
표현된 공자의 몸짓과 표정은 공적인 공간에서 공경의 태도와 장엄
의 형식을 드러낸다. 위 내용 이외에도「향당」편은 공자의 공적 생
활에서 일상생활에 이르기까지의 일거수일투족이 세세하게 묘사하고
있다. 군주의 명령에 의해 손님을 접대할 때 얼굴빛과 걸음걸이, 정
치 공간에서 다른 사람들과 서 있을 때 손의 위치와 옷매무새, 규를
잡을 때 몸의 모양과 얼굴빛과 발걸음, 수레를 탔을 때 자세와 수레
안에서의 태도17) 등등. 물론 여기에는 관복이 아닌 일상복에 대한 규
정과 일상생활에서의 먹을 것, 입을 것 등 정치와 무관한 내용도 있
지만 공자가 "자기 身이 바르면 명령하지 않아도 행해지고, 자기 身
이 바르지 않으면 명령을 내려도 따르지 않는다."18)라고 하였듯이 일
상의 모든 수신과 正身은 군자로서 자신의 명령을 잘 수행하도록 하
기 위한 것이라고 볼 수 있다. 따라서 공자의 躬으로 대표되는 몸은
정치와 불가분의 관계라고 본다. 다음 문장은 이를 증명한다.

> 요가 말하였다. "아! 순아. 하늘의 역수가 네 몸[躬]에 있으니, 진
> 실로 그 중간을 잡아라. 사해가 곤궁하면 하늘의 복이 영원토록
> 끊어지리라." 순이 또한 우에게 명하였다. "(…) 짐의 몸[躬]에 죄
> 가 있는 것은 만방의 백성 때문이 아니나, 만방의 백성에게 죄가
> 있다면 그 죄는 짐의 몸[躬]에 있다."19)

---

17) "君召使擯, 色勃如也, 足躩如也. 揖所與立, 左右手. 衣前後, 襜如也. 趨進, 翼如也."; "執圭, 鞠躬如
也, 如不勝. 上如揖, 下如授. 勃如戰色, 足蹜蹜, 如有循. 享禮, 有容色. 私覿, 愉愉如也."; "升車, 必
正立執綏. 車中, 不內顧, 不疾言, 不親指."『論語』「鄕黨」

18) 其身正, 不令而行, 其身不正, 雖令不從.『論語』「子路」

19) 堯曰,「咨爾舜. 天之曆數在爾躬, 允執其中. 四海困窮, 天祿永終.」舜亦以命禹曰,「(…) 朕躬有罪,
無以萬方, 萬方有罪, 罪在朕躬.」『論語』「堯曰」

유가의 공식적인 성인이자 성군인 요와 순이 각기 자신을 가리킬 때 일반적인 용어인 '身'을 쓰지 않고 '躬'이라 용어를 사용하는 것으로 보아 '躬'은 다분히 정치성을 내포하고 있다. 공자의 몸과 행동을 나타내는 '躬'은 예로 정식화된 몸이자 정치 공간에서 위엄과 장중함을 드러내는 몸으로 공자의 강한 정치적 성향을 나타낸다.

2) 도덕화된 몸

공자가 심신관계에 관해 특별한 관심을 보이지 않은 반면, 맹자는 몸을 정신의 구체화이자 도덕심을 드러내는 심신유기체로 보았으며 나아가 기와 마음의 관계를 통하여 '存心養氣'의 공부론을 제시하였다.[20] 맹자는 "기는 몸[體]에 가득한 것이다."[21]라고 하였고, 이 體는 대체와 소체로 구성되어 있다고 하였다. 대체가 감각기관으로서의 물리적 몸이라면, 소체는 마음을 의미하는 것으로서『맹자』에서 육체와 마음 그리고 기가 매우 밀접하게 연관되어 있음을 알 수 있다. 따라서 "지키는 일 중에 무엇이 가장 중요한가? 몸[身]을 지키는 것이 중요하다. (…) 무엇인들 지키는 것이 되지 않겠냐마는 몸[身]을 지키는 것이 근본이다."[22]라고 했을 때의 몸[身]이란 육체와 마음과 기가 만나 감응하는 유기체라 할 수 있다.『논어』에서 증자가 '자신을 반성[省身]'하듯이 맹자는 '자신을 돌이켜 보고[反身]', '자신을 성

---

20) 張踐踏,「先秦儒道身體觀及其美學意義」, 複旦大學 博士學位論文, 2005, p.49.

21) 氣 體之充也.『孟子』「公孫丑上」

22) 守孰爲大? 守身爲大. (…) 孰不爲守? 守身, 守之本也.『孟子』「離婁上」

실하게[誠身]'하는 것이 중요함을 강조하며,23) 만물이 나에게 모두 구비되어 있으니 '자신을 반성하고 성실하게 하는 것[反身而誠]'보다 더 큰 즐거움이 없다고 말한다.24) 그 이유는 다음과 같다.

> 몸을 성실히 하는 데 길이 있으니, 善을 밝게 알지 못하면 그 몸을 성실히 하지 못할 것이다. 그러므로 성실함[誠]은 하늘의 도요, 성실함[誠]을 생각하는 것은 사람의 도이다.25)

맹자는 '성실함[誠]'이 하늘의 도이고, 이 하늘의 도를 생각하고 실천하는 것을 사람의 도라고 규정함으로써, 몸을 성실하게 하는 근거를 천도에 두고 있다. 즉 몸은 바로 천도를 이루는 전제이자 토대가 되는 것이다. 따라서 맹자에게서 몸은 무엇보다 인의예지 사단을 지닌 도덕체로 상정된다. 도덕심이 없는 사체는 아무런 의미가 없다. 하늘이 인간의 몸에 인의예지라는 도덕심을 부여하였고, 인간이 이를 밝히는 것이야말로 자기 몸을 성실하게 하는 인간의 의무와 도리를 다하는 것이다. 몸의 의미는 도덕성의 실현에 있으며, 도덕성을 실현하는 것이야말로 하늘이 준 도를 이어받는 인간의 도이다. 한 사람의 도덕성은 온몸으로 드러난다.

> 군자가 본성으로 지니는 인·의·예·지는 마음속에 뿌리박고 있어서, 그것이 겉으로 드러나면 얼굴이 윤택하게 빛나고, 등에 넘쳐흐르고 四體에 베풀어지니, 사체가 말하지 않아도 저절로 알 수 있다.26)

---

23) 悅親有道, 反身不誠, 不悅於親矣. 誠身有道, 不明乎善, 不誠其身矣.『孟子』「離婁」

24) 萬物皆備於我矣. 反身而誠, 樂莫大焉.『孟子』「離婁上」

25) 誠身有道, 不明乎善, 不誠其身矣. 是故誠者, 天之道也, 思誠者, 人之道也.『孟子』「離婁上」

26) 君子所性, 仁義禮智根於心, 其生色也, 睟然見於面, 盎於背, 施於四體, 四體不言而喩.『孟子』「盡心上」

이러한 맹자의 도덕적 신체 관념을 가장 잘 드러내는 것은 '踐形' 개념이다.

> 형색은 천성이니 오직 성인이 된 뒤에야 형색을 실천할 수 있다.[27]

이상선에 의하면 '踐形'이란 사람의 내재적 덕성이 신체, 용모, 행동거지를 통하여 나타나는 일종의 정신 경계를 가리킨다. 즉 성인의 정신 경계가 몸에서 충분히 실현된다는 의미이다.[28] 양루빈에 의하면 맹자의 천형관은 생명과 도덕의 합일을 주장하는 것으로서 정신화된 신체를 의미한다.[29] 하늘이 부여한 성품이란 결국 인의예지 사단을 의미하고, 이를 완전히 실천할 수 있는 것은 결국 성인이라는 것이다. 따라서 오직 성인이 된 이후에야 형색을 지닌 몸을 마음이 완전히 주재할 수 있다는 것으로 결국 도덕적 마음을 자연적 신체 위에 놓은 것이다. 물리적 신체보다 마음의 우위를 설명한 것은 대체와 소체의 구분에서 더욱 뚜렷해진다.

> 공도자가 물었다. "똑같은 사람인데 어떤 사람은 대인이 되고 어떤 사람은 소인이 되는 까닭이 무엇입니까?" 맹자가 대답하였다. "대체를 따르는 사람은 대인이 되고, 소체를 따르는 사람은 소인이 된다." 공도자가 묻길, "똑같은 사람인데 어떤 사람은 대체를 따르고 어떤 사람은 소체를 따르는 것은 어째서입니까?" 맹자가 말했다. "귀와 눈의 기능은 생각하지 못하기 때문에 사물에 가려지니, 사물이 사물을 만나면 이끌릴 뿐이다. 마음은 생각하는 것이니 생각하면 이치를 얻고 생각하지 않으면 얻지 못한다. 이러한

---

27) 形色, 天性也, 惟聖人然後可以踐形. 『孟子』「盡心上」
28) 이상선, 「맹자의 신체개념과 호연지기」, 동서철학연구, Vol.0 No.64, 2012, pp.111-113.
29) 楊儒賓, 『儒家身體觀』(修訂1版), 臺北: 中央硏究院中國文哲硏究所, 1988, p.8.

기능은 하늘이 내게 주신 것이다. 먼저 큰 것을 세우면 작은 것이 빼앗지 못하니 이것이 대인이 되는 것이다."30)

맹자는 대인과 소인을 구분하고 이를 대체와 소체로 귀속시킨다. 귀와 눈의 기능으로 대표되는 소체란 생리적·물질적 차원의 몸을 말하고, 생각하는 기능으로 대표되는 대체란 곧 마음을 의미한다. 맹자가 대체와 소체를 구분한 이유는 몸이 감각적 욕망에 따라 사물에 쉽게 유혹되는 측면이 있지만 동시에 인의예지의 실현체라는 이중적 의미를 내포하기 때문이다. 소체가 욕망의 주체라면 대체란 덕성의 주체인데 결국 덕성의 주체가 욕망의 주체를 이끌어 가야 한다는 것으로 마음의 우위성을 상정하게 된다. 반성 능력이 없는 감각으로서의 몸은 그 지위가 격하되고 만다. 맹자에게서 몸의 의미는 바로 인의예지라는 도덕성에 있기 때문이다.

3) 의례화된 몸

앞서 『순자』「권학」편에서 인용했듯이 순자는 군자가 배우는 이유가 소인이 배우는 이유와는 달리 '자신의 몸을 아름답게[美其身]' 하기 위해서라고 한다.31) 순자에게서 몸을 아름답게 만들어주는 근본은 예이다. 순자는 예의 기능을 다음과 같이 말한다.

---

30) 公都子問曰:「鈞是人也, 或為大人, 或為小人, 何也?」, 孟子曰:「從其大體為大人, 從其小體為小人,
曰:「鈞是人也, 或從其大體, 或從其小體, 何也?」曰:「耳目之官不思, 而蔽於物, 物交物, 則引之而已
矣. 心之官則思, 思則得之, 不思則不得也. 此天之所與我者, 先立乎其大者, 則其小者弗能奪也. 此為
大人而已矣.」『孟子』「告子上」

31) 君子之學也, 以美其身, 小人之學也, 以爲禽犢. 『荀子』「勸學」

예는 몸을 바르게 하는 근거이고, 스승은 예를 바르게 하는 근거가 된다. 예가 없다면 무엇을 근거로 몸을 바르게 하겠는가? 스승이 없다면 어떻게 예를 행하는 것이 올바르다는 것을 알겠는가? 예에 따라 행한다면 정감이 예에서 편안해지고, 스승을 따라 말한다면 지식이 스승과 같아진다. 정감이 예에서 편안해지고 지식이 스승과 같아진다면 이것이 성인이 되는 것이다.32)

윗글에 따르면 예의 기능이 곧 '몸을 바르게 하는 것[正身]'이고 이는 곧 '몸을 아름답게 하는 것[美身]'과 상통한다. 예를 통해 몸을 바르게 하고 궁극적으로 '예에서 편안[安禮]'한 상태에 이르렀을 때라야 바른 몸, 아름다운 몸이 완성된다. '安禮'란 예가 몸속 깊이 체화되어 몸과 예가 구분할 수 없을 만큼 하나가 된 경지에 이른 것이다. 따라서 순자에게서 몸의 의미는 예에 있고, 이 예는 사회적으로 군자와 소인을 구분하는 기준이 된다.

순자는 사회성을 인간을 규정하는 고유한 특징으로 보았다. 순자에 따르면 다른 동물과 달리 "인간은 무리지어 살 수밖에 없는"33) 사회적 존재이고, 또한 국가사회 조직의 규범인 예를 가지고 있기 때문에 동물과 구별될 뿐 아니라 동물을 지배할 수 있다는 것이다. 따라서 양루빈은 순자의 예의적 신체관의 핵심을 예의 사회적 측면으로 보았다.34) 순자에게서 사람의 신체란 곧 사회화된 신체, 더 확실하게는 의례화된 신체이다. 예가 없는 신체는 몸이 아니라 단순한 생물체이거나 '軀' 혹은 '體'일 뿐이다. 왜냐하면 예가 없는 신체는 외재적으로는 사람의 모양이지만 내재적으로는 사람을 만드는 본질

---

32) 禮者, 所以正身也, 師者, 所以正禮也. 無禮何以正身? 無師吾安知禮之爲是也? 禮然而然, 則是情安禮也; 師云而云, 則是知若師也. 情安禮, 知若師, 則是聖人也. 『荀子』「修身」

33) 人生不能無群. 『荀子』「王制」

34) 楊儒賓, 앞의 책 p.17.

인 사회성이 없기 때문이다. 예의 사회적 기능은 예를 익힘으로써 자연 상태를 개조하여 사회가 요구하는 문화를 성취하게 하는 것이다. 이러한 예는 성인이 만들어낸 것이다.

> 성인은 사람들의 본성을 교화시켜 작위를 일으키고, 작위를 일으켜 예의를 만들어내고, 예의를 만들어내어 법도를 제정한다. 그러므로 예의와 법도는 성인이 생겨나게 하는 것이다.35)

순자에게서 '性'과 '僞'는 대비된다. 인간의 본성은 자연 상태에 그대로 두면 악하게 되므로 僞가 필요한데, 僞의 구체적 내용이 곧 예이다. 따라서 예란 성인이 만들어낸 것으로 자연 상태의 혼란을 막고 국가사회 조직의 규범이 된다. 이러한 논법으로 보면 당시의 국가사회 질서인 봉건적 종법 제도와 계급 질서는 성인의 '僞'에 의하여 만들어진 것으로서 모두 정당화된다. 따라서 예는 차별과 불평등을 제도화하고 지배-종속의 구조를 합리화한다는 비판을 받을 수도 있다.36) 예는 긍정적으로 보면 문화의 가치체계이지만 부정적으로 보면 권력이자 억압이 될 수도 있다. 순자의 의례화된 몸은 문화의 계승체이자 동시에 권력이다.

---

35) 聖人化性而起僞, 僞起而生禮義, 禮義生而制法度; 然則禮義法度者, 是聖人之所生也.『荀子』「性惡」
36) 이러한 관점으로는 정인재,「중국사상에서의 사회적 不平等: 筍子의 禮論을 중심으로」, 人文研究論集, Vol.21, 1992; 김성동,「윤리의 기원에 관한 한 연구」, 대동철학, Vol.35, 2006.

2. 『장자』에서 몸의 의미

저우위천(周與沉)에 의하면 중국 고대의 유가, 도가, 의가 등 제자들은 비록 그 사상이 다르다 할지라도 '形-氣-心' 세 차원의 신체관에 대해서는 공통된 인식을 가지고 있다.[37] 양루빈 또한 '의식-형기-기화(즉 形·氣·心)'가 혼합되어 신체를 구성하는 삼위일체의 신체관은 전국시기 유가, 도가, 의학 사상에 공동으로 전제되어 있다고 본다.[38] 그러나 이렇듯 형기심은 신체를 구성하는 공통 전제이기는 하지만 실질적으로 形·氣·心을 논한 것은 선진유가에서는 『맹자』뿐이고, 『장자』에서야 본격적으로 논한다고 할 수 있다. 장자는 몸을 身보다 身를 구성하는 形·氣·心의 관점에서 많이 논한다. 『장자』는 선진시기에 의학 문헌을 제외하고는 그 어떠한 문헌보다 많은 예시를 통해 몸을 논한 저작이다.[39] 모든 사상은 당대의 산물이므로 아무리 독특한 사상이라 할지라도 동시대의 사상은 같은 문제

---

37) 周與沉, 『身體: 思想與修行－以中國經典為中心的跨文化觀照』, 北京: 中國社會科學出版社, 2005, p.92.

38) 楊儒賓, 『儒家身體觀』(修訂1版), 臺北: 中央研究院中國文哲研究所, 1988, p.17. 양루빈에 의하면 전통적인 유가의 이상적인 신체는 의식의 신체, 형구적 신체, 자연기화적 신체, 사회적 신체라는 네 가지가 일체가 되는 것이다. 이 네 가지 신체는 분리할 수 있는 것이 아니라 하나의 신체에 대한 서로 다른 명칭일 뿐이다(같은 책, p.9.).

39) Deborah A. Sommer, "Concepts of the Body in the Zhuangzi" In Victor Mair(ed.), *Experimental Essays on Zhuangzi*, 2d ed., Three Pines Press. 2010, pp.212-213.

의식과 같은 언어 환경을 공유하기 마련이다. 『장자』 역시 예외가 아니므로 몸에 관한 선진시대의 공통적인 인식을 배경으로 하고 있다. 즉 장자가 말하는 身 또한 體, 形, 軀, 心을 모두 포괄한다. 그러나 장자는 유가의 정치적인 몸, 도덕적인 몸, 의례화된 몸에 대해 비판하면서 어떤 인위적 가치에 물들지 않은 자연적인 몸과 생명력 넘치는 몸을 강조한다.

1) 자연적인 몸

身, 體, 軀, 躬, 形 등 몸을 나타내는 용어 중에서 장자는 '形'이라는 용어를 가장 많이 사용한다.[40] '形'은 몸을 나타내는 여러 용어 중 가장 물리적이고 생리적인 의미가 있다. 이는 형상을 갖추고 체적을 이루고 있는 것으로 『장자』에서 백 개의 뼈마디, 아홉 개의 구멍, 여섯 개의 내장 등이 形을 이루고 있는 것이다.[41] '形'은 볼 수 있고 감각할 수 있는 몸이지만 사회, 국가, 문화의 범주로 드러나는 몸이 아니며 가치, 도덕과도 관련이 적다. 『논어』에서 증자가 반성하는 것[吾日三省吾身]은 身이지 形이 아니다. 유가에서 '身'이 일정한 사회, 문화, 교육, 예의 등의 맥락에서 획득하고 발전하는 것이라면, '形'은 상대적으로 자각력이 없고 수양을 하지 못하며 아무런 활력이 없는 피동적이고 물질적인 것으로 치부된다.[42] 그러나 장자는

---

40) '形'은 장자에서 181번이나 등장한다. 『관자』에서도 '形'이라는 개념이 등장한다. 예를 들어, "道也者, 口之所不能言也, 目之所不能視也, 耳之所不能聽也. 所以修心而正形也."(『管子』「內業」), "心者, 形之君也, 而神明之主也, 出令而無所受令."(『荀子』「解蔽」) 그러나 선진제자 중 形에 대해서 가장 많이 논한 것은 『장자』이다.

41) 百骸, 九竅, 六藏, 賅而存焉.『莊子』「齊物論」. 이후 인용문이『莊子』일 경우 편명만 표기함.

42) '形'은『논어』에서는 전혀 등장하지 않고, 『순자』에서는 57번 등장하나 몸이라는 의미가 아니라

유가와 달리 '形'에 좀 더 많은 의의와 가치를 부여한다. 形이 의미하는 몸은 사회, 문화, 도덕, 예의 등의 인위적 가치가 물들기 전의 자연 그대로의 몸이다. 장자가 形에 집중하는 것은 유가의 정치적인 몸, 도덕화된 몸, 의례화된 몸에 대한 반론으로서 자연 그대로의 몸을 강조하기 위한 것이다.

그렇다고 形을 무조건 긍정하는 것은 아니다. 『장자』에서 '形'에 대한 입장은 양면적이어서 극복해야 할 부정의 대상이 되기도 하고, 생명의 기초로서 긍정의 대상이 되기도 한다. 「제물론」에서 "잠들어서는 꿈을 꾸어 마음이 쉴 사이가 없고, 깨어나서는 形이 열려 접하는 것마다 얽매인다."[43]라고 했을 때의 形은 욕망을 추구하는 주체로서 극복해야 할 대상이 된다. 따라서 形은 떠나고, 버리고, 잊어야 할 것들이므로 '忘形', '支離其形', '離形'을 말한다.[44]

그러나 '形'은 기본적으로 생명을 구현하는 가장 기본적인 토대로서 그 자체가 부정적인 것은 아니다. 생명이 있기 위해서는 무엇보다 우선 形이 있어야 한다.[45] 形은 물질적인 육체로서 인간의 기본조건이므로 생명과 직결되는 것이자 천지자연이 부여한 것이다. 「대종사」에서 "대지는 나에게 形을 주었고, 生으로 나를 수고롭게 하고, 늙음으로 나를 편안하게 하며, 죽음으로 나를 쉬게 한다."[46]라고 하

거의 '드러나다'란 의미의 동사로 쓰였다. 『맹자』에서는 네 번 등장하나 두 번은 동사이고 두 번은 앞서 논했던 '踐形'과 관계된다. 즉 "형색은 천성이니 오직 성인이 된 뒤에야 형색을 실천할 수 있다."(形色, 天性也, 惟聖人然後可以踐形. 『孟子』「盡心上」) 여기서 形은 사람의 몸을 의미하지만 성인이 된 후에야 形으로서의 몸에 의미를 부여하는 것으로, 성인이 아닌 경우에는 형색으로서의 몸이 그다지 가치가 없다는 의미를 내포하고 있다.

43) 其寐也魂交, 其覺也形開, 與接爲搆. 「齊物論」

44) 墮爾形體, 黜爾聰明. 「在宥」; 墮汝形骸. 「天地」; 其爲形也, 亦愚哉. 「至樂」

45) 有生必先無離形. 「達生」

46) 夫大塊載我以形, 勞我以生, 佚我以老, 息我以死. 「大宗師」 마찬가지로 「덕충부」에서도 "도가 사람

였는데 이는 생명 전개와 소멸의 전 과정이 '形'에서 시작함을 보여 준다.47) 즉 形은 사람이 되는 기본적인 조건이므로 '存形'과 '形全'을 말한다.48) 따라서 '망형'과 '리형'은 감각기관의 욕망에 대한 집착을 비판하기 위한 것이지 形 자체를 완전히 부정하거나 버리고자 하는 것이 아님을 추론할 수 있다. 유가의 '躬'은 명분을 위해서라면 몸의 희생을 감수하기도 하지만 『장자』에서 '형을 힘들게 하는 것[勞形]' 은 무의미하고 심지어 없애야 하는 것이다.49) 『장자』에서는 形이 부정과 극복의 대상일 때조차도 形을 희생시켜 더 큰 가치를 추구하거나 육체의 고통을 통해서 정신을 수양하는 고행 의식은 없다.

『장자』에서 形은 양육의 대상이 되기도 한다. '養形'은 의식주의 물질적 만족, 나아가 미각과 촉각 등 감관의 충분한 만족과 향수를 의미한다. 생명을 유지하기 위해서는 의식주를 비롯한 기본적인 물질적 조건의 충족이 필요하며 건강한 몸으로 장수하기 위해서는 호흡과 체조 등으로 몸의 균형을 조절할 필요가 있다. 이것이 양형이다. 그러나 양형만으로는 충분하지 않다. 더욱 중요한 것은 양생이

의 모습을 주었고 자연이 사람의 形을 주었으니 좋아하고 싫어하는 것으로 身을 괴롭힐 일이 없다."(道與之貌, 天與之形, 無以好惡内傷其身. 「德充符」)

47) 이러한 사상은 『관자』에서도 뚜렷하게 나타난다. "사람의 생명은 하늘에서 온 精과 땅에서 온 形이 합하여 사람이 된 것이다."(凡人之生也, 天出其精, 地出其形, 合此以爲人. 「管子」「内業」)

48) "形은 도 없이는 생겨날 수 없고, 生은 덕 없이는 밝아지지 않는다. 形을 보존하고 생명을 다하여 덕을 세우고 도를 밝히는 것이 왕자의 덕이 아니겠는가."(故形非道不生, 生非德不明. 存形窮生, 立德明道, 非王德者邪. 「天地」); "形이 온전해지고 精이 회복되면 자연과 하나가 된다."(夫形全精復, 與天爲一. 「達生」)

49) 「응제왕」에서 양자거가 노자를 만나 명왕에 대해 물었을 때 노자는 "이런 사람은 성인에 비한다면 재주나 부리고 기술에 매달려서 形을 힘들게 하고 마음을 바쁘게 하는 사람일 뿐이다."(是於聖人也, 胥易技係, 勞形怵心者也)라고 하면서 '勞形'을 비판한다. 또한 「어부」 편에서 인의 가치를 실현하고자 노력하는 공자 또한 '勞形'은 도에서 멀어지는 것이라고 비판한다. "인은 틀림없으나 그 몸은 화를 면치 못할 것이다. 마음을 괴롭히고 形을 지치게 함으로써 자기의 참된 본성이 위험하다. 아, 도에서 멀리 벗어났구나."(仁則仁矣, 恐不免其身, 苦心勞形以危其眞. 嗚呼, 遠哉其分於道也)

다. 장자는 양생으로 나아가지 못하고 양형에만 치중하는 자들을 비판한다.[50] 그러나 이러한 비판은 양형만으로는 충분하지 않음을 강조하기 위한 것이지 양형과 양생을 대립시키는 것이 아니다. 장자가 '存形', '形全' 등 온전하게 몸을 보전할 것을 말했다는 점을 감안한다면, 양형은 양생의 기초가 된다. 한편 양생은 形의 결함을 뛰어넘기도 한다. 形의 추함과 불완전함은 양생에 결코 장해가 되지 않는다. 「인간세」의 지리소는 形이 온전하지 못하지만 자신의 몸을 양육하여 천수를 다하는 인물이다.[51] 지리소의 形은 추하고 불완전하지만 결코 활력 없고 타성적이고 피동적인 물질이 아니라 강한 생명력을 발산한다. 그러나 形만으로는 생명이 되기에는 부족하다. 「덕충부」에서 새끼 돼지들이 죽은 어미의 젖을 빨다가 깜짝 놀라 달아나는데, 새끼 돼지가 "그 어미를 사랑한 것은 形을 사랑한 것이 아니라 形을 움직이게 하는 무언가를 사랑한 것"[52]이기 때문이다. 이는 생명이 形만으로는 부족하고 형을 움직이게 하는 그 무엇, 즉 덕의 필요함을 의미한다. '形'은 끊임없는 변화 과정 속에서 생로병사를 거친다. 장자는 아내가 죽었을 때 곡을 하는 대신 동이를 두드리며 노래를 불렀다. 아내의 죽음은 形의 끊임없는 변화 속에서 하나의 단계일 뿐임을 깨달은 것이다.[53] 形은 '芒芴-氣-形-生-死'의 변화의

---

50) "形을 기르려면 우선 여러 사물이 있어야 한다. 그런데 이러한 것이 넉넉해도 形을 기르지 못하는 사람이 있다."(養形必先之以物, 物有餘而形不養者有之矣. 「達生」); "숨을 내쉬고 들이쉬고 심호흡을 하며 곰처럼 걷고 새처럼 목을 늘이는 것은 오래 살기 위해서일 뿐이다. 이렇게 도인술을 하는 자들이 形을 기르는 사람이다."(吹呴呼吸, 吐故納新, 熊經鳥申, 爲壽而已矣, 此導引之士. 養形之人. 「刻意」); "세상 사람들은 形만 기르면 생명이 있다고 여기지만 形을 기르는 것만으로는 생명에 부족하니 무슨 소용 있겠는가?"(世之人以爲養形足以存生, 而養形果不足以存生, 則世奚足爲哉. 「達生」)

51) 夫支離其形者, 猶足以養其身, 終其天年. 「人間世」

52) 所愛其母者, 非愛其形也, 愛使其形者也. 「德充符」

53) "황홀한 가운데 섞여 있다가 변해서 氣가 생기고, 氣가 변해서 形이 생기고, 形이 변해서 生이

과정에 있으며 인간의 죽음은 形의 변화의 한 과정으로서 흩어져 무형으로 돌아간다.

'形'이 외재적이라면 '心'은 내재적인 것으로, 形과 心은 서로 가장 빈번하게 대비되는 짝이다. 형심 관계를 대표하는 문장은 「제물론」편의 "形은 마른나무와 같고, 心은 불 꺼진 재"[54]이다. 여기서 形과 마찬가지로 心도 부정과 극복의 대상이 된다. 形이 감각 작용 및 감각적 욕망을 상징한다면 心은 욕망, 감정, 지식, 사유 등을 포괄한다. 形과 마찬가지로 心도 양면적 속성이 있으므로 그 자체로 부정적인 것은 아니다. 心은 고립된 자아의식을 형성하여 세계와 단절을 만들어내는 주체이기도 하지만 동시에 이를 스스로 극복할 수 있는 주체가 되기도 한다. 물질과 욕망에 얽매이는 心이 있는가 하면, 천지정신과 왕래할 수 있는 心이 있다. '成心', '心知', '以心', '蓬心'은 지식, 욕망, 사려하는 마음으로 모두 극복해야 할 대상이다.[55] 반면 장자가 긍정하는 마음은 '虛心', '靜心', '解心', '遊心'으로 욕망, 감정, 지식, 사유 등이 없는 마음이다.[56] 이러한 마음은 긍정되는 마음이다. 따라서 至人의 마음은 '텅 빈 마음[虛心]'이고 성인의 마음은 '고요한

생겼다가 이제 다시 변해서 죽음으로 간다. 이는 봄, 여름, 가을, 겨울, 사계절이 바뀌는 것과 같다."(雜乎芒芴之間, 變而有氣, 氣變而有形, 形變而有生, 今又變而之死, 是相與爲春秋冬夏四時行也. 「至樂」)

54) 形固可使如槁木, 而心固可使如死灰乎. 「齊物論」

55) "成心을 추종하며 그것을 스승으로 삼는다면 누구인들 스승이 없겠는가?"(夫隨其成心而師之, 誰獨且無師乎. 「齊物論」); "듣고 보는 그대로 받아들이되 心知에서 벗어나라."(夫徇耳目內通而外於心知. 「人間世」); "이를 心으로 도를 손상시키지 않고 인위로 자연을 돕지 않는다고 하고, 이런 사람을 진인이라고 한다."(是之謂不以心損道, 不以人助天. 是之謂眞人. 「大宗師」); "당신의 마음은 쑥대밭같이 꽉 막혀 있군요."(夫子猶有蓬之心也夫. 「逍遙遊」)

56) "자연에서 받은 바를 다하되 얻는 것이 없이 텅 비울 뿐이다. 지인의 마음 씀은 거울과 같다."(盡其所受乎天, 而無見得, 亦虛而已. 至人之用心若鏡. 「應帝王」); "성인의 마음은 고요하구나. 천지를 비추는 거울이고 만물을 비추는 거울이다."(聖人之心靜乎! 天地之鑑也, 萬物之鏡也. 「天道」); "마음을 풀어놓고 정신을 놓아버려 고요히 혼도 없는 경지에 이르면 만물이 성대하게 자라나고 각자 자기 뿌리로 돌아간다."(解心釋神, 莫然無魂. 萬物云云, 各復其根. 「在宥」)

마음[靜心]'이다. 形과 心이 어떠한 욕망이나 인위적인 가치로부터 자유롭다면, 이는 장자에게 하늘로부터 내려받은 가장 순수한 자연적인 몸이 된다. 이러한 자연적인 몸은 氣와 神을 통해 생명력 넘치는 몸이 된다.

2) 생명력 넘치는 몸

① 氣: 形과 心의 유통자

形과 心은 생명체의 두 측면으로서 생명력 넘치는 몸이 되기 위해서는 形·心이 우열이나 대립 혹은 모순 없이 서로 잘 유통되어야 한다. 이렇게 서로 유통할 수 있는 근거가 氣이다. 기는 형·심 아래 잠재적인 무형의 흐름으로 장자의 신체론에서 중요한 역할을 담당한다. 양루빈에 의하면 기와 신체의 관계는 전통 의학뿐 아니라 점복, 별자리 관찰, 무술 등의 이론적 기초이자 중국 사상의 중요한 에너지원으로서 만일 '기-신체' 이론이 없었다면 유가와 도가의 많은 주요한 명제가 성립할 수 없을 만큼 하나의 典範이다.[57] 고대 중국에서의 우주 공간은 텅 빈 진공 상태가 아니라 사물을 생성하고 변화·숙성시키는 보이지 않는 기의 에너지로 가득 차 있다. 도가 천지 만물의 근원이라면 만물은 양기와 음기의 교감에 의해서 만들어

---

57) 楊儒賓 編, 『中國古代思想中的氣論及身體觀』, 臺北: 巨流圖書公司, 1993. 이 책은 대만 칭화대학 주관으로 '중국고대사상에서의 기론 및 신체관'이란 주제로 열린 국제학술연구대회(1991.5.31.)의 연구 논문집이다. 중국 고대사상에서 기론과 신체관을 연결(기-신체)하여 전면적으로 논하였다. 총 20편의 논문이 수록되어 있으며 다음 네 부분으로 구성되어 있다. 1. 기와 신체관의 이론적 구조 2. 신체의 정치성과 사회성 3. 선진 및 한초시대 문헌 해석을 통한 신체관. 4. 불교와 도교 관점의 신체관.

지며, 만물의 음양은 서로 감통하여 도에서 화해를 이룬다. 일체가 통하고 서로 이어져 있으면서 상호 침투하는 대생명의 흐름이 바로 기이다. 『장자』에서 기는 천지간의 계절, 바람, 비 등의 자연 현상을 포함할 뿐 아니라 사람의 생리적·심리적 상태도 모두 기의 운동으로 귀결한다.[58] '道通爲一'이 될 수 있는 것은 기가 있기 때문이다.[59] 추이다화(崔大華)에 의하면, "기는 우주에 가득 차 있는 보편적 존재로서 그 특징은 본질이 텅 빈[虛無] 것이다. 따라서 기는 구체적인 사물의 존재 상태로 드러난다. (…) 천지간의 계절의 변화와 같은 자연 현상과 인간의 생리·심리 상태를 모두 기의 존재 및 운동으로 볼 수 있다. 이는 장자 사상에서 세계의 통일성에 대한 기본적 이해로서, 사람과 자연이 일치하고 상통할 수 있음을 명확하게 인정한 것이다."[60] 다시 말해 기는 물질 현상과 정신 현상의 공통 기원이 되는 것이다. 따라서 "천하는 하나의 기로 통한다[通天下一氣耳]." 사람의 몸 또한 이러한 기의 운동 변화 과정 속에서 태어나고 죽는 과정을 겪는 것이다.[61]

---

58) 장자는 전국 중기 직하학에서 현상계의 개별성을 해명하기 위해 도입하였던 초보적인 기론을 심화 발전시켜 거의 완전한 형태의 원기론을 형성하였다. 道나 理가 세계의 보편적 근거나 원리를 설명한다면 氣는 만물의 구성이나 다양성을 보여주는 범주로서 역할을 한다(최진석, 『저것을 버리고 이것을』, 고양: 소나무, 2014, pp.311-312.).

59) 기로 설명되는 세계관은 다음과 같은 특징이 있다. 1. 기는 미시 세계와 거시 세계를 일관되게 설명하는 틀이며, 분자적 설명과 시스템적 설명을 함께 담고 있는 사유 체계이다. 2. 기는 물질과 비물질, 구체와 추상을 일관되게 설명하며 정신이나 감정도 포괄한다. 3. 기는 그 자체를 구체적으로 느낄 수는 없지만 객관적으로 존재한다(김교빈·이현구·김시천, 『기학의 모험 1』, 서울: 들녘, 2004, pp.29-31.).

60) 崔大華, 『莊學硏究』, 北京: 人民出版社, 1992, pp.107-108. 예를 들어 자연에 속하는 것은 天氣, 地氣, 六氣, 雲氣, 春氣 등이 있고 사람에 속하는 것은 人氣, 血氣, 志氣, 神氣 등이 있다.

61) "사람의 생명은 기가 모인 것이다. 기가 모이면 생명이 되고 흩어지면 죽음이 된다."(人之生, 氣之聚也, 聚則爲生, 散則爲死.「知北遊」); "황홀한 가운데 섞여 있다가 변해서 氣가 생기고, 氣가 변해서 形이 생기고, 形이 변해서 생명이 생겼다가 이제 다시 변해서 죽음으로 간다."(雜乎芒芴之間, 變而有氣, 氣變而有形, 形變而有生, 今又變而之死.「至樂」)

기는 크게 음양으로 나누어지므로 음양 양기가 가장 큰 기이고,[62] 이 두 기가 서로 화합하여 운동하면서 생명을 생성한다.[63] 이러한 기의 개념은 운동성과 변화성을 함축한다. 추이이밍(崔宜明)에 의하면 기는 만물을 구성하는 기초이자 도와 만물의 중개자로서 도를 따르면서도 영원히 운동하며 변화하는 것이다.[64] 『장자』에서는 자연의 질서나 규칙성보다는 다양성과 창조성이 높이 평가되고, 자연에서의 순환적이고 주기적인 변화 패턴보다는 예측과 기대가 불가능한 변화의 이미지가 더욱 두드러진다.[65] 이는 장자의 사상이 기론을 배경으로 하고 있기 때문이다. 동양 의학에서도 몸의 기본 구조를 기가 체내를 순환하는 통로인 경락의 연결로 본다. 경락을 흐르는 기가 심리 작용과 생리 작용을 결합하는 역할을 하므로 이 흐름이 막히면 심신에 이상이 생긴다. 기는 심리와 생리, 즉 정신 현상과 생명 현상 사이에서 공시적 동조를 불러일으키는 에너지이다.[66] 形과 心은 본래 둘이 아니라 동질적인 것으로 기에 의해 관통된다. 따라서 기는 몸과 마음에 동시에 영향을 미친다.[67] 도가 만물을 중개하

---

62) "음양은 氣의 가장 큰 것이다."(陰陽者, 氣之大者也.「則陽」)

63) 『노자』가 "만물은 음을 등에 진 채 양을 품고 있는데 두 기가 서로 만나 조화를 이룬 것이다." (萬物負陰而抱陽, 沖氣以爲和.『道德經』42)라고 하였다면『장자』는 "지극한 음은 고요하고 차며, 지극한 양은 밝고 뜨겁다. 고요하고 차가운 것은 땅에서 나오고, 밝고 뜨거운 것은 하늘에서 생긴다. 두 가지 氣가 섞여서 서로 통해 화합하면 만물이 생겨난다."(至陰肅肅, 至陽赫赫, 肅肅出乎天, 赫赫發乎地, 兩者交通成和而物生焉.「田子方」)라고 하였다.

64) 崔宜明, 『生存與智慧: 莊子哲學的現代闡釋』, 上海: 上海人民出版社, 1996, p.158.

65) 벤자민 슈워츠(Benjamin Schwartz), 나성 옮김, 『중국 고대 사상의 세계』(개정판), 서울: 살림, 2004, pp.313-314.

66) 유아사 야스오(湯淺泰雄), 이정배·이한영 옮김, 『몸의 우주성』, 서울: 모시는사람들, 2013, p.89. 저자는 이런 의미에서 경락을 '무의식 준신체시스템'이라 부른다.

67) "기가 몸에서 막힌 채 흩어져 돌아오지 않으면 마음이 쇠약해진다. 기가 위로 올라가 내려오지 않으면 쉽게 화를 내고, 내려가서 올라오지 않으면 쉽게 잊어버리며, 올라가지도 내려가지도 않고 몸 한가운데 있으면서 마음을 막고 있으면 병이 된다."(夫忿滀之氣, 散而不反, 則爲不足, 上而不下, 則使人善怒, 下而不上, 則使人善忘, 不上不下, 中身當心, 則爲病.「達生」)

듯이 形과 心, 생리와 심리, 생명과 정신, 존재와 인식 사이의 화해[68]와 융합의 중개자로서의 역할을 한다. 形과 心은 기에 의하여 결합하고 상호 영향을 미치면서 身을 이루는 것이다.

정세근에 의하면 중국철학에서 기론은 장자로부터 시작한 것으로 기는 장자의 철학과 미학 양 방면에서 모두 중요한 개념이다. 그러나 철학에서의 기가 리와의 관계에서 이기론으로 다루어지면서 서로 우열의 시비를 겪게 되는 것과는 달리, 미학에서 기의 지위는 독보적이다.[69] 장자의 '氣化', '物化' 혹은 '천인합일'이나 '物我兩忘'의 미학적 개념은 모두 기를 기반으로 한다.

기는 텅 빈 것이고 고요한 것이며, 만물과 통하는 것이다. '虛', '靜', '通', '止'는 기의 특성이자 동시에 장자의 수행에 있어 핵심이다.[70] 따라서 장자의 수행은 기화 수행이라 할 수 있다. 기화 수행은 우주적 기가 우리 몸속에 자연스럽게 흐르도록 하는 것이다. 대표적으로 「인간세」의 '심재'는 "마음으로 듣지 말고 기로 들어라[無聽之以心而聽之以氣]."라고 한다. 기로 듣는다는 것은 텅 비워서 자연의 생명력을 받아들이고 생명 전체의 변화와 흐름을 같이 하는 것이다. 기는 도에 근거하며 도의 구현으로서 形·心을 융통할 뿐 아니라 만물을 융통함으로써 천지인을 화합하고 통하게 한다.

---

68) 이성희, 『장자의 심미적 실재관』, 파주: 한국학술정보, 2008, p.123.

69) 정세근, 「미학과 동양의 현대」, 동양예술, Vol.1, 2000, pp.331-332. 이 논문은 서예 미학에서 장자의 기론이 핵심이라고 보고 孫過庭, 包世臣, 劉熙載 등의 서예론에서 기론의 전개를 다룬다.

70) 쉬푸관은 『장자』에서 虛, 靜, 止가 마음의 본성을 유지하는 공부의 요체라고 보았다. 虛는 자아를 중심으로 선입견이 없는 것이고, 靜은 물욕과 감정에 의해 소동이 일어나지 않는 것이며, 止는 마음이 유혹을 받아 밖으로 질주하지 않는 것이다(쉬푸관(徐復觀), 유일환 옮김, 『中國人性論史: 先秦篇』, 서울: 을유문화사, 1995, p.137.).

② 神: 생명의 활동 상태

기에 의해서 形과 心이 완전히 유통되는 상태가 神이다. 즉『장자』
에서 神이란 오늘날 일반적으로 알고 있는 'God'의 의미가 아니라 기
의 활발한 작용성을 나타내는 것으로서 몸이 가장 활발한 생명의 활
동 상태임을 의미한다.『주역』「계사」에서 "음양의 변화가 측량할 수
없음을 일러 신이라 한다[陰陽不測之謂神]."라고 하였듯이, 神은 정신
적 실체를 의미하는 것이 아니라 기의 신묘한 작용성으로서 좁게는
의식 활동을, 넓게는 모든 생명 활동을 포괄하는 개념이다.『장자』에
서 '精神'이라는 용어도 오늘날처럼 육체나 물질에 대립되는 영혼이나
마음을 의미하지 않는다.[71] 고대 중국에서 '精', '氣', '神'은 모두 생명
의 본질을 구성하는 것이다.[72] '精'은 본래 곡식의 알맹이, 순수함, 정
액, 정세함 등의 의미와 함께 만물 생성을 뜻한다.[73] 精이란 작은 것
중에서도 아주 작은 것으로서[74] 생명을 내포하고 있는 최소 단위이

---

[71] 백종현,「정신의 개념」, 우리사상연구소 엮음,『우리말 철학사전 2: 생명·상징·예술』, 서울: 지
식산업사, 2002, pp.273-280. 오늘날 한국에서 사용하는 '精神'이라는 낱말은 1870-80년대 일본
인들이 'Spirit', 'Geist' 등의 서양철학 개념을 '정신'으로 번역한 것을 그대로 받아들인 것이다.
따라서 오늘날 철학에서 '정신'이라는 주제는 한자어 연원에서의 의미가 아니라 서양 근대철학의
맥락에서 실체적 정신, 이념적 정신이라는 의미로 사용된다. 특히 정신은 마음, 영혼으로 바꿀 수
있는 말로 사용되고 정신-물질, 영혼-육체, 마음-몸 등의 상관 개념으로 사용된다.

[72] 인간 생명의 유래를 精·氣·神에 바탕하여 설명한 가장 오래된 저술은『관자사편』이다.『관자사
편』이란『관자』중 그 사상적 내용이 유사한 네 개의 편, 즉「內業」,「心術上」,「心術河」,「白心」
을 말한다(김시천,「표정, 氣와 情을 통해 본 '몸의 현상학」, 이동일 외 지음,『기학의 모험 2』, 서
울: 들녘, 2004, p.244-245.).

[73]『역경』「계사」에서도 "남녀가 정을 엮어 만물이 화생한다(男女構精, 萬物化生)."라고 하였으며,『
관자』「內業」에서도 "정은 기의 정수이다(精也者, 氣之精者也)."라고 하였다. 장자는 "나는 천지
의 정기를 취하여 오곡이 자라도록 돕고 백성들을 키워나가고 싶다."(吾欲取天地之精, 以佐五穀,
以養民人.「在宥」), "천지의 신명(神明)함과 지극한 순수함[至精]이 저 만물과 더불어 백가지로
변화하여 만물은 이미 죽거나 살거나 모나거나 둥글게 변화하지만 그 근원을 알 수 없다."(今彼
神明至精, 與彼百化, 物已死生方圓, 莫知其根也.「知北遊」)라고 하였다.

[74] 夫精, 小之微也.「秋水」

다. 神과 精은 모두 기의 종류로서 神氣이자 精氣라고 할 수 있다. '精'은 생명의 씨앗을 내포하는 생명 활동의 가능태로서의 기이고, '神'은 신묘한 작용성으로서의 기이다. 따라서 '精神'이란 기의 두 가지 양태를 통합한 것으로, 생명을 품고 있는 가능태로서의 기와 그 기의 작용성을 결합한 개념이다.[75] 즉 精은 우리 몸이 지니고 있는 생명력의 정수이고 神은 이 생명력의 작용력으로서 精神은 모든 생명 활동을 포괄하는 개념이 된다. 따라서 「천하」편의 "홀로 천지정신을 오간다[獨與天地精神往來]."라는 말은 육체를 버리고 정신이 하늘로 승천하거나 절대정신과 합일하는 것이 아니다. 천지란 세계의 큰 틀이자 음양의 기를 대표하는 것으로 천지 가운데 음양의 기가 유행함으로써 자연의 무한한 생성 변화가 일어나는데 신인은 이러한 천지의 기화유행과 교감함으로써 활발한 생명 활동을 한다는 의미이다.

『장자』에서 '精神'이라는 용어는 내편에는 한 번도 등장하지 않고 외·잡편에서야 등장한다.[76] 외·잡편에서 精神은 神의 생명적 특징을 더욱 부각하기 위한 것으로 본다면 장자의 몸의 관점에서 精보다는 神이 중심이 된다고 할 수 있다. 아울러 形과 心을 대비한 형심론이 『장자』의 전편에 걸쳐 등장한다면 形과 神을 대비시킨 形神론은 주로 외·잡편에 등장한다.[77] 형신론은 형심론의 心을 단순히 神

---

75) 이성희, 『장자의 심미적 실재관』, 파주: 한국학술정보, 2008, p.120.

76) 『장자』 전편에 걸쳐 '神'이라는 글자는 총 112번 출현한다. 반면 '精神'은 외·잡편에서 총 8번 출현할 뿐이다.

77) 이재봉, 「『장자(莊子)』의 형신론에 대한 고찰」, 동양문화연구, Vol.6, 2010, p.212. 한편 중국 역사에서 形神 문제가 본격적으로 불거진 시기는 위진남북조시기 수차례 걸친 '신멸신불멸논쟁'으로 중국 전통의 형신일원론과 외래에서 유입된 불교의 형신이원론 간의 치열했던 논쟁이다(물론 이 시기 형신이원론은 초기 불교를 잘못 이해한 것에서 비롯된다). 이때 중국 전통의 형신일원론의 사유를 대표하는 범진이 제시한 명제는 '形質神用'이다(졸고, 「종병『畵山水序』의 形神論적 연구」, 성균관대 석사학위논문, 2015, p.18.).

으로 대체한 것이 아니라 부정적인 면이 있었던 心을 神으로 뛰어넘는 것이다. 心이 인식, 욕망, 지식 등을 의미한다면 神은 생명 활동이자 생명의 실체이다. '神'은 形과 心처럼 동등하게 대비되는 것이 아니라 형과 심이 하나가 되도록 전신이 기로 유통되는 생명의 활동 상태이다.78) 즉 형신론이 形과 神을 대비하여 말하고 있지만 이들이 서로 독립적이라는 의미는 아닌 것이다. 이원론을 전제하는 심신론과 달리 형신론에서 形과 神은 불가분의 관계이다.

따라서 『장자』에서 '神'은 인격신이나 몸을 떠난 마음, 영혼 또는 귀신의 존재를 의미하지 않으며,79) '精神' 또한 신묘한 작용성을 더욱 강조하기 위한 말이지 오늘날 말하는 정신이 아니다.80) 고대어와 현대어의 차이를 파악하지 않고 글자 형태만 보고 고대어를 현대어와 같은 의미로 해석할 경우 심각한 오독을 초래할 수 있으며 이런 상황이 장자 연구의 경우 심각했다고 본다. 『장자』에서 '神'을 오늘날의 의미대로 정신적 실체로 해석하면 『장자』의 철학은 육체를 배격하고 오직 정신만을 강조하는 정신주의 철학이 되어버린다. 「양생주」 편의 '포정해우'의 고사에서 "지금은 神으로 대할 뿐 눈으로 보지 않습니다. 감각으로 아는 것을 멈추고 神이 가는 데로 움직입니다."81)라고 했을 때 '神遇'와 '神欲'은 육체를 탈각시키고 오직 정신

---

78) "形體는 神을 지키고 각기 고유한 법칙이 있다. 이를 性이라 한다."(形體保神, 各有儀則, 謂之性. 「天地」); "눈으로 보려고도, 귀로 들으려고도, 마음으로 알려고도 하지 않고 너의 神이 形을 지킨다면 形은 장수할 것이다."(目無所見, 耳無所聞, 心無所知, 汝神將守形, 形乃長生. 「在宥」)

79) 외·잡편에서 마음을 뜻하는 개념도 대체로 몸(形)과 함께 존립하는 것이지 존재론적으로 선후나 우열 관계가 아니다(유초하, 「동양의 철학적 전통에 나타난 몸과 마음의 존재론적 위치」, 泰東古典研究, Vol.5, 1989, p.20).

80) 현대 중국어 단어 '精神'은 이러한 작용성이라는 의미가 살아있다. '精神'의 '神'을 2성으로 발음하면 오늘날 우리가 사용하는 '정신'이라는 의미이지만, 경성으로 발음하면 '활기차다', '생기발랄하다', '기운이 넘치다'라는 의미이다.

81) 方今之時, 臣以神遇而不以目視, 官知止而神欲行. 「養生主」

적으로만 소를 본다는 의미가 아니다. 육체의 숙련 없이 정신만으로 고도의 기예나 기술에 도달하는 것은 불가능하다. '神'은 정신이 아니라 몸과 마음의 원활한 작용성을 지시한다. 「소요유」 편의 막고야 산에 사는 神人은 "그 神이 집중하면 만물이 병들지 않고 곡식도 잘 익는다."[82]라고 한 것 또한 신인의 정신적인 힘이나 염력을 의미하는 것이 아니라 몸과 마음을 자연의 조화로운 상태와 합일시킨다는 것을 표현한 것이다. 여기서 '神'은 '자연의 조화[天和]'에 상응하는 것으로서,[83] 자연의 조화와 같은 융통성, 자연의 작용성 등을 의미한다. 「달생편」에서 매미 잡는 노인을 대하여 공자가 "뜻을 흩어지지 않으니 神으로 응축된다[用志不分, 乃凝於神]."라고 말하는 의미도 고도의 집중을 통하여 몸과 마음이 하나로 통일됨으로써 주객통일, 나아가 물아합일을 이루었음을 의미한다.

장자에 대한 정신주의적 해석은 특히 이 '神' 개념에 대한 오해로부터 비롯된 것으로 본다. 神 개념을 정신적 실체가 아니라 몸과 마음의 활발한 생명력으로 바로잡는다면 장자 철학은 그 근본이 몸에 있다는 것이 증명된다. '神'은 장자가 생각하는 가장 이상적인 몸으로서 물리적인 몸과 정신적인 마음이 하나가 됨으로써 달성될 수 있다. 장자의 가장 이상적인 몸은 어떤 인위적 가치도 없는 자연적인 몸인 形과 心이 기에 의해서 활발하게 유통되어 하나가 됨으로써 완전한 생명 활동을 하는 神의 상태가 되는 것이다. 즉 장자에서 무엇

---

82) 其神凝, 使物不疵癘而年穀熟. 「逍遙遊」

83) '자연의 조화[天和]'라는 神의 의미를 뚜렷이 보여주는 문장은, "너의 形을 바르게 하고 너의 시각 작용을 전일하게 한다면 '자연의 조화[天和]'가 장차 이를 것이다. 너의 분별심을 거두고 너의 생각을 전일하게 한다면 神이 장차 와서 머물 것이다."(若正汝形, 一汝視, 天和將至, 攝汝知, 一汝度, 神將來舍. 「知北遊」); "神은 조화[和]를 좋아하고 어지러운 것을 싫어한다."(夫神者, 好和而惡姦. 「徐無鬼」)

보다 도를 실천하기 위해서는 생명력[神]이 안정되어야 하며,[84] 가
장 높은 경지를 상징하는 성인과 지인은 모두 생명력[神]이 온전한
자이다.[85] 또한 이러한 神의 상태는 장자에게 최고의 경지인 '遊'로
연결된다. 한마디로 形·心의 분열이 해소되고 원활하게 소통하는
것이 神의 상태이다. 장자에게 완벽한 身이란 바로 神의 상태이다.

이상 Ⅱ장을 정리하면, 중국 고대 문헌에서는 몸을 가리키는 다양
한 용어가 존재한다. '身'은 '體', '軀', '形' 등 몸의 물리적 층위에서부
터 '心'의 정신적 층위까지 모두를 총합하는 개념으로서 학습, 경험
등의 사회적 행위를 통해 축적된 가치로서의 몸이자 한 개인의 인격
적 실체로서의 몸을 의미한다. 선진시기 이러한 공통 개념 아래 공자
는 국가와 관련한 정치적인 몸을, 맹자는 인의예지의 도덕적 가치를
실현하는 몸을, 순자는 교양과 사회적 지위로 구성된 의례화된 몸을
강조한다. 장자의 신체관은 이에 대한 비판적 입장에서 어떠한 인위
적 가치를 배제한 자연적인 몸과 생명력 넘치는 몸을 강조한다. 이는
장자가 특히 '形'을 많이 다루었다는 점에서 발견된다. 장자에게 形과
心은 때때로 극복과 부정의 대상이 되기도 하지만, 어떠한 인위적 가
치나 욕망에 물들기 전 자연 그대로의 形과 心은 긍정된다. 자연 그
대로의 形·心이 기의 유통을 통해 하나가 됨으로써 활발한 생명 활
동을 하면, 이를 神이라고 한다. 神은 가장 활발한 생명 활동의 상태
를 나타내는 것으로 장자가 생각하는 가장 이상적인 몸이다. 이어서
Ⅲ장에서는 장자의 양생 개념을 중심으로 생명의 미학을 논하겠다.

---

84) 神生不定者, 道之所不載也. 「天地」
85) 神全者, 聖人之道也. 「天地」; 至人神矣. 「齊物論」

제3장

養生의 생명미학

생명은 모든 시대와 문화 배경을 초월하여 인간 행위의 원동력이다. 몸은 이러한 생명이 드러나는 가장 기본적인 차원이다. 생명을 한마디로 정의하기는 어렵지만[1] 모든 살아있는 것에 들어있는 생명적인 것을 의미하는 동시에 그 생명력이 충만하고 활력이 넘치는 것을 의미한다. 사람의 한평생의 삶이란 결국 이 생명이 가득 찬 것, 생명의 과정이라고 할 수 있다. 현대의 학문 분야에서 제시된 생명의 정의는 크게 생리적 정의, 대사적 정의, 생화학적 정의, 열역학적 정의 등이 있지만 모든 분야의 학자가 공감할 수 있는 공통의 정의를 제시하는 것은 사실상 불가능하다.[2] 생리학적으로 생명이란 영

---

1) '生'의 사전적 의미는 '탄생, 생장과 같이 일정한 조건에서 발육할 수 있는 모든 것'을 가리킨다. 생존, 생명, 생물, 생기(生機) 등 명사로 쓰여 '살아있는 것', '활력이 있는 것'을 의미하고, 생산, 생기(生氣), 생병(生病) 등은 동사로서 '낳다', '일어나다', '생기다'라는 의미로, 생계(生計), 생의 (生意)는 '생활을 유지하다'라는 의미로 쓰인다. '평생'이라는 말은 인생의 모든 단계를 의미하는 말로 쓰이기도 한다(漢語大字典編輯委員會, 『漢語大字典(第二版)』, 武漢: 崇文書局・四川辭書出版社, 2010, p.2757.) 한편, 국립국어원 표준국어대사전에 의하면 '생명'이란 다음과 같은 뜻이 있다. 「1」 사람이 살아서 숨 쉬고 활동할 수 있게 하는 힘. 「2」 여자의 자궁 속에 자리 잡아 앞으로 사람으로 태어날 존재. 「3」 동물과 식물의, 생물로서 살아 있게 하는 힘. 「4」 사물이 유지되는 일정한 기간. 「5」 사물이 존재할 수 있는 가장 중요한 요건을 비유적으로 이르는 말(인터넷 국립국어원 표준국어대사전). 이강수에 의하면 '생명'은 '性命'과 통하여 쓰였다. 『중용』의 '天命之謂性'에서 천지 만물이 天으로부터 본성을 받았다는 측면에서는 性이지만, 天이 본성을 부여하였다는 측면에는 命인데, 이러한 性과 命이 합하여 性命 또는 生命이란 개념이 이루어졌다고 본다(이강수, 「노장의 생명사상」, 우리사상연구소 편, 『생명과 더불어 철학하기』, 서울: 철학과현실사, 2000, p.276.).

2) 우리사상연구소 엮음, 『우리말 철학사전2: 생명・상징・예술』, 서울: 지식산업사, 2002, p.98.

양섭취, 호흡, 배설, 신진대사, 성장, 운동, 생식, 반응 등으로 요약되지만 이러한 생리 활동을 잘 유지한다고 해서 생명으로서 완벽함을 보장받는 것은 아니다. 몸이 단지 물리적인 육체만을 의미하는 것이 아니라 육체부터 정신적인 면까지 포괄하듯이, 생명의 충만함 또한 단지 생리적 욕구 충족만으로 보장되는 것이 아니기 때문이다. 생명은 인간의 모든 행위의 내용과 형식을 결정짓는다는 점에서 심미 체험 또한 생명의 만족에 근거한다. 따라서 생명의 담지체로서의 몸은 생명미학의 기본 출발점이 된다. 장자의 사상을 생명의 관점에서 보면 양생이 핵심이라 할 수 있다.

이 장의 1절에서는 생명의 근거이자 원천인 도와 생명의 본질이자 속성인 덕을 논한 후 생명과 미학의 관계를 活身의 관점에서 논한다. 2절에서는 養生이란 곧 養身으로서 養形에서부터 養神까지를 포괄한다는 점과 그 구체적 수양 방법으로서 심재와 좌망을 논하며, 마지막으로 생명미학을 체현한 두 상반된 인물인 진인과 기인을 집중적으로 조명한다.

1. 생명으로서의 몸

　생명에 대한 현대 학문 분과의 다양한 정의와 달리, 고대 중국에서는 자연 전체를 살아있는 것, 즉 생명이 넘치는 것으로 보았다.[3] 사실 고대의 사상은 동서를 막론하고 우주 전체를 살아있는 생명체로 여겼다. 그러나 서양에서는 중세 기독교를 거치면서 우주가 신에 의해 창조된 피조물이 되었고, 이후 근대과학의 세계에서 정교한 기계로 대체되었다. 반면 고대부터 동아시아에서 천지자연은 이 세상의 만물을 살리는 생명이 가득한 것이고, 인간은 천지와 합일됨으로써 그 생명의 기운을 받을 수 있다고 여겼다. 따라서 생명의 정의와 본질을 따지기보다는 내 몸에 자연의 생명력이 끝없이 흐르게 만들어서 온전한 생명을 누리는 것을 더 중요하게 여겼다.

　서양에서 생명에 대한 인식에 가장 큰 충격을 준 것은 다윈의 진화론이다. 진화론에 따르면, 종은 고정된 것이 아니라 끊임없이 진화하고 변화하는 것이며, 인간은 모든 생명의 중심이 아니라 진화하는 다양한 생명체 중 하나에 불과하다. 이는 전통적인 서양의 생명

---

3) 동양의 생명관은 다음 네 가지 특징으로 정리할 수 있다. 1. 전체론적 관점으로 생명을 보며 천, 자연, 도가 핵심 개념이다. 2. 생명은 끊임없이 변화하고 무궁하게 산출한다. 3. 자연은 하나의 거대한 유기체이고 천지 만물은 하나의 몸으로서 서로 감응한다. 4. 생명의 본질은 오묘한 힘[神通, 神命]에 있고 생명 현상은 변화에서 드러난다(우리사상연구소 엮음, 앞의 책, pp.118-120.).

관을 완전히 뒤집는 것이었다. 반면 『장자』에서 천지의 모든 생명은 애초부터 기의 취산에 의하여 끊임없이 변화하는 과정에 있다. 인간도 많은 생명 가운데 하나로서 어떠한 특권적 지위나 우열의 구분이 없다. 「지락」편에서 진화론과 유사한 사유를 보자.

> 씨에는 생명의 힘인 幾가 있고 이것이 물을 얻으면 계라는 수초가 되고, 물가의 습지에서는 갈파래가 되어 개구리와 조개의 옷이 되고, 언덕에서는 질경이가 된다. 질경이가 거름 더미 속에서 자라면 오족이라는 독초가 되고, 오족 뿌리는 나무굼벵이가 되고, 그 잎사귀는 나비가 된다. 나비는 잠시 후 벌레로 변하여 부뚜막 아래에서 사는데 그 모양이 마치 껍질을 벗은 것 같아 귀뚜라미라고 한다. 귀뚜라미는 천일이 지나면 새가 되는데 그 이름을 간여골이라고 한다. 간여골의 침은 쌀벌레가 되고 쌀벌레는 누에놀이 벌레가 되고, 누에놀이 벌레에서 이로라는 벌레가 생기고, 구유라는 벌레에서 황황이라는 벌레가 생기고, 부관이라는 벌레에서 무예라는 벌레가 생긴다. 양해라는 풀은 죽순이 되고, 오래된 대나무에서 청령이라는 벌레가 생기고, 청령에서 정이라는 동물이 생기고, 정에서 말이 생기고 말에서 사람이 생기고 사람은 다시 幾로 돌아간다. 이처럼 만물을 모두 幾에서 나와 모두 幾로 돌아간다.[4]

위 문장이 현대적 의미의 과학적 사실을 담고 있다는 것은 물론 아니다. 그러나 모든 생명체가 식물, 벌레, 풀, 동물, 말, 사람 등 구별과 제한 없이 상호 전화될 수 있다는 기본적인 사유를 보여준다. 여기에는 인간만을 위한 특별한 자리가 없을 뿐 아니라 동물, 식물, 인간 간에 어떠한 존재론적 차별도 없다. 모든 생명체의 동등성이 전제되어 있으므로 인간 중심적 사유가 끼어들 여지조차 없다.

---

4) 種有幾, 得水則爲繼, 得水土之際則爲蛙蠙之衣, 生於陵屯則爲陵舃, 陵舃得鬱棲則爲烏足. 烏足之根爲蠐螬, 其葉爲胡蝶. 胡蝶胥也化而爲蟲, 生於竈下, 其狀若脫, 其名爲鴝掇. 鴝掇千日爲鳥, 其名爲乾餘骨. 乾餘骨之沫爲斯彌, 斯彌爲食醯. 頤輅生乎食醯, 黃軦生乎九猷, 瞀芮生乎腐蠸. 羊奚比乎不箰, 久竹生靑寧, 靑寧生程, 程生馬, 馬生人, 人又反入於機. 萬物皆出於機, 皆入於機. 「至樂」

김경수는 서양에서 창조론과 진화론이 서로 첨예하게 대립하지만 둘 다 어떠한 원리에 지배받는 수동적 세계관에 기반을 두고 있다는 공통점을 지적한다.[5] 창조론에서 생명은 하나님의 피조물에 불과하고, 다윈의 자연선택설 역시 선택의 주체는 생명체가 아니라 자연이다. 근대 데카르트-뉴턴의 기계론적 세계관에서도 생명체란 일정한 작동 원리에 의해 움직이는 기계이고, 리처드 도킨스나 에드워드 윌슨 등 현대의 생물학자들 역시 생명체를 유전자를 운반하는 기계로 본다.[6] 『장자』에서 생명은 외부의 작동 원리가 따로 있는 것이 아니라 자생자화하면서 자발적 질서를 이루는 능동적인 존재이다. 고대 한어에서 '身' 자와 '生' 자는 같은 의미로 쓰였으며,[7] 『장자』에서 '몸을 완전하게 하는 것은 곧 양생'[8]으로, 몸은 곧 생명이다. 따라서 양생의 관점에서 장자는 어떠한 가치를 위해서라도, 설사 그것이 천하를 지킨다는 명분일지라도, 생명을 버리는 것을 비판한다.[9] 생명의 근원은 도이고 생명의 본질은 덕이다.

---

5) 김경수, 「장자(莊子)의 생명사상」, 생명연구, Vol.38, 2015, p.41.

6) 리처드 도킨슨의 진화론적 관점이나 에드워드 윌슨의 사회생물학에 의하면 생명체는 단지 유전자의 임시 운반자 역할을 할 뿐이다. 생물은 다른 생물을 재생산할 수 없고 단지 유전자를 재생산할 뿐이다(에드워드 윌슨(Edward O. Wilson), 이병훈·박시룡 옮김, 『사회생물학』, 서울: 민음사, 1992.).

7) 張再林, 『作爲身體哲學的中國古代哲學』, 北京: 中國社會科學出版社, 2008, p.34.

8) 完身養生也. 「讓王」

9) "일반 백성은 身을 바쳐 이익을 좇고, 사인은 身을 바쳐 명예를 좇고, 대부는 身을 바쳐 가문을 일으키고, 성인은 身을 바쳐 천하를 지킨다. 하는 일도 다르고 이름나는 것도 다르지만 똑같이 타고난 본성을 해치고 무언가에 목숨을 걸고 있다."(小人則以身殉利, 士則以身殉名, 大夫則以身殉家, 聖人則以身殉天下. 故此數子者, 事業不同, 名聲異號, 其於傷性以身爲殉, 一也. 「駢拇」)

1) 道: 생명의 근원

도는 장자를 비롯한 중국철학에서 최고 개념이자 핵심 개념이다. '道'라는 글자는 어원상 본래 물리적인 길을 의미하지만, 목적지에 도달하기 위해 반드시 경유해야 하는 길이라는 의미에서 연역되어 반드시 준수해야 하는 원칙이나 도리, 혹은 원리라는 추상적인 의미로 확대되었다. 유가에서 도는 인간이 마땅히 지향해 나가야 할 도리나 원리 혹은 목표이며, 나아가 인간 공동체에서 구현해야 할 바람직한 질서를 의미한다. 『논어』에서의 도는 인간과 국가 등이 응당 추구해야 할 질서이자 이를 위해 실천해야 할 원리·규범·방법 등의 의미를 포괄한다.[10] 요컨대 공자가 말하는 도는 이상적인 인격을 추구하는 군자가 가야 할 길이라는 의미로 인간 윤리에 집중되어 있다.

『장자』 철학에서의 도 개념에 대해서도 이미 많은 학자가 정의했다. 도는 "천지 만물의 생성의 총 원리",[11] "우주 만물의 최후 근거이자 인간의 정신 혹은 도덕의 최고 경계",[12] "일체 존재의 근원에 작용하는 이치"[13] 등이다. 천구잉에 의하면 『장자』의 도 개념은 노자의 도를 계승하여 발전시킨 것이지만, 우주론과 본체론적 의미가 강한 노자의 도를 장자는 정신적 경지로 바꾸어 놓았다.[14] 이에 따르면 도는 "궁극적 실재이면서도 또 자연계의 운동 법칙"[15]이고, 도

---

10) 임헌규, 「『논어』에서 道·德의 의미」, 동양고전연구, Vol.63, 2016, pp.118-119.

11) 펑유란(馮友蘭), 박성규 옮김, 『중국철학사 상』, 서울: 까치, 1999, p.359.

12) 崔大華, 『莊學硏究』, 北京: 人民出版社, 1992, p.121.

13) 후쿠나가 미쓰지(福永光司), 이동철·임헌규 옮김, 『莊子: 고대중국의 실존주의』, 서울: 청계, 1999, p.161.

14) 천구잉(陳鼓應), 최진석 옮김, 『老莊新論』(제2판), 서울: 소나무, 2013, p.325.

15) 천구잉(陳鼓應), 위의 책, p.334.

의 경지는 주체적인 생명이 전개한 것으로 한 사람의 체험적인 수양을 빌려서 설명된다. 천왕형은 노자와 장자 모두 도를 우주의 본체로 여기지만 노자의 도가 좀 더 객관적인 데 치중했다면 장자의 도는 주관적이고, 노자가 도가 무엇인지를 많이 논했다면 장자는 어떻게 도를 체득할 수 있는지에 더 집중했다고 구분하였다.16) 류샤오간은 장자의 도를 세계의 근본으로서의 도와 최고 인식으로서의 도로 구별하였다.17) 세계의 근원으로서의 도가 우주론적, 본체론적 의미라면, 최고 인식으로서의 도는 인간의 진리에 대한 인식을 의미한다. 도에 대해 가장 집중적으로 논한 곳은 「대종사」로서, 다음 인용문은 세계의 근본으로서의 도를 대표한다.

> 도는 실정[情]이 있고 믿음[信]이 있으나 인위적으로 하는 일이 없고 형체로 드러나지도 않는다. 전할 수는 있지만 받을 수 없고 터득할 수는 있지만 볼 수는 없다. 스스로 뿌리가 되어 천지가 있기 전 예부터 본래 있었다. 귀신과 상제를 신령스럽게 하고 하늘과 땅을 생성한다.18)

류샤오간에 따르면 위 인용문은 세계의 근본으로서의 도의 근본 작용과 성질을 나타낸다. 즉 도의 작용은 천지 만물을 만들고 그 존재와 발전을 결정하는 것인데, 절대성, 영원성, 초월성, 보편성, 무차별성, 무목적성의 특징을 갖는다는 것이다.19) 이는 "도는 일을 낳고,

---

16) 陳望衡, 『中國古典美學二十一講』, 長沙: 湖南敎育出版社, 2007, pp.86-87.

17) 류샤오간(劉笑敢), 최진석 옮김, 『莊子哲學』(개정2판), 서울: 소나무, 2015, p.91. 류샤오간에 의하면 「대종사」의 도는 세계의 근본으로서의 도이고, 「제물론」의 도는 최고 인식으로서의 도이다.

18) 夫道, 有情有信, 無爲無形, 可傳而不可受, 可得而不可見, 自本自根, 未有天地, 自古以固存, 神鬼神帝, 生天生地.「大宗師」

19) 류샤오간(劉笑敢), 최진석 옮김, 『莊子哲學』(개정2판), 서울: 소나무, 2015, pp.65-77.

일은 이를 낳고, 이는 삼을 낳고, 삼은 만물을 낳는다."[20] 라고 했던, 천지 만물의 근원인 노자의 도와 상통한다. 그러나 노자의 도가 無와 有의 형이상학적 성격을 띠고 있고[21], 그 활동 방식이 회귀적 성격을 갖는다면,[22] 장자의 도는 '스스로 뿌리가 되는[自本自根]' 것으로서 도의 기원이 별도로 존재하는 것이 아니라 스스로에 근거하는 자발적인 힘에 있다. 즉 장자의 도는 사물과 분리되지 않으며 사물 안에 내재되어 있다. 또한 도의 활동 방식은 만물을 주재하거나 근본으로 회귀하는 것이 아니라 만물과 혼연히 섞여서[旁礴萬物以爲一.「逍遙遊」] 무수한 변화를 수용하는 것이다. 한마디로 장자의 도는 사물 안에 내재하면서 끊임없이 변화하는 것 그 자체이다. 최고 인식으로서의 도는 「제물론」의 다음 인용문에서 나타난다.

옛사람들은 그 앎이 지극한 곳까지 이르렀는데 어떤 것이 지극한 것인가? 처음에 사물이 아직 없다고 여긴 사람이 있으니 지극하고 극진하여 이보다 더 나을 수 없다. 그다음은 사물이 있기는 하지만 경계가 없다고 여겼다. 그다음은 사물의 경계는 있지만 시비는 없다고 여겼다. 시비가 나타나는 것은 도가 무너졌기 때문이고, 도가 무너진 것은 사사로운 애정이 만들어졌기 때문이다.[23]

여기서 지극한 앎이란 바로 도를 아는 것이다. 이 단계는 '사물이 아직 없는[未始有物]' 상태-'사물이 있지만 구별이 없는[未始有封]'

---

20) 道生一, 一生二, 二生三, 三生萬物.『道德經』42

21) 無名天地之始, 有名萬物之母. 故常無欲以觀其妙, 常有欲以觀其徼. 此兩者同出, 而異名, 同謂之玄. 玄之又玄, 衆妙之門.『道德經』1

22) 反者, 道之動, 弱者, 道之用, 天下萬物生於有, 有生於無.『道德經』40

23) 古之人, 其知有所至矣. 惡乎至? 有以爲未始有物者, 至矣, 盡矣, 不可以加矣. 其次, 以爲有物矣, 而未始有封也. 其次, 以爲有封焉, 而未始有是非也. 是非之彰也, 道之所以虧也. 道之所以虧, 愛之所以成.「齊物論」

상태-'구별은 있지만 시비가 없는[始有是非]' 상태로 점점 그 수준이 하락한다. 따라서 구별·분리·시비는 도의 수준이 하락하는 기준이다. '未始有物'의 단계는 모든 경계가 무너져서 물아, 주객, 시비의 대립이 없는 것으로서 무경계적 체험이라고 할 수 있다.

켄 윌버(Ken Wilber)는 인간이 자아의 한계를 넘어 전 우주와 근본적으로 하나라고 느끼는 무경계적 체험을 합일의식이라고 하였다. 그에 의하면 합일의식이야말로 모든 존재의 본질이지만 인간은 이 진정한 본질로부터 등을 돌리고 여러 경계를 실재하는 것으로 받아들이면서 스스로 협소해진다. 인간의 가장 기본적인 물리적 경계선은 피부이지만, 인간은 피부를 둘러싼 이 몸을 가지고 있는 마음 혹은 정신을 진정한 자아라고 여긴다. 따라서 최초의 경계는 몸과 마음 사이의 경계선이다.24) 이후의 모든 구별과 경계는 이 마음이 만들어낸 환상일 뿐이다. 켄 윌버가 말하는 수행의 핵심은 모든 경계를 허무는 합일의식에 자신이 어떻게 저항하는지 각성하는 것이다.25) 결국 최고 인식으로서의 도란 몸과 마음의 분열을 봉합하는 것에서부터 끊임없이 여러 단계의 경계를 허물어서 자기 정체성의 경계가 전 우주를 포함할 수 있게 되는 무경계적 체험이자 합일의식이라 할 수 있다. 정신과 육체, 선과 악, 삶과 죽음, 시와 비, 자유와 필연, 주체와 객체 등은 모두 경계가 만들어낸 대립의 문제이다. 도의 차원에서는 신심의 분열이 없고, 너와 나의 구별이 없으며, 주관

---

24) 켄 윌버(Ken Wilber), 김철수 옮김, 『무경계』, 서울: 무수, 2005, pp.22-25. 그에 의하면 한 사람이 가용한 정체성의 수준은 여러 개가 있는데, 정체성을 어디까지 경계 짓는가에 따라 의식의 스펙트럼을 페르소나 수준-자아 수준-전유기체-합일의식이라는 4단계로 나눈다(후기 사상에서 이 단계는 약간 달라짐). 스펙트럼의 수준마다 다른 특성, 다른 증상, 다른 가능성을 가지고 있다.
25) 켄 윌버(Ken Wilber), 위의 책, p.240.

과 객관이 나뉘지 않는, "물고기는 강과 호수 속에서 서로를 잊고, 사람은 도술의 세계에서 서로 잊고 사는"26) 것처럼, 어떠한 경계와 구분이 없게 되는 것이다.

『장자』에서 '도'는 '천', '자연'과 일체 되는 개념이다.27) 또한 도는 이 세계와 별도로 존재하는 것이 아니라 만물의 생성과 변화 그 자체이다.28) 조셉 니담(Joseph Needham)은 유가에서 도가 인간 사회에서의 바른 생활 양식이라면, 장자의 도는 우주가 운행하는 길, 다시 말해 자연의 질서를 의미한다고 하였다.29) 유가에서 仁義로 대표되는 사회적인 도는 자연적인 도와는 거리가 멀다. 인의의 목적이 비록 황제 자신의 이기심을 위한 것이 아니라 자신을 희생하면서까지 이타주의적인 것이라 할지라도 이러한 인의는 결국 사람들의 마음을 자유롭게 하는 것이 아니라 구속하는 것이다.30) 유가가 자연의 도를 말한다고 하여도 그것이 장자가 말하는 자연의 도와 정확하게 부합하는 것은 아니다.

    황제가 천자의 자리에 오른 지 19년, 그 명령이 천하에 시행되고 있었다. 어느 날 광성자가 공동산에 있다는 말을 듣고 황제가 찾아가 물었다. "선생께선 지극한 도[至道]의 경지에 이르셨다고 들

---

26) 魚相忘乎江湖, 人相忘乎道術.「大宗師」
27) 왕카이(王凱), 신정근 책임번역, 강효석·김선창 옮김, 『소요유 장자의 미학』, 서울: 성균관대학교 출판부, 2013, p.223.
28) 후쿠나가 미쓰지(福永光司), 이동철·임헌규 옮김, 『莊子: 고대중국의 실존주의』, 서울: 청계, 1999, p.161.
29) 조셉 니담(Joseph Needham), 이석호·이철주·임정대 공역, 『중국의 과학과 문명 Ⅱ』, 서울: 을유문화사, 1985, p.49.
30) "옛날 황제가 인의로 사람들의 마음을 구속하기 시작했다. 요순은 이를 따라 넓적다리 살이 깎이고 정강이 털이 닳도록 애쓰고 다니며 세상 사람들의 육체를 돌보았다. 자기 오장을 괴롭히며 인의를 실행하고, 혈기를 다 바쳐 법과 제도를 만들었다."(昔者皇帝始以仁義攖人之心, 堯舜於是乎股無胈, 脛無毛, 以養天下之形, 愁其五藏以爲仁義, 矜其血氣以規法度.「在宥」)

었는데 부디 지도의 핵심을 듣고 싶습니다. 저는 천지의 정기를 취하여 오곡이 자라도록 돕고 백성들을 키워나가고 싶습니다. 또 음양을 관리하여 모든 것이 잘살 수 있도록 하고 싶습니다. 그러려면 어떻게 하는 게 좋겠습니까?"

광성자가 대답했다. "당신이 듣고자 하는 지도의 핵심이 사물의 본질이라면, 당신이 관리하고자 하는 것은 사물의 파편일 뿐입니다. 그렇게 천하를 다스리게 되면 구름이 채 다 모이기도 전에 비가 내리고, 초목은 잎이 누렇게 되기도 전에 말라 떨어지며, 해와 달의 빛도 차츰 어두워집니다. 당신은 사람들의 마음을 홀리고 아첨하는 사람이니 어찌 지극한 도를 말할 수 있겠습니까?"[31]

유가의 성군을 대표하는 황제는 지극한 도, 즉 자연의 도 혹은 자연의 질서를 알고자 하지만 그 의도와 목적에서 장자와 구별된다. 황제는 자연의 질서와 원리를 파악해서 이를 응용하여 곡식을 빨리 익히고 백성의 배를 불리는 등 물질적인 이익을 얻고자 하는 것이다. 여기에는 근대과학에서 나타나는 자연 착취에 대한 인간의 욕망과 탐욕의 그림자가 스며있다. 그러나 장자를 대변하는 광성자는 자연으로부터 얻는 이러한 이익들을 단편적인 것, 오히려 자연을 해치는 것이라고 말한다. 자연의 근본원리를 알아야 하는 이유는 인간이 자연의 도를 보고 배우고 이에 따라 살기를 바라는 것이지, 자연을 이용하여 이익을 취하고자 함이 아니라는 것이다.

『장자』에서 도는 하나[一]이자, 크고[大], 참되고[眞], 선하고[善], 아름답고[美], 모든 것과 통하고[大通], 끊임없이 변화하는 것이자[化], 위대한 스승[大宗師]으로 표현된다. 세계의 모든 생명은 도로

---

31) 皇帝立爲天子十九年, 令行天下, 聞廣成子在於空同之山, 故往見之, 日:「我聞吾子達於至道, 敢問至道之精. 吾欲取天地之精, 以佐五穀, 以養民人, 吾又欲官陰陽, 以遂群生, 爲之奈何?」廣成子日:「而所欲問者, 物之質也, 而所欲官者, 物之殘也. 自而治天下, 雲氣不待族而雨, 草木不待黃而落, 日月之光益以荒矣. 而佞人之心翦翦者, 又奚足以語至道哉!」「在宥」

부터 기원한 것이다.[32] 도는 만물의 근원이자 원리이므로 모든 생명은 도의 원리에 따라 생성되고 화육된다. 천지자연은 하나의 커다란 생명체이고 인간은 그 안에서 다른 생명과 함께 천지자연의 힘을 수용함으로써 살아가는 존재이다. 천지자연은 우리 자신이 태어난 곳이자 돌아갈 곳이고 만물이 생성화육 되는 어머니와 같은 생명의 장이다.

2) 德: 생명의 속성

도가 만물의 공통 근원이자 원리라면 만물은 도의 속성을 갖게 되는데, 이렇게 만물의 개체 안에 존재하는 도를 덕이라 한다. 도는 형체를 통하여 생명을 얻는데 이 생명이 곧 덕이다.[33]

도란 덕이 공경하는 것이고 생명이란 덕이 밝게 빛나는 것이다.[34]

결국 한 사물이 도로부터 생명을 받은 것이 덕이므로 덕은 만물이 형체와 생명을 얻는 근원적 개념이 된다. 멍페이위안(夢培元)에 의하면 도와 자연은 인간 존재를 통해 그 의미를 드러내는데, 이때 도

---

32) "도가 사람의 모습을 주었고 자연이 육체를 주었다."(道與之貌, 天與之形. 「德充符」); "내 몸이 내 것이 아니라면 대체 누구의 것인가? 대답하길, 그것은 천지가 형체를 맡긴 것이다. 생명도 너의 것이 아니라 천지가 조화로움을 맡긴 것이다. 성명도 너의 것이 아니라 천지가 순조로움을 맡긴 것이다."(吾身非吾有也, 孰有之哉? 曰, 是天地之委形也, 生非汝有, 是天地之委和也, 姓名非汝有, 是天地之委順也. 「知北遊」); "스스로 내 모습을 하늘, 땅과 비교해본다. 음양에서 생명의 氣를 받아 내가 하늘과 땅 사이에 있는 것이다."(自以比形於天地而受氣於陰陽, 吾在天地之間. 「秋水」)

33) "태초에 아무것도 없었다. 있는 것도 없고 이름도 없었다. 하나가 일어나 하나가 있게 되었지만 아직 형체는 없었다. 사물은 이 하나로 생명을 얻는데 이를 덕이라 한다."(泰初有無有有名, 一之所起, 有一而未形. 物得以生, 謂之德. 「天地」)

34) 道者, 德之欽也, 生者, 德之光也. 「庚桑楚」

와 자연의 의미를 실현하는 것이 '덕'이다.[35] 즉 덕은 도의 진정한 실현자가 되는 셈이다. 류샤오간에 의하면 도와 덕은 구별은 되지만 본래 간격이 없는 것이다. 도가 만물의 근거라면 덕은 한 사물의 근거로서 도가 총체적이라면 덕은 부분적일 뿐이다.[36] 즉 도와 덕은 하나로서 본질적으로 같은 것이다. 도에 비하여 덕은 사람의 몸과 직접적으로 관련한다. 장자는 추상적인 도를 논하기보다는 구체적인 사람의 몸을 통해 드러나는 덕을 더 많이 논한다. 세계의 만물은 모두 도에 기원하는 것이지만 그중 사람의 몸이야말로 덕을 통하여 최고의 도를 체현할 수 있다.

선진시대에 이미 덕은 개인의 내재적 힘이라는 의미로 유가에서도 널리 쓰였다.[37] 덕은 "물리적 힘에 호소하지 않고 남을 움직일 수 있는 선악을 초월한 위력"[38]이자, "내적인 생명력이며 전체 인간을 발전시키고 정의하는 특질"[39]이기도 하고, "정신적 윤리적 힘"[40]이기도 하다. 그러나 무엇보다 유가의 덕은 정치와 밀접한 관련이 있다. 덕은 어원적으로 통치자의 순시, 사냥, 정벌 등에서 기원한 글자로 서주 초기에는 천자의 구체적인 통치 행위를 일컫다가 점차 통치 행위 전반으로 일반화되었다. 이후 덕은 정권 수립과 유지를 위

---

35) 멍페이위안(夢培元), 김용섭 옮김, 『중국철학과 중국인의 사유방식』, 서울: 철학과현실사, 2005, pp.73-76.

36) 류샤오간(劉笑敢), 최진석 옮김, 『莊子哲學』(개정2판), 서울: 소나무, 2015, pp.124-125.

37) 신정근, 『동양철학의 유혹』, 서울: 이학사, 2002, p.36. 힘 혹은 능력이라는 점에서 德과 力은 비슷하지만, 力이 타자의 의지와 무관하게 상대를 제압하는 물리력이라면 德은 타자의 의지를 배려하면서 자발적 복종을 유도하는 도덕적 감화력으로 구분된다.

38) 앤거스 그레이엄(Angus C. Graham), 나성 옮김, 『도의 논쟁자들』(제2판), 서울: 새물결, 2015, p.36.

39) 사라 알란(Sarah Allan), 오만종 옮김, 『공자와 노자, 그들은 물에서 무엇을 보았는가』, 서울: 예문서원, 1999, p.163.

40) 벤자민 슈워츠(Benjamin Schwartz), 나성 옮김, 『중국 고대 사상의 세계』(개정판), 서울: 살림, 2004, p.123.

한 조건으로 찬양되면서 훌륭한 통치, 혹은 그러한 통치의 결과로 인한 위대한 업적, 은혜 등으로 의미가 확장되었다.[41] 즉 덕은 하늘과 인간을 매개하는 것으로서 군주가 천명을 받을 수 있는 조건이자 정치적 정통성의 근거가 되는 것이다.[42] 주지하다시피 공자는 자신의 시대가 주나라의 정치 시스템인 예를 잃어버린 무도한 정치 상황이라고 판단하고 끊임없이 좋은 정치가 무엇이며, 이를 어떻게 구현할 것인가를 유세하며 천하를 주유했던 인물이다. 따라서 『논어』에서의 덕은 이상적인 인격이 지향하는 덕목의 의미도 갖지만, 여전히 정치적 성격을 갖는다. 공자는 "덕으로써 정치하는 것은 비유컨대 북극성이 제자리에 있으면 뭇별들이 그에게로 향하는 것과 같다."[43]고 하였다. 정치에 뜻을 두었던 공자와 그 제자들에게 덕은 주변 사람을 끌어당기는 중력과도 같은 결정적인 힘을 갖는다. 따라서 유가의 덕은 사회적 정치적 성공을 위한 카리스마, 더 구체적으로 말하자면 권력자가 신하들로부터 충성을 받기 위한 힘인 것이다.

유가의 덕이 노력과 수양에 의해 후천적으로 얻어지는 경향이 강하다면 도가의 덕은 자연적인 본성으로 타고난 것이라는 의미가 강하다.[44] 『논어』에서는 덕이 군자가 도달한 높은 도덕성과 인격성을 가리킨다.[45] 반면 『도덕경』에서는 덕을 품은 자는 갓난아이에 비유되면서 아직 오염되지 않은 자연적인 본성을 의미한다.[46] 노자는 높

---

41) 김형중, 「『논어』의 "덕" 개념 고찰」, 中國學論叢, Vol.32, 2011, p.320.
42) 임헌규, 「『논어』에서 道·德의 의미」, 동양고전연구, Vol.63, 2016, pp.129-130.
43) 爲政以德, 譬如北辰, 居其所而衆星共之. 『論語』「爲政」
44) 신정근, 앞의 책, p.37.
45) "군자는 덕을 생각하고 소인은 땅을 생각한다."(君子懷德, 小人懷土. 『論語』「里仁」); "도에 뜻을 두고 덕에 근거하며 인에 의지하고 육예에서 노닌다."(志於道, 據於德, 依於仁, 游於藝. 『論語』「述而」)
46) "언제나 덕이 떠나질 않으니 갓난아기로 되돌아간다."(常德不離, 復歸於嬰兒. 『道德經』 28); "덕

은 덕과 낮은 덕을 다음과 같이 구분했다.

> 上德은 덕이 없기 때문에 덕이 있다. 下德은 덕을 잃지 않으려고
> 하기 때문에 덕이 없다. 상덕은 무위하므로 인위적으로 하는 것이
> 없다. 하덕은 유위하므로 인위적으로 하는 것이 있다.[47]

이에 의하면 높은 덕과 낮은 덕을 가르는 기준은 무위와 인위, 혹
은 '無以爲'와 '有以爲'로 구별된다. 즉 덕의 특징은 어떤 인위적인
것이 없을수록, 무위적인 방식이야말로 가장 큰 덕이다. 그러므로
무위가 덕의 가장 본질적 속성이 된다. 『장자』에서 덕에 관한 논의
는 「덕충부」에 집중되어 있다. 「덕충부」에는 "재능이 온전하지만 덕
을 드러내지 않는다[才全而德不形]."라는 명제가 출현한다. 애공이
"덕을 드러내지 않는다."라는 의미가 무엇인지 묻자 공자가 다음과
같이 대답한다.

> 평평한 것으로는 물이 완전히 멈춘 것이 최고입니다. 이것이 표준
> 이 될 수 있는 것은 안으로는 보존하고 있지만 밖으로는 출렁이지
> 않기 때문입니다. 덕이란 만물과 조화(和)를 이룬 수양입니다. 덕
> 을 밖으로 드러내지 않으면 만물은 그에게서 떠나지 못합니다.[48]

물이 출렁이지 않아야 최고의 표준이 되듯이 덕도 드러나지 않아
야 최고의 덕이 될 수 있음을 말하고 있다. 덕은 만물과 조화를 이루
는 것이기 때문에 최고의 덕은 자신을 주장하지 않아야 타자와 완전

을 두텁게 품은 자는 갓난아기에 비견된다."(含德之厚, 比於赤子.『道德經』 55)

47) "上德不德, 是以有德, 下德不失德, 是以無德, 上德無爲而無以爲, 下德爲之而有以爲."『道德經』 38.

48) 平者, 水停之盛也. 其可以爲法也, 內保之而外不蕩也. 德者, 成和之修也. 德不形者, 物不能離也.「
德充符」

한 조화를 이룰 수 있다. 고요한 물은 '텅비고 고요함[虛靜]', '평온하고 담담함[恬淡]', '그윽하고 적막함[寂漠]'으로서 결론적으로 '무위'의 행동을 상징하며, 이는 천지의 근본이자 도덕의 정점이 된다.[49] 따라서 '덕불형'의 의미는 덕을 행하되 자신을 드러내지 않는 무위의 행위 방식을 표현한 것이다. 이진용은 「덕충부」의 '才全而德不形'은 앞서 인용했던 『도덕경』 38장의 '上德不德'와 동일한 맥락, 즉 특별한 목적이나 의도가 없는 무위의 방식으로 행동하는 것이라고 보았다.[50] 즉 덕이란 덕을 얻으려고 할수록, 혹은 덕을 베풀려고 할수록 오히려 덕과 멀어지고, 덕이 드러나지 않을수록 덕이 있는 역설의 논리를 가진 것이다.

에드워드 슬링거랜드(Edward Slingerland)에 의하면 장자에서 무위는 곧 덕으로 연결되는데 이 덕은 유가의 덕처럼 사람들을 끌어모으는 힘이 아니라 자신이 자발적이라는 것을 알리고 자연스럽고 편안하게 다른 사람들의 긴장을 풀어주는 것이다. 즉 덕이란 자신감이 있으면서도 긴장을 푼 사람들의 매력적인 분위기로서, 이것은 몸짓언어와 미세 정서, 목소리 톤 등 전반적인 외모의 결합으로 나타난다. 따라서 장자의 덕을 현대 인지과학의 관점으로 보면, 인간의 인지적 통제 센터의 발현이 억제되고, 진정으로 자발적일 때 보여주는 몸짓언어로 기술될 수 있다. 그뿐만 아니라 무위의 덕은 인류 진화의 관점에서 사회적 신뢰성의 기호로 작용하는 사회적 효과가 더욱 중요하다고 말한다.[51] 이는 덕이 단지 개인의 차원에서 끝나는 것이

---

49) 水靜則明燭鬚眉, 平中準, 大匠取法焉. 水靜猶明, 而況精神! 聖人之心靜乎! 天地之鑑也, 萬物之鏡也. 夫虛靜恬淡寂漠無爲者, 天地之本, 而道德之至. 「天道」

50) 이진용, 「『莊子』 「徐無鬼」편에 드러난 聖人의 德에 대한 이해」, 中國學報, Vol.73, 2015, p.472.

51) 에드워드 슬링거랜드(Edward Slingerland), 김동환 옮김, 『애쓰지 않기 위해 노력하기』, 파주: 고

아니라 사회의 공동 가치관에 근거한 것임을 보여준다.

류샤오간에 의하면 장자가 말하는 덕은 순박한 자연 본성과 동시에 가장 높은 수양의 경지를 드러내는 것이다.[52] 순박한 자연 본성을 '어리숙함'이나 '무지함'으로 표현한다면,[53] 가장 높은 수양의 경지는 '덕의 조화[德之和]'로 표현한다. '조화[和]'는 자연의 본성을 함양하여 완전한 덕을 회복하는 것이다. 따라서 장자의 덕은 하늘과의 조화이자 자연과의 조화, 만물과 조화를 이루는 것이다. 이강수에 의하면 장자의 덕은 생명 작용의 근원으로서 생성의 기능이 있다. 생성 기능이란 어떤 사물의 덕이 그 사물로 하여금 생을 시작하도록 하고, 성장하도록 하며, 성숙하도록 함을 뜻한다.[54] 이는 덕의 화육의 기능으로, 생명의 시작과 보존, 성장, 성숙을 가능케 한다.[55] 인간의 몸은 생명의 일차적인 담지체로서 도로부터 생명을 받아 덕으로 보존하고 있다. 덕은 인간의 몸에서 구현된다. 장자 철학은 한마디로 살아있는 몸으로 덕을 통하여 최고의 도를 구현하는 것이다.

반, 2018, pp.313-317.

52) 류샤오간(劉笑敢), 최진석 옮김, 『莊子哲學』(개정2판), 서울: 소나무, 2015, pp.120-121.

53) "태씨는 누워 잘 때는 느긋하고 깨어있을 때는 어리숙하다. 어느 때는 자신을 말로 여기고 어느 때는 자신을 소라고 여긴다. 그의 앎은 참으로 믿을 만하고 그의 덕은 매우 진실하다."(泰氏其臥徐徐, 其覺于于, 一以己爲馬, 一以己爲牛, 其知情信, 其德甚眞. 「應帝王」); "너는 덕이 어떻게 혼란해지고, 지식이 어디에서 생기는지 아느냐? 덕은 이름에서 혼란해지고, 지식은 경쟁하는 데서 생긴다."(且若亦知夫德之所蕩而知之所爲出乎哉? 德蕩乎名, 知出乎爭. 「人間世」)

54) 이강수, 『노자와 장자: 무위와 소요의 철학』, 서울: 길, 1997, p.267.

55) "形은 도 없이는 생겨날 수 없고, 생명은 덕이 없이는 밝아지지 않는다. 形을 보존하고 생명을 다하여 덕을 세우고 도를 밝히는 것이 왕자의 덕이 아니겠는가."(形非道不生, 生非德不明. 存形窮生, 立德明道, 非王德者邪. 「天地」); "확고하게 도를 지키고 있는 자는 덕이 온전하며, 덕이 온전한 자는 形도 온전하고, 形이 온전한 자는 神도 온전하다. 神이 온전한 것이 성인의 도이다."(執道者德全, 德全者形全, 形全者神全. 神全者, 聖人之道也. 「天地」)

3) 活身: 살아있는 몸

인간의 모든 행위는 사실상 생명 추구의 행위라 할 수 있다. 생명은 자신의 에너지를 매우 절약하고 효율적으로 사용하므로 중요하지 않은 것에는 주의를 기울이지도, 에너지를 낭비하지도 않는다. 구석기시대 알타미라 동굴에도 이미 벽화가 있듯이 인류는 어떠한 궁핍과 고난의 상황에서도 무술, 제례, 음악, 무용 등의 심미적 활동을 계속 행해왔다. 만일 심미 활동이 생명의 욕구가 아니라면 인류 문명에서 이렇게 오랫동안 열정적으로 추구하며 끊임없이 발전되지 못했을 것이다. 진화의 관점에서 미와 예술은 문화적 산물이라기보다는 보편적이고 생물학적인 것이라 볼 수 있다.

최근 다윈주의 관점의 예술론에 의하면, 예술은 인간의 생물학적 적응에서 발생했고 또한 그 적응에 결정적인 역할을 하였다. 즉 미적인 것은 인간에게 후천적이고 문화적으로 주어지는 것이 아니라 의식주만큼이나 기본적인 생물학적 필수품이자 인간의 존재 방식이라는 것이다.[56] 만일 어떤 대상이나 행위가 인간에게 매우 즐겁고 유쾌하게 느껴진다면 이것은 종의 생존에 긍정적으로 기여함을 암시하는 것인데, 이는 즐겁고 유쾌한 감정이 인간의 생존에 필수적인 일을 하게끔 자연이 보장해준 여러 방식 중 하나이기 때문이다.[57] 예술이 생존을 위해 인간에게 부여된 기본적인 성향이라면 심미 활

---

56) 엘렌 디사나야케(Ellen Dissanayake), 김한영 옮김, 『미학적 인간: 호모 에스테티쿠스』, 고양: 연암서가, 2016, p.21.

57) 엘렌 디사나야케(Ellen Dissanayake), 위의 책, p.83. 이렇게 예술을 인간의 생물학적 기본 욕구로 정의한 인간이 '미학적 인간(Homo aestheticus)'이다. '미학적 인간'에게 예술 행위와 심미 활동은 생물학적 욕구가 충족된 뒤에 부수적으로 요구되는 것이 아니라, 인간의 생물학적 생존에 본질적이고 필수적이며 보편적인 행동이다.

동은 생명 활동의 필연적 현상이 된다. 슈스터만도 미적 경험의 자연주의 토대를 몸 미학의 기본 발판으로 삼았다.[58] 즉 미와 예술의 근원은 인간이 동물과 공유하는 생물학적 기초, 생명과 몸의 리듬에 뿌리를 두고 있으며, 따라서 예술의 목적 또한 이러한 신체의 경험을 고양시키는 것이다.

천왕형(陳望衡)은 '美' 자의 기원을 세 가지로 분석하였다. 첫째 "양과 대가 합하여 미가 된다[羊大爲美].", 둘째 "양과 사람이 합하여 미가 된다[羊人爲美].", 셋째 "색과 호가 합하여 미가 된다[色好爲美]." 첫 번째는 생존을 위한 먹을 것과 관련되고, 두 번째는 무술과, 세 번째는 종의 번식과 관련된다. 이 중 생명의 가장 중요한 임무는 생존이고, 생존의 기본이 먹을 것이기 때문에 첫 번째가 가장 근본적이라고 본다.[59] 이 세 가지 설 모두 미가 공리로부터 발생했음을 보여주는 것이자 생명과 밀접한 관련이 있음을 시사한다. 리쩌허우(李澤厚)·류강지(劉綱紀) 또한 미를 인간의 자유의 표현이라고 하지만, 이는 인간의 생존을 위한 물질 생산의 전제 위에 성립한다고 본다.[60] 생명의 욕구나 만족 등 공리적 측면이 미와 등치 되는 것은 아니지만 미는 근본적으로 공리와 불가분의 관계에 있다는 것이다. 물론 인류의 진화는 단지 실용적 지성과 도구의 사용에 의한 것만이 아니라 사랑, 슬픔, 증오 등 다양한 감정을 놀이나 예술의 형태로 표

---

58) 리처드 슈스터만(Richard Shusterman), 허정선·김진엽 옮김, 『삶의 미학』, 서울: 이학사, 2012, pp.28-31. 미적 경험이 자연적 뿌리에 있다는 자연주의 관점과 역사적으로 구성된다는 사회역사적 관점 중 양자택일은 각기 심각한 한계를 지니므로 어리석은 것이다. 슈스터만은 두 개념이 대립하는 동시에 상호 의존성을 지니므로 이 상반된 입장을 모두 포괄하고자 하였다. 따라서 존 듀이의 자연주의 예술론을 발판으로 삼아 독일 프랑크푸르트학파의 비판이론을 수용하였다.

59) 陳望衡, 『中國古典美學二十一講』, 長沙: 湖南教育出版社, 2007, pp.22-24.

60) 리쩌허우(李澤厚)·류강지(劉綱紀) 주편, 권덕주·김승심 공역, 『중국미학사』, 대학교과서주식회사, 1992, p.317.

현하는 데서 더욱 추동되어 왔다. 인간의 감정과 상상력 등을 상징을 통해 표현하는 정서 생활이 결국 의례와 예술로 발전한 것이며, 이는 실천적 지성 이상으로 인간과 동물을 구별 짓는 경계이다.[61] 따라서 미는 공리성과 초공리성을 동시에 갖지만, 생명의 생존을 위한 공리성과 불가분의 관계라는 것은 명확하다.

생명을 미의 출발점으로 삼아 모든 심미 활동을 생명의 차원으로 해석하는 것이 '생명미학'[62]이다. 펑샤오룬(封孝倫)이 주창한 생명미학에서 미란 '인간 생명 추구의 정신적 실현'으로서 사람에게 유쾌감을 주고, 어떠한 대상도 파괴하지 않는다는 두 조건을 충족하는 것이다. 이때 생명은 단순히 육체적이고 생물학적인 생명에 국한되는 것이 아니라 생물 생명, 정신 생명, 사회 생명이라는 삼중 통일체로서의 생명이다.[63] 인간은 물리적 세계에서 자기의 생물적 생명의 요구를 충족해야 할 뿐 아니라 정신적이고 사회적인 공간에서도 생명의 요구를 충족해야만 한다. 생물 생명으로서의 인간은 다른 동물과 똑같이 에너지를 보충하고 생물적 번식을 한다면, 정신 생명으로서의 인간은 종교와 예술을 창조하고 정신적 만족을 추구하며, 사회 생명으로서의 인간은 언어와 역사를 창조한다. 인간은 이러한 삼중 생명

---

61) 루이스 멈퍼드(Lewis Mumford), 박홍규 옮김, 『인간의 전환』, 서울: 텍스트, 2011, pp.14-20.

62) 潘知常, 封孝倫이 주창한 '생명미학'은 20세기 후반 중국 미학이 획득한 중요한 이론적 성과 중 하나이다. 이것은 새로운 세대의 미학자들이 朱光潛, 蔡儀, 李澤厚 등 이전 세대 중국 미학자들의 대표적인 이론적 성과를 반성적으로 계승한 것이다. 오랫동안 중국 미학계에서 미의 본질에 관한 논쟁이 끊이지 않았는데, 이는 학자 간 미의 본질이라는 개념 아래 심미 경험의 발생 조건(朱光潛의 주객통일론), 심미 대상의 특성(蔡儀의 객관론미학), 심미 활동의 인류학적 근원(李澤厚의 실천미학) 등 서로 다른 문제를 논하였기 때문이다. 생명미학은 가치론적 발상을 채택하였다. 가치론의 각도에서 보면 미는 인류에게 필요한 핵심적인 인문 가치로 이해된다. 생명미학 그리고 가치론 미학은 인간의 생명과 생명이 추구하는 것을 심미 가치의 근원으로 파악한다(薛富興,「生命美學的自我深化之路」, 貴州大學學報(社會科學版), 2016, 34(02), pp.9-12).

63) 封孝倫,「生命與生命美學」, 學術月刊, 2014, 46(09), pp.9-12.

의 통일체로서 이 세 가지 생명의 활동은 서로 대립하는 것이 아니라 분업을 통하여 생명 활동을 보완하는 관계이다.[64] 사람의 모든 정감의 발생은 생명의 욕구 및 만족과 관련한 것으로 생명의 욕구가 만족되면 긍정적인 감정을, 거절되면 부정적 감정을 체험한다. 즉 정감 체험상에서 미감과 정감은 본질상 같은 것으로서 생명의 욕구와 만족이야말로 심미 체험의 본질이자 표준이다.[65] 어떠한 창조적 결과라도 사람의 생명의 욕구를 충분히 만족시켜주는 것이 미이다.

생명은 모든 시대와 문화 배경을 초월하는 것으로서 인간 행위의 원동력이자 그 내용과 형식을 결정하는 것이다. 이러한 관점에서 보면 인간의 심미 활동에서 생명보다 더 의미가 있는 것이 없다고 할 수 있다. 인간의 활동 중 생명 추구와 무관한 활동은 무의미할 뿐 아니라 심미적 가치도 없다. 반면 생명과 관련한 활동은 강렬한 심미적 가치를 드러낸다. 인간의 몸은 생명의 담지체이고 생명의 체현 그 자체이며 생명 추구를 만족시키는 대상이다. 따라서 몸은 생명미학의 기본 출발점이 된다. 수잔 랭거는 최고의 예술품은 생명 자체의 구조와 매우 유사하다는 점을 들어 예술을 '생명의 형식'으로 제시했다.

생명의 형식은 첫째로 다이내믹한 형식이요, 그냥 다이내믹한 형식이 아니라 그 불변성이 그대로 변화의 형식이 되는 다이내믹한 형식이다. 둘째로 그것은 유기적으로 구성된다. 그 요소들은 독립

---

64) 封孝倫에 따르면 생물 생명은 유전을 통하여, 정신 생명은 종교와 예술을 통하여, 사회 생명은 역사를 통하여 실현된다. 발생적으로는 생물 생명이 앞서고 정신 생명과 사회 생명이 뒤에 있지만 생명 행위의 결정과 구동은 공시적이라고 할 수 있다(封孝倫 主編, 『生命美學與生態美學的對話』, 廣西: 廣西師範大學出版社, 2013, p.6.).

65) 潘知常, 「生命美學:從"本質"到"意義"─關於生命美學的思考」, 貴州大學學報(社會科學版), 2015, 33 (01), pp.10-17.

된 부분이 아니라 상호 관련하고 상호 의존하는 활동의 중심, 즉 기관이다. 셋째로 조직체 전체는 리듬의 작용에 결합해 있다. 즉 특징적인 생명이라는 통일체이다. 만일 그 중요한 리듬이 실로 잠깐일지라도 심한 방해를 받거나 중단된다면 그 유기체는 붕괴하고 생명은 멈춘다. 따라서 살아있는 형식은 불가침적이다. 그리고 마지막으로 살아있는 형식의 법칙은 성장과 쇠멸의 변증법이요, 그 나름대로 독자적인 생명의 기록을 새긴 면을 가지고 있다.66)

윗글에서 수잔 랭거가 생명의 형식으로 말한 역동성, 유기적인 통합, 지속적인 리듬, 그리고 성장과 소멸의 변증법은 결국 인간의 몸으로부터 나온다. 즉 생명이란 눈에 보이는 것이 아니라 인간의 몸을 통해서 발현되는 것이다. 훌륭한 예술품에 대하여 '생명력이 있다', '생기가 있다', '살아 숨 쉬는 듯하다'라는 평가가 최상의 칭찬이 되는 까닭은 생명력 넘치는 우리 몸의 형식이 바로 미의 기준이 되기 때문이다. 중국 회화론에서도 筋, 肉, 骨, 氣 등 산수화에서의 필을 근육과 살과 뼈와 기를 갖춘 하나의 생명체로 표현한다.67) 생물체로서의 인간의 몸을 통한 미적 반응은 인간 생존을 위한 원초적 욕구로부터의 결과인 것이다. 몸의 미학에서 생명의 욕구는 미적 경험의 생리적 토대이자 활기를 불어넣어 주는 기초 에너지이다. 생명의 욕구를 충분히 만족시키는 것이 미라고 할 때 미는 곧 몸을 통해 실현될 수밖에 없다. 장자는 '지극한 즐거움이란 곧 몸을 살리는 것 [至樂活身. 「至樂」]'이라고 하였다. 따라서 생명의 미학이란 곧 살아있는 몸을 통해 실현되는 활신의 미학이라고 할 수 있다.

66) 수잔 랭거(Susanne K. Langer), 박용숙 역, 『예술이란 무엇인가』(제2판), 서울: 文藝出版社, 2009, p.74.

67) "凡筆有四勢, 謂筋·肉·骨·氣, 筆絶而不斷, 謂之筋. 起伏成實, 謂之肉. 生死剛正, 謂之骨. 跡畫不敗, 謂之氣. 故知墨大質者, 失其體; 色微者, 敗正氣; 筋死者, 無肉; 跡斷者, 無筋; 苟媚者, 無骨."(荊浩, 『筆法記』) 위젠화(俞劍華), 김대원 역, 『중국고대화론유편: 산수1』(제4판), 서울: 소명, 2010, p.135.

2. 양생의 방법

'養生'에서 '養'의 의미는 생명에 영양을 공급하고 길러내는 것이다.[68] 구체적으로 사람에게 음식물 및 생활에 필요한 것을 공급하여 생활하도록 하는 것이다. 생명을 낳아서 기르는 것, 아기에게 젖을 먹이거나 동물을 사육하는 것, 논밭에 씨를 뿌리고 식물을 심어서 가꾸는 것을 모두 포함하며, 의미가 파생되어 학문과 심성을 닦는 수양이나 함양, 나아가 교육의 의미로도 확대된다.[69] 『장자』에서 양생의 의미는 생명에 기본적인 영양을 공급하는 것부터 생명의 의미를 충분히 드러내면서 삶을 활기차게 이끌어가는 것까지 모두 포괄한다. 즉 양생은 육체를 돌보는 것에서부터 정신적 수양까지 몸의 전 범위를 포함한다.

1) 養身: 養形에서 養神까지

앞서 Ⅱ장에서 밝혔듯이 『장자』에서 '形'은 부정적일 경우도 많지만, 생명이 출현하고 구현되는 기본 토대이자 생명의 전개와 소멸의

---

68) "供養也." 許愼 撰, 段玉裁 注, 『說文解字注』, 上海古籍出版社, 2008, p.877.

69) 呂叔湘·丁聲樹, 『現代漢語詞典』(第六版), 北京商務印書館, 2012, p.1509.

전 과정이 펼쳐지는 장소라는 점에서 가장 자연적인 몸이다. 따라서 『장자』에서 形의 가장 중요한 역할은 생명 출현의 기본 전제가 된다는 점이다.

> 사람이 태어나 천지 사이에 사는 것은 마치 벽 틈새 사이로 달리는 말을 보는 것 같이 순식간에 지나간다. 줄줄이 나왔다가 줄줄이 들어가지 않는 것이 없다. 변화하여 생명이 되고 변화하여 죽음이 된다. (…) 보이지 않던 것이 보이는 形으로 드러나고, 보였던 形이 보이지 않게 되는 것은 사람들이 모두 아는 것이다.[70]

여기서 생명은 '形'으로, 죽음은 '不形'로 대비된다. 개체의 생명의 삶과 죽음이란 결국 形과 不形의 오고 감이다. 개체화된 형이 있어야만 생명의 에너지를 부여받을 수 있고 이 형을 통하여 정신의 차원도 가질 수 있다. 정신은 육체를 떠나 존재할 수 없다. 形은 단순히 물질적 존재로 환원되는 것이 아니라 생명의 제1차적 담지자이자 자연적 본성의 담지체가 되고, 정신과 분리된 물질적인 의미가 아니라 정신과 유기적 관계로 맺어진 몸이 된다. 생명에서 육체와 정신이 분리될 수 없으므로 양생 또한 육체와 마음이 분리되지 않는다. 『장자』에서 마음[心]과 육체[形]라는 구별된 개념이 존재하기 때문에 마치 이원론과 유사해 보이지만 이러한 개념 구분이 존재한다고 해서 곧바로 이를 이원론이라 할 수는 없다. 몸과 마음은 동일한 기를 기초로 발생하는 서로 다른 현상일 뿐이다. 장자가 양생에 관해서 形의 차원과 心의 차원을 구분하는 것은 현상적 차원의 구별이지 그들을 두 개의 실체로 간주하려는 것이 아니다.

---

70) 人生天地之間, 若白駒之過郤, 忽然而已. 注然勃然, 莫不出焉, 油然漻然, 莫不入焉. 已化而生, 又化而死 (…) 不形之形, 形之不形, 是人之所同知也. 「知北遊」

고대 중국에서 생리적 관점으로 인체를 보는 가장 큰 특징은 경락 개념이다.[71] 또한 인간의 생명을 精·氣·神의 구성으로 보는데, 오 장육부가 기능적으로 연관되고 관찰 가능한 기관이라면 精·氣·神 은 실제적 존재와 추상적 개념이 혼합된 기능적 존재이다. 精은 생 명의 원천, 氣는 생리적 운용을 담당하는 기운, 神은 고차적인 정신 활동을 담당하는 주체이다.[72] 이 중 기는 구체적으로는 우리가 숨 쉬는 공기이자 생명을 유지시키는 기능의 주체이다. 인체는 호흡을 통하여 경락의 기를 유통시킴으로써 혈관에 피를 공급하고 신진대 사를 활성화한다. 한의학에서 말하는 질병이란 기의 유통이 막힘으 로써 생명력이 차단된 것이다. 장자는 기를 유통시키는 호흡에 관하 여 다음과 같이 말한다.

> 진인이 발뒤꿈치까지 숨을 쉰다면 일반 사람들은 목구멍까지만 숨을 쉴 뿐이다.[73]

> 남곽자기가 책상에 기대어 앉아 하늘을 우러러보며 숨을 내쉰다.[74]

『장자』에서 이 세계는 하나의 기로 이루어져 있으므로[通天下一 氣耳] 우주와 인체는 동질의 기를 공유하고 있다. 따라서 인간과 자 연 사이에 심신 전체를 통하여 나타나는 공시적인 대응 관계가 존재 하며, 인체는 개방계로서 환경 세계와 교류하면서 상호작용한다.[75]

---

71) 경락이란 몸의 세로로 이어진 십이경맥과 이 경맥 사이를 가로로 연결하는 낙맥을 합한 것이다 (강신익, 『몸의 역사, 몸의 문화』, 서울: 휴머니스트, 2007, p.36.).

72) 신동원·김남일·여인석 공저, 『한권으로 읽는 동의보감』, 서울: 들녘, 1999; 강신익, 『몸의 역사, 몸의 문화』, 서울: 휴머니스트, 2007, pp.35-36.

73) 眞人之息以踵, 衆人之息以喉. 「大宗師」

74) 南郭子綦隱机而坐, 仰天而噓. 「齊物論」

호흡은 바로 인체와 환경 세계의 교류로서 우주의 생명력으로 내 몸을 순환시키는 것이자 우주적 운동에 참여하는 것이다. 천지자연의 생명력과 교류하여 우리의 생명력을 활성화하는 양생의 힘이 곧 호흡이다.

> 자연스러운 맥을 따라서 살면[緣督以爲經] 身을 지킬 수 있고, 온전한 生을 누릴 수 있으며, 부모를 공양할 수 있고, 천수를 누릴 수 있다.76)

위의 글 '緣督以爲經'에서 '督'은 등부터 목과 정수리까지의 경맥의 관으로 호흡을 통해 에너지를 유입하는 생명의 중심축이며, 신체의 유기적 조절 작용이 이루어지는 곳이다. 프랑수아 줄리앙에 의하면 '緣督以爲經'이란 이 생명선을 행위의 규칙과 규범으로 받아들여야 한다는 것이다.77) 이는 생명의 중심을 몸에 두는 것이다. 몸이 중심이 되어야만 나 자신을 지키며[保身] 삶을 온전히 할 수 있고[全生] 천수[盡年]를 누릴 수 있다. 호흡은 생명력의 흐름을 가장 잘 구현한 것이자 생명을 끊임없이 갱신하는 것이다. 그런데 「외편」에서는 이렇게 호흡하는 자들에 대한 비판이 나온다.

> 숨을 내쉬고 들이쉬고 심호흡을 하며 곰처럼 걷고 새처럼 목을 늘이는 것들은 오래 살기 위해서일 뿐으로 이는 도인술을 하는 자이다. 이렇게 육체를 기르는 사람들은 팽조와 같은 장수자들이 좋아하는 것이다.78)

---

75) 유아사 야스오(湯淺泰雄), 이정배·이한영 옮김, 『몸의 우주성』, 서울: 모시는사람들, 2013, pp.323-323.

76) 緣督以爲經, 可以保身, 可以全生, 可以養親, 可以盡年. 「養生主」

77) 프랑수아 줄리앙(François Jullien), 박희영 옮김, 『장자, 삶의 도를 묻다』, 파주: 한울, 2014, p.39.

78) 吹呴呼吸, 吐故納新, 熊經鳥申, 爲壽而已矣, 此導引之士. 養形之人, 彭祖壽考者之所好也. 「刻意」 이 문장은 도가의 호흡법과 체조법의 원형을 보여준다. 조셉 니담은 도가 및 이후 도교의 수련법

그렇다면 장자는 호흡이나 도인술 등 육체를 기르는 양형을 부정
한 것인가? 이에 대해서는 이론이 분분하다. 정세근은 形과 神을 곧
몸과 마음으로 보고, 마음이 몸과 상대되어 신체를 조종하는 것으로
설정한 후 양생은 몸이 아닌 마음과 관련되는 것이라고 결론짓는
다.[79] 윤지원은 形은 만물의 유행과 더불어 변화하기 때문에 장자가
몸을 다스린다는 것은 곧 마음[心]을 다스린다는 것이지 形을 다스
린다는 것이 아니라고 주장한다.[80] 이 두 연구자에 의하면 장자의
양생 개념에서 형은 완전히 배제된다. 그러나 위의 인용문은 호흡
자체에 대한 비판이 아니라 호흡과 신체 단련에만 몰두하며 장생을
추구하는 것에 대한 비판이다. 김재숙의 말처럼 양형 자체를 반대하
는 것이 아니라 장수만을 목적으로 하는 양형을 비판한 것이다.[81]
이재봉 또한 양생의 결론은 養神이지만 양신은 양형을 배제하는 것
이 아니라 이를 포용하면서 넘어서는 것이라고 본다.[82] 즉 장자의
양생은 양형부터 양신까지의 전 과정을 포괄하는 것이지 양형을 무
시하고 양신만을 강조하는 것이 아니다. 슈스터만은 몸 미학의 실천
분야로 알렉산더 신체요법, 생체에너지학, 펠덴크라이스 요법 등 실
제적인 몸의 수련을 제시했다. 이들 신체요법은 올바른 감각을 방해
하는 몸의 잘못된 습관에서 벗어나 바른 감각에 주목할 수 있도록

을 일곱 가지로 분류했다. 즉 호흡법, 일광욕 요법, 導引 체조, 방중술, 연단술, 식이법이다. 이중
체조에 관한 지식이 18세기 유럽에 들어왔으며, 이는 유럽의 근대 위생학 및 치료 방법 발달에
매우 중요한 역할을 했다고 한다(조셉 니담(Joseph Needham), 이석호·이철주·임정대 공역, 『
중국의 과학과 문명 Ⅱ』, 서울: 을유문화사, 1985, pp.205-209.).

79) 정세근, 「장자의 정신론」, 동서철학연구, Vol.64, 2012, pp.165.

80) 윤지원, 「『莊子』에 나타난 마음(心)과 몸(身)에 대한 고찰」, 中國學研究, Vol.60, 2012, p.203.

81) 김재숙, 「형·기·신: 심신 대립을 넘어선 도가적 정신 해방」, 철학연구, Vol.98, 2006, p.82.

82) 이재봉, 「『장자』의 양신(養神)에 대한 고찰」, 동양문화연구, Vol.9, 2012, p.222.

몸을 개선한다. 우리들이 일상에서 흔히 겪는 뻣뻣한 목, 단단해진 어깨, 근육 경직 등은 모두 몸의 나쁜 습관과 둔감에서 비롯된다. 바른 호흡은 무엇보다 몸의 감각을 예리하게 하고 정서 상태를 정확히 인식하여 이를 잘 조절할 수 있게 도와준다. 이런 의미에서 몸의 미학은 왜곡된 지각을 교정하고 감각 인식을 재교육하는 자기 치료라고 할 수 있다.[83] 몸의 미학에서 양형과 양생은 분리되지 않는다. 양생은 단순히 물리적 수명을 연장하는 것이 아니라 생명의 잠재력을 최대한 발휘하는 것이므로 비록 양형이 양생의 충분조건은 되지 못하더라도 반드시 있어야 할 필요조건이다.

> 육체를 기르려면[養形] 우선 여러 물질이 있어야 하는데 물질이 넉넉해도 육체를 기르지 못하는 경우가 있다. 생명이 있으려면 우선 육체[形]가 있어야 하는데 육체[形]가 있어도 생명이 없는 사람들이 있다. 생명이란 오는 것을 물리칠 수 없으며 가는 것을 멈추게 할 수도 없는 것이다. 슬프다. 세상 사람들은 육체만 잘 기르면[養形] 생명을 보존할 수 있다고 여기지만 육체를 기르는 것[養形]만으로 생명을 보존하기는 부족하니 어떻게 충분하다 하겠는가. 그러나 비록 부족하다 할지라도 하지 않을 수 없으니 사람은 육체를 벗어날 수 없기 때문이다.[84]

육체를 유지하기 위해서는 기본적인 의식주의 물질적 공급이 필수이고 이는 양형의 기본 조건이다.[85] 양생은 양형만으로는 부족하

---

83) 리처드 슈스터만(Richard Shusterman), 허정선·김진엽 옮김, 『삶의 미학』, 서울: 이학사, 2012, pp.249-256.

84) 養形必先之以物, 物有餘而形不養者有之矣, 有生必先無離形, 形不離而生亡者有之矣. 生之來不能却, 其去不能止. 悲夫! 世之人以爲養形足以存生, 而養形果不足以存生, 則世奚足爲哉! 雖不足爲而不可不爲者, 其爲不免矣. 「達生」

85) 物者, 謂資貨衣食, 旦夕所須. 『莊子集釋』 成玄英 疏 양형은 욕망의 충족이 아니라 욕구의 충족이다. 욕망과 욕구를 동일한 것으로 혼동하는 경우가 있다. 브라이언 터너에 의하면 욕망이 사치스러운 것이지만 욕구는 필수적인 것이다. 욕구는 그 욕구를 만족할 대상이 외부에 존재하지만, 욕

지만, 생명은 육체를 벗어나서는 존재할 수 없기 때문에 양생은 양형을 배제하지 않는다. 장자뿐 아니라 고대 중국사상에서는 대부분의 종교에서 보여주는 육체에 대한 강한 금욕이나 고행주의가 없다. 『장자』에서도 도를 성취하기 위해 육체를 희생한다는 사유는 찾아볼 수 없다. 다만 유가에서 몸은 대의명분을 위한 도구가 되기도 한다. 따라서 공자는 '살신성인'[86]을, 맹자는 '사생취의'[87]를 말하였다. 하지만 『장자』에서 생명보다 귀한 것은 없으며 육체 또한 돌보아야 하는 대상이다.[88] 육체의 에너지는 생명의 에너지와 마찬가지로 소진해서는 안 된다. 그렇다고 육체의 욕망을 적극적으로 긍정하거나 육체 자체를 찬미하는 것도 아니다.[89] 육체는 하늘로부터 받은 생명의 담지체인 동시에 욕망의 덩어리이기도 하다. 形이라는 자연적인 몸은 그 자체로 독립적 지위가 있는 것이 아니라 마음, 사회, 우주와 끊임없이 교류하며 하나의 場, 즉 영향력의 범위를 형성하고, 물리적, 정신적, 인간적, 우주적 단위로 확산과 통일을 할 때,[90] 다시 말해 양생의 과정을 통해서 진정한 의의를 갖는다. 양생을 어떻게 배울 수 있는가. 「달생」에는 '學生'이 나온다.

노나라에 선표라는 사람이 있었다. 그는 바위굴에 살면서 물만 마

망은 그 자체가 대상이므로 결코 충족될 수 없다. 따라서 사회적 관점에서도 욕구의 만족은 좋은 사회의 기준일 수 있다고 말한다. 물론 욕구로 인식하는 것이 사실상 철저히 문화를 통해서 주입되기 때문에 양자를 철저히 구분하기 어려운 점이 있다(브라이언 터너(Bryan S. Turner), 임인숙 옮김, 『몸과 사회』, 서울: 몸과 마음, 2002, p.98, p.122.).

86) 志士仁人, 無求生以害仁, 有殺身以成仁. 『論語』「衛靈公」

87) 生亦我所欲也, 義亦我所欲也. 二者不可得兼, 舍生而取義者也. 『孟子』「告子上」

88) "육체를 피로하게 하고 쉬지 않으면 지쳐 쓰러지고, 정기를 쓰기만 하고 그칠 줄 모르면 고갈된다."(形勞而不休則弊, 精用而不已則竭.「刻意」); "너의 육체를 힘들게 하지 않고 너의 정신을 어지럽히지 않는다면 오랫동안 살 수 있을 것이다."(無勞汝形, 無搖汝精, 乃可以長生.「在宥」)

89) "육체를 위하는 것이란 얼마나 어리석은가!"(其爲形也, 亦愚哉!「至樂」)

90) 강신익, 『몸의 역사, 몸의 문화』, 서울: 휴머니스트, 2007, p.96.

시고 사람들과 이익을 다투지 않아 나이 칠십이 되었어도 얼굴빛
이 갓난아이 같았다. 그러나 불행히도 굶주린 호랑이를 만나 잡아
먹히고 말았다. 장의라는 사람도 있었다. 그는 문발이 쳐진 높은
대문 집이라면 찾아다니지 않은 곳이 없었는데 나이 사십에 열병
이 나서 죽고 말았다. 선표는 안으로 마음만 키우다 호랑이에게
잡아먹히고, 장의는 밖의 것만 쫓아다니다 열병으로 죽었다.[91]

한 가지 입장에 고립되는 것은 양생에 유익하지 않다. '바위굴에
살면서 물만 마시고 사람들과 이익을 다투지 않은' 선표는 '養內'의
도를 대표하고, '문발이 쳐진 높은 대문 집이라면 모두 찾아다닌' 장
의는 '養外'의 도를 대표한다. '養內'와 '養外'는 곧 養神과 養形이다.
선표는 세속을 완전히 거부하고 장의는 세속에 과도하게 몰입하는
두 극단적인 가치관을 대표하지만 둘 다 자기 생명을 다 누리지 못
하였다. 생명이 육체와 정신을 분리하지 않듯이, 사회적 삶과 은둔
적 삶도 분리되지 않는다. 어느 한 가지 태도를 고집하는 것은 생명
에 해로울 뿐이다. 선과 악에 집착하는 것도 마찬가지이다.[92] 생명
에 대한 집착마저 생명을 고갈시키는 것이다.[93] 집착, 고착, 응고,
고립은 모두 생명의 흐름을 단절하는 것이다.

양형의 목적은 물리적 육체의 수명을 위한 것이 아니라 이를 통해
養神으로 나아가기 위한 것이다.[94] Ⅱ장에서 이미 논했듯이 神은 정

---

91) 魯有單豹者, 巖居而水飮, 不與民共利, 行年七十而猶有嬰兒之色, 不幸遇餓虎, 餓虎殺而食之. 有張毅者,
高門縣薄, 無不走也, 行年四十而有內熱之病以死. 豹養其內而虎食其外, 毅養其外而病攻其內.「達生」
92) "착한 일을 해도 명예를 얻을 때까지 계속하지 말고, 나쁜 일을 할 때도 벌을 받게 될 정도까지
계속하지 않는다."(爲善無近名, 爲惡無近刑.「養生主」)
93) "생명을 버리고자 하는 자는 죽지 않지만, 생명을 기르려고만 하면 살지 못한다."(殺生者不死, 生
生者不生.「大宗師」); "일에 대한 집착을 버리면 形이 수고롭지 않고, 생명에 대한 집착을 버리면
精이 안정된다."(棄事則形不勞, 遺生則精不虧.「達生」)
94) 이는『회남자』와도 상통한다. "身을 다스리는 데는 養神이 최고이고 그다음이 養形이다."(治身太
上養神, 其次養形.『淮南子』「泰族訓」)

신적 실체를 의미하는 것이 아니라 신묘한 작용성을 의미한다. 神은 形과 心이 하나가 되도록 전신을 기로 유통시키는 생명의 활동 상태이다.[95] 따라서 養神은 육체와 마음을 자연의 조화로운 상태로 합일하는 것이다.

> 순수하여 섞이지 않고, 고요하여 변하지 않고, 담담하여 억지로 함이 없고, 움직일 때는 자연의 운행을 따르는 것이 養神의 방법이다.[96]

> 形이 온전해지고 精가 회복되면 하늘과 하나가 된다.[97]

養神은 자연의 조화에 합일함으로써 생명의 역량을 최대한으로 전개하는 것이다. 정우진의 말처럼 장자가 말하는 생명은 단지 한 개인의 육체에 한정되는 것이 아니라 천지와 하나 되는 우주적 정신을 말하는 것이므로 장자의 양생은 우주적 생명을 회복하는 것이다.[98] 즉 자연에서 부여받은 생명력 자체와 하나가 되고 자연의 변화 능력을 우리 자신 속에서 되찾아 끊임없이 새로워지는 것이다. 서구 문화는 몸과 마음, 육체와 영혼의 엄격한 구분을 통해 형성되어 왔지만, 『장자』의 양생 개념에는 이러한 엄격한 구분이 없다. 양생 개념을 통해 육체와 영혼의 대립을 해소할 수 있을 뿐 아니라 생명, 도덕, 정신적인 것 사이에 나누었던 차원들이 사라지면서 경험의 완전성을 회복할 수 있다.[99] 養生은 養形을 배제하지 않으며 養

---

95) "神을 간직한 채 고요히 있으면 形은 저절로 바르게 된다."(拘神以靜, 形將自正.「在宥」)

96) 純粹而不雜, 靜一而不變, 惔而無爲, 動而以天行, 此養神之道也.「刻意」

97) 夫形全精復, 與天爲一.「達生」

98) 정우진,「『장자』에서 읽어낸 양생론과 생명관의 변화」, 범한철학, Vol.74, 2014, pp.19-20.

99) 프랑수아 줄리앙(François Jullien), 박희영 옮김, 『장자, 삶의 도를 묻다』, 파주: 한울, 2014,

形과 養神을 모두 포괄하는 養身이자 活身이다.

2) 坐忘: 생명의 소통과 복원

도가의 공부 방법은 날마다 배움을 누적해 가는 것이 아니라 하루하루 덜고 또 덜어내어 깨끗이 비워내는 공부이다.[100] 노자가 '厚生'을 경고했다면,[101] 장자는 인위적으로 삶을 늘리지 말라며 '益生'을 경고한다.[102] 후생과 익생은 덜어내는 공부가 아니라 쌓아가는 공부이고 이는 도리어 양생을 방해한다. 천지자연의 생명력은 우주에 가득하므로 인간은 자신의 생명력을 충만하게 충전할 수 있다. 이는 인위적으로 생명을 추구할 필요 없이 자연의 생명력에 접속하면 되는데, 인간은 여러 가지 이유로 이 생명의 원천과 단절하게 된다. 양생의 비법은 이를 찾아 제거하는 것이지 별도로 생명을 위해 무언가를 추구하는 것이 아니다.[103] 생명은 억지로 추구해서 구할 수 있는 것이 아니다.

『장자』에서 감손의 공부는 '잊음[忘]'의 공부이자 '비움[虛]'의 공부로서 생명의 원천과 단절되는 원인을 모두 잊거나 비워서 자연의 생명력을 복원하는 것이다. 잊으면 잊을수록, 비우면 비울수록 얻게 되는 역설의 공부로서 '좌망'과 '심재'가 대표적이다. 다음은 안회의

---

pp.25-26.

100) 爲學日益, 爲道日損, 損之又損, 以至於無爲, 無爲而無不爲.『道德經』8

101) "사람의 살면서 하는 일마다 죽는 길로 가는 것이 열에 셋이다. 왜 그런가? 지나치게 삶을 좋게 하려고 하기 때문이다."(人之生, 動之死地, 亦十有三, 夫何故, 以其生生之厚.『道德經』50)

102) "언제나 자연을 따르면서 인위적으로 삶을 보태지 말라."(常因自然而不益生也.「德充符」)

103) "생명의 참모습에 공통한 자는 생명이 할 수 없는 일에 힘쓰지 않고, 운명의 참모습에 밝은 자는 운명이 어쩔 수 없는 일에 애쓰지 않는다."(達生之情者, 不務生之所無以爲, 達命之情者, 不務命之所無奈何.「達生」)

'망'의 공부법이다.

안회   제가 더 나아간 것 같습니다.
중니   무슨 말이냐?
안회   저는 예악을 잊었습니다.
중니   좋다. 그러나 아직 부족하다.

얼마 후 안회가 다시 공자를 뵙고 말했다.

안회   제가 더 나아간 것 같습니다.
중니   무슨 말이냐?
안회   저는 인의를 잊었습니다.
중니   좋다. 그러나 아직 부족하다.

얼마 후 안회가 다시 공자를 뵙고 말했다.

안회   제가 더 나아간 것 같습니다.
중니   무슨 말이냐?
안회   저는 좌망에 이르렀습니다.

중니가 놀라서 물었다.

중니   좌망이라니 그게 무슨 말이냐?
안회   팔과 다리 사지를 떨어뜨리고 귀와 눈의 작용을 물리쳤습니다. 육체를 떠나고 앎을 버렸습니다. 크게 통하여 만물과 하나가 되었습니다. 이를 좌망이라고 합니다.
중니   만물과 하나가 되면 좋고 싫음이 없어지고 만물의 변화에 따르면 집착이 없어진다. 과연 너는 현명하구나. 나도 너의 뒤를 따르겠다.104)

플라톤에 기원한 서양의 동일성의 철학은 '기억' 능력에 근거한 것이다. 따라서 동일성의 철학을 극복하기 위한 포스트모더니즘 철

---

104) 顔回曰:「回益矣.」仲尼曰:「何謂也?」曰:「回忘禮樂矣.」曰:「可矣, 猶未也.」他日, 復見, 曰:「回益矣.」曰:「何謂也?」曰:「回忘仁義矣.」曰:「可矣, 猶未也.」他日, 復見, 曰:「回益矣.」曰:「何謂也?」曰:「回坐忘矣.」仲尼蹴然曰:「何謂坐忘?」顔回曰:「墮肢體, 黜聰明, 離形去知, 同於大通, 此謂坐忘.」仲尼曰:「同則無好也, 化則無常也. 而果其賢乎! 丘也請從而後也.」「大宗師」

학은 다름 아닌 기억을 문제 삼았고, 이를 통해 기억 너머 '망각'을 발견한다.[105] 플라톤이 기억의 철학자라면 장자는 망각의 철학자이다. 플라톤에게 망각은 인간의 영혼이 육체에 갇히면서 받아야 하는 벌과 같은 것이라면 장자에게 망각은 인간의 생명력을 복원하는 최상의 수행법이다. 안회의 망각의 공부는 예악을 잊고, 인의를 잊고, 최종적으로 자아마저 잊는 것이다. 예악과 인의는 모두 유가가 제시한 인위적 질서이다. 인의가 도덕적 이념으로서의 당위적 규정이라면 예악이란 사회 정치 시스템이다.[106] 또한 예악이 몸의 외면을 훈육하는 질서라면 인의는 내면의 도덕적 규범을 대변한다고 할 수 있다. 따라서 '좌망'은 단지 마음에 관한 정태적 공부가 아니라 적극적인 몸의 참여를 함축하고 있다. '예악을 잊고', '인의를 잊는다'는 것은 곧 '육체를 버리고[離形]', '앎을 버리는[去知] 심신 공동으로 진행되는 수행 공부이다. 결과적으로 인의예악을 잊는다는 것은 심신 양면에 규범화되고 고착된 것을 해체하고 유연하게 만드는 것이다. 고착되고 경직된 몸은 생명의 흐름을 방해하는 것이다. 「대종사」 편에서 '좌망' 바로 앞의 허유와 이의자의 대화를 보자

허유   요임금이 그대에게 무엇을 가르쳐 주던가?
의이자   요임금께서는 나에게 "반드시 인의를 실천하고 시비를
         분명히 말하라."라고 하셨습니다.
허유   그런데 그대는 왜 나를 찾아왔는가? 요임금이 벌써 그
         대에게 인의로 먹물을 새기고 시비로 코를 베었으니
         그대가 어떻게 자유롭게 소요하면서 변화하는 도의 세
         계에서 노닐 수 있겠는가?

---

105) 강신주, 「망(忘) 혹은 잊음에 대한 철학적 성찰」, 인문학연구, Vol.10, 2006, pp.82-83.
106) 정용선, 『장자의 해체적 사유』, 서울: 사회평론, 2009, p.59.

의이자	그래도 저는 그 언저리에서라도 노닐고 싶습니다.
허유	안될 것이다. 맹인은 눈과 눈썹, 얼굴빛의 아름다움에 상관할 것이 없고, 소경은 청색 황색으로 수놓은 무늬와 상관할 것이 없다.
의이자	무장이 그의 아름다움을 잃은 것이나 거량이 그의 힘을 잃은 것이나 황제가 자기 앎을 잊은 것은 모두 용광로에서 만들어졌을 뿐입니다. 조물자가 나의 먹물을 지워주고 나의 코를 고쳐주어 나를 온전하게 만들어 선생을 따르게 할지 어떻게 알겠습니까?
허유	아 그럴지도 모르지. 내 그대에게 대략을 말해주겠다. 나의 스승이여, 나의 스승이여, 만물을 부수어 만들어도 정의롭다고 여기지 않는다. 혜택이 만세에 미쳐도 사랑이라 여기지 않는다. 아득한 옛날보다 오래되었어도 늙었다고 여기지 않는다. 하늘을 덮고 땅을 싣고 있으면서 온갖 형상을 조각해 내고도 재주있다 여기지 않는다. 이것이 그대가 놀 곳이다.107)

유가의 성인인 요는 "반드시 인의를 실천하고 시비를 분명히 말하라."라고 했지만 허유는 이를 '몸에 먹물을 새기고 코를 잘라내는 형벌'로 비유한다. 그렇다면 인의시비에 의해 몸에 새겨진 형벌은 영원히 지울 수 없는 것인가? 위의 고사에 의하면 그렇지 않다. '무장이 아름다움을 잃은 것, 거량이 힘을 잃은 것, 황제가 앎을 잊은 것'처럼 형벌의 상처도 지울 수 있다. 즉 조물자가 '내 몸에 새긴 먹물을 지워주고[息] 나의 코를 고쳐[補]줄 수' 있다. 이 우화를 요약하면 인간은 처음 조물자로부터 완전한 몸을 부여받았지만 세상에 살

---

107) 許由日:「堯何以資汝?」意而子日:「堯謂我:『汝必躬服仁義而明言是非.』」許由日:「而奚來爲軹? 夫堯既已黥汝以仁義, 而劓汝以是非矣, 汝將何以遊夫遙蕩恣睢 轉徙之塗乎?」意而子日:「雖然, 吾願遊於其藩.」許由日:「不然. 夫盲者無以與乎眉目顏色之好, 瞽者無以與乎青黃黼黻之觀.」意而子日:「夫無莊之失其美, 據梁之失其力, 皇帝之亡其知, 皆在鑪捶之間耳. 庸詎知夫造物者之不息我黥而補我劓, 使我乘成以隨先生邪?」許由日:「噫! 未可知也, 我爲汝言其大略. 吾師乎! 吾師乎! 韲萬物而不爲義, 澤及萬世而不爲仁, 長於上古而不爲老, 覆載天地刻彫衆形而不爲巧. 此所遊已.」「大宗師」

면서 인의와 시비로 인하여 몸에 상흔을 입게 된다. 그러나 이 상흔은 다시 조물자로부터 치료[息, 補]를 받음으로써 온전하게 회복할 수 있다. 조물자의 치료, 혹은 용광로의 도야가 의미하는 것은 사람들을 인의의 속박에서 벗어나게 하여 자유[遊]를 얻게 하는 것이다. 다시 말해 조화와 합치해야만 인간의 자유를 구속하는 상처를 치료받을 수 있다는 것이다. 이 우화가 제시하는 바도 곧 인의시비에 의해 새겨진 상처들을 치유하는 '망'의 수양을 함축한다. 좌망의 최종 상태는 자신을 잊는 것이다. 이는 세상에 대한 소극적이고 부정적인 자아 도피를 말하는 것이 아니라 고정된 실체로서의 자기가 없다는 것을 아는 것이다. 강신주의 말처럼 "망각은 타자와의 소통을 방해하는 '의식의 자기 동일성'만을 잊으려는 것이지 삶 자체의 능동성을 잊으려는 것이 아니다. 이 점에서 망각은 우리의 삶을 가장 높은 긍정의 상태로 고양시킬 수 있는 힘이다."108) 즉 망각은 곧 주체의 자기 동일성을 해체하는 강력한 힘이다.

나를 잊는 경지의 좌망은 육체와 마음의 양방향으로 진행된다. 즉 안회가 "사지를 늘어뜨리고 귀와 눈의 작용을 물리친다[墮肢體, 黜聰明]."라고 한 것은 「제물론」에서 남곽자기가 "고목 같은 육체, 식은 재 같은 마음[形槁木, 心死灰乎]"이라고 말한 것과 같은 것으로 육체와 마음, 즉 형심 내외의 틀이 동시에 해체되는 것이다. 심신 양면에 젖어있는 문화적 습관, 고착된 규범 등의 인위적 규제를 벗어나는 것이다. '墮'·'黜'·'離'·'去'·'解'·'釋'은 모두 '忘'과 같은 의미로 해체와 와해를 의미하고 그 대상은 사지, 육체, 총명, 지식 등

---

108) 강신주, 「망(忘) 혹은 잊음에 대한 철학적 성찰」, 인문학연구, Vol.10, 2006, p.90.

심신 양 방면을 포괄한다.[109] 좌망의 최종 단계인 주체의 동일성이 해체되면 도와 통하게 된다. '크게 통하여 하나가 되는 것[同於大通]'에서 '대통'은 바로 도이다. 도의 특징은 通이고 化이다. 도와 통한다는 것은 생명의 원천과 통하는 것이고 도와 함께 변화하는 것이다. '동어대통'은 심신에 달라붙어 도와의 소통을 가로막고 있던 욕망, 지식, 관습, 규범 등이 해소됨으로써 몸이 도를 향해 완전히 개방되는 것이다. 도를 향해 개방된 몸은 천지자연과 하나가 되어 자연의 무한한 생명 에너지를 받아들일 수 있다.

> 샘이 말라 물고기들이 땅 위에 드러나자 서로에게 물기를 뿜어주고 거품으로 적셔주지만 이는 강이나 호수에서 서로를 잊고 사느니만 못하다. 요임금을 찬양하고 걸왕을 비난하는 것보다 양쪽 다 잊고[兩忘] 도와 하나가 되느니만 못하다.[110]

장자가 보기에 물을 떠나 땅 위에 드러난 물고기들이 서로를 보살펴 주겠다고 물기를 뿜어주는 것은 마치 도를 떠난 인간들이 인의를 찾고 예악을 부르짖는 것과 같다. 물고기가 물속으로 들어가기만 하면 굳이 서로 물기를 뿜어줄 필요가 없듯이 인간도 '동어대통'하면 굳이 인의와 예악을 말할 필요도 없고 시비를 따질 필요도 없다. '동어대통'은 곧 '도와 하나가 되는 것[化其道]'이다.

'망'을 공간 개념으로 설명한 것이 '심재'이므로 좌망과 심재의 수양법은 기본적으로 같다. '허'는 쓸데없는 것으로 가득 차 막혀있는

---

109) "너의 형체를 잊고 귀와 눈의 작용을 막아버리며 세상 사람과 사물을 모두 잊은 채 어두운 바다와 크게 하나가 된다. 마음을 풀고 정신을 풀어서 아무것도 모른다."(墮爾形體, 黜爾聰明, 倫與物忘, 大同乎涬溟, 解心釋神, 莫然無魂.「在宥」)

110) 泉涸, 魚相與處於陸, 相呴以濕, 相濡以沫, 不如相忘於江湖, 與其譽堯而非桀也, 不如兩忘而化其道.「大宗師」

공간을 깨끗이 비워서 용납 가능한 상태로 만드는 것이다. 즉 심재는 마음의 퇴적물들을 모두 제거하여 '허'의 상태로 만들어 생명의 흐름을 원활히 받아들일 수 있는 상태를 만드는 것이다. 따라서 심재는 心의 재계만을 말했지만 좌망과 마찬가지로 심신 양방향을 함축한다.

> 너는 뜻을 하나로 모아라. 귀로 듣지 말고 마음으로 들어라. 마음으로 듣지 말고 기로 들어라. 귀는 감각적인 소리를 듣는 데 그치고, 마음은 지각에 그친다. 하지만 기는 텅 비어있어 무엇이든 기다리는 것이다. 도는 오직 빈 곳에 모인다. 마음을 비우는 것이 심재이다.111)

마음의 방을 가득 메우고 있는 편견과 성심, 성견, 집착, 호오, 욕망 등은 생명으로부터의 단절과 고립을 초래한다. "도는 오직 빈 곳에 모인다." 따라서 텅 비워내 개방 상태를 만드는 것이 심재이다. 심재가 도달하고자 하는 경지는 '기로 듣는[聽之以氣]' 것이다. 이는 온몸이 개방되어 우주의 기화 유행의 힘이 넘치고 유통되는 상태이다. 김도일에 의하면 맹자의 경우 마음의 한 능력인 '志'가 浩然之氣를 주도할 뿐 아니라 그 기의 방향성 또한 도덕적 인간의 내면의 기로부터 천지 세계의 기로 발전해 나간다면, 장자의 경우 기의 본질적인 역할은 인간 내면의 기와 외부 세계의 기가 조화롭게 반응하는 것에 있다. 따라서 마음을 비워내는 것은 내면의 기와 천지의 기 사이의 완벽한 소통과 조화를 위한 것이고, 이러한 조화를 유지하는 것이야말로 최고의 지혜의 단계이다.112) 라이시싼(賴錫三)은 장자의

---

111) 若一志, 無聽之以耳而聽之以心, 無聽之以心而聽之以氣! 耳止於聽, 心止於符. 氣也者, 虛而待物者也. 唯道集虛. 虛者, 心齋也. 「人間世」

신체관을 부호 해체, 기예 융합, 기화 교환이라는 세 가지 차원으로 분석하였는데 그중 심재 공부를 통하여 심신이 기화 교환의 유통 네트워크가 되는 것을 일러 기화 교환의 신체라고 하였다. 이에 의하면 기화 교환의 신체는 곧 진인의 몸이자 성인의 몸이다.[113] 심재를 통해 몸의 기와 우주의 기가 막힘없이 교환되는데 이는 「대종사」의 '同於大通', 「재유」의 '大同乎涬溟'과 같다. 안회는 심재 후에 자신이 존재하지 않는 경지에 이른다.

> 전에는 안회가 있었지만 심재를 하고 나니 더 이상 안회가 존재하지 않습니다.[114]

"더 이상 안회가 존재하지 않는다."라는 것은 곧 「제물론」의 '喪我'이자 「소요유」의 '無己'와 같은 의미로 심신에 주입된 고정관념을 해체하고 맑게 비움으로써 주체의 동일성을 완전히 해체한 것이다. 이로써 생명 전체의 변화의 큰 흐름에 동참하고 생명의 잠재력을 최대한 발휘할 수 있게 된다.

---

112) 김도일, 「莊子的氣槪念」, 儒敎文化硏究(中文版), Vol.24, 2015, pp.64-67.

113) 賴錫三, 「≪莊子≫身體觀的三維辯證: 符號解構·技藝融入·氣化交換」, 淸華學報, 42卷1期, 2012.

114) 回之未始得使, 實有回也, 得使之也, 未始有回也, 「人間世」

3. 생명미학의 체현자

1) 眞人: 체도자의 이상적인 몸

도는 형체로 드러나는 것이 아니기 때문에 눈으로 볼 수 없고 말로 설명할 수 없다.[115] 따라서 장자는 도를 추상적으로 정의하기보다는 구체적으로 육신화하여 묘사하고자 하였다. 도는 사람의 몸을 통하여 구현되고 몸은 도를 체현하므로 도를 형상화하는 데 사람의 몸처럼 적당한 것이 없다. 「대종사」편의 진인은 육신화된 도의 모습이다. '大宗師'의 '宗'은 사람의 가장 큰 조상이자 생명의 연원을 의미하며, 이를 떠나지 않는 사람이 眞人이다.[116] 도를 체득한 이상적인 인간형으로 至人, 神人, 聖人, 眞人 등이 등장하지만 모두를 종합하여 가장 구체적인 모습으로 형상화한 것이 「대종사」의 진인이다. 유가의 군자 개념이 인간 사회에서 바람직한 인간상을 형상화한 것이라면 진인은 사회 속의 인간이 아니라 도의 속성을 인간의 모습

---

115) 夫道, 有情有信, 無爲無形, 可傳而不可受, 可得而不可見. 「大宗師」

116) "근원[宗]에서 떠나지 않는 사람을 천인이라 한다. 순수함[精]에서 떠나지 않는 사람을 신인이라 한다. 천진함[眞]에서 떠나지 않는 사람을 지인이라 한다. 하늘을 근원으로 삼고 덕을 근본으로 삼고 도를 문으로 삼아 변화에 대처하는 사람을 성인이라 한다."(不離於宗, 謂之天人. 不離於精, 謂之神人. 不離於眞, 謂之至人, 以天爲宗, 以德爲本, 以道爲門, 兆於變化, 謂之聖人. 「天下」)

으로 형상화한 것이다. 따라서 천구잉은 진인이란 도의 무한성, 완전성, 자유로움을 구현한 사람으로서 천인합일과 생사일여가 주된 요지라고 본다.117) 구체적으로 「대종사」에서 진인은 무위의 행위를 하는 자, 전신에 기가 유통되는 자, 생사일체를 아는 자, 자연의 조화와 합치하는 자라는 네 가지 모습으로 형상화된다.

> ① 옛날 진인은 모자라도 거스르지 않았고, 이루어도 뽐내지 않았고, 억지로 일을 꾸미지도 않았고, 잘못했다 해도 후회하지 않았고, 잘했다 해도 자만하지 않았고, 높은 데 올라가도 겁내지 않았고, 물에 들어가도 빠지지 않았고, 불에 들어가도 뜨거워하지 않았다. 지식이 도에 오르면 이와 같다.118)

먼저 '무위'를 형상화한 모습이다. '대종사'는 도를 스승으로 삼는 것이다.119) 도는 무위하기 때문에 도를 스승으로 삼는다는 것은 무위로 행위한다는 것이다. 무위란 아무런 행동도 하지 않는 것이 아니라 자연에 위배되는 행동을 삼가는 것이다. 즉 '爲'가 사적인 이득을 위해 사물의 본래 성질과 맞지 않는 부적당한 일을 억지로 강제하는 것이라면, '無爲'는 사물의 본래 원리를 따르는 것이자 자연을 본보기로 삼아 배우는 것을 의미하는 것으로, 조셉 니담은 '무위'라는 말이 원시 과학적 성격을 보여주는 것이라 여겼다.120) 여기에서 '도는 무위'

---

117) 천구잉(陳鼓應), 최진석 옮김, 『老莊新論』(제2판), 서울: 소나무, 2013, pp.293-294.

118) 古之眞人, 不逆寡, 不雄成, 不謨士. 若然者, 過而弗悔, 當而不自得也, 若然者, 登高不慄, 入水不濡, 入火不熱. 是知之能登假於道者也若此. 「大宗師」

119) "나의 스승이여, 나의 스승이여, 만물을 부수고 만들고 해도 정의롭다 여기지 않는다. 만세에 혜택을 베풀지만 사랑이라고 생각하지 않는다. 아주 옛날보다 오래되었으나 늙었다고 생각하지 않는다. 하늘이 덮게 해주고 땅이 싣게 해주어 여러 모양을 조각해 내고도 재주 있다 하지 않는다."(吾師乎! 吾師乎! 鰲萬物而不爲義, 澤及萬世而不爲仁, 長於上古而不爲老, 覆載天地刻彫衆形而不爲巧. 「大宗師」)

120) 조셉 니담(Joseph Needham), 이석호·이철주·임정대 공역, 『중국의 과학과 문명 Ⅱ』, 서울: 을

라는 추상적 명제가 어떤 일에도 거스르거나 뽐내지 않고, 후회하거나 자만하지 않는 진인의 행위 방식으로 표현된다. 물이나 불에도 해를 입지 않는 것은 무위와 무심을 극단적으로 표현한 것이다. 에드워드 슬링거랜드에 의하면 무위란 몸과 마음을 통합하는 것이다.[121] 의식적 마음이 멈출 때 몸과 마음이 통합된다. 따라서 진인은 몸과 마음이 어떠한 간극도 없이 일체 되어 있다. 「대종사」 말미에는 이러한 진인의 행위 방식을 인간 세계에서 구체적으로 행위하는 사람으로 자상호, 맹자반, 자금장 세 사람이 등장한다. 이들은 서로를 함께 있지 않아도 함께 있을 수 있다고 말한다.[122] 서로 함께하지 않는다는 것이 아니라 항상 무심으로 함께한다. 무위란 무심으로 행하는 것이다.

> ② 옛날 진인은 잠자도 꿈꾸지 않았고, 깨어있어도 걱정이 없었으며, 먹을 때도 좋은 맛을 찾지 않았고, 숨은 아주 깊이 쉬었다. 진인의 숨은 발꿈치까지 미치는데 보통 사람은 목구멍까지 미칠 뿐이다. 복종하는 사람은 아첨하는 소리가 토하는 것 같고, 탐욕에 깊이 빠진 사람은 天機가 얕다.[123]

이는 전신에 기가 유통되는 것을 형상화한 것이다. 호흡이 발꿈치까지 흐른다는 것이 곧 전신으로 기가 유통된다는 의미이다. 인체는 경맥을 통하여 기가 순환하는 유기체이다. 몸과 마음은 기에 의해서 연결되어 있으므로 인체에 기가 제대로 순환하지 못하면 장부도 안

유문화사, 1985, pp.100-102.

121) 에드워드 슬링거랜드(Edward Slingerland), 김동환 옮김, 『애쓰지 않기 위해 노력하기』, 파주: 고반, 2018, p.34.

122) "누가 함께 있지 않아도 함께 있을 수 있고, 서로 함께하지 않아도 함께 할 수 있을까?"(孰能相與於無相與, 相爲於無相爲? 「大宗師」)

123) 古之眞人, 其寢不夢, 其覺無憂, 其食不甘, 其息深深. 眞人之息以踵, 衆人之息以喉. 屈服者, 其嗌言若哇. 其耆欲深者, 其天機淺. 「大宗師」

정되지 못할 뿐 아니라 마음도 조화롭지 못하게 된다. 역으로 욕망에 물든 마음은 몸의 순환을 방해하므로 기가 순환하지 못하고 호흡이 목구멍에서 그친다. 이런 사람들은 성심으로 사물을 쫓는 사람들이며 잠들어서나 깨어나서나 욕망에 이끌려 다닌다.[124] 진인은 깊은 호흡으로 온몸에 생명의 기를 조화롭게 순환시킴으로써 몸과 마음을 모두 평안하고 조화롭게 유지한다.

> ③ 옛날 진인은 生을 좋아할 줄도, 죽음을 싫어할 줄도 몰랐다. 태어남을 기뻐하지도, 죽음을 거부하지도 않았다. 홀연히 갔다가 홀연히 돌아올 뿐이다. 생의 시작을 잊지 않지만 죽음의 끝을 알려고도 하지 않았다. 생을 받아 기쁘게 살고 생이 끝나면 돌아갔다.[125]

이는 생사일체를 형상화한 것이다. 생명은 삶과 죽음을 포함한다. 생사가 하나라는 것을 아는 것이 도를 아는 것이며 진정한 생명을 아는 것이다. 따라서 진인은 삶과 죽음을 하나로 여긴다. 생사일여의 진인의 모습을 체현한 구체적 인물인 자사, 자여, 자리, 자래는 삶과 죽음이 마치 머리와 척추와 엉덩이처럼 한 몸에 있다고 생각했다.[126] 이들에게 생사는 일체이므로 죽음 때문에 괴로워하지 않고 삶을 지속하기 위해 인위적인 일을 하지 않으며 삶과 죽음을 순리대로 받아들인다.[127]

---

124) "잠들어서는 혼들이 오고 가고 깨어나서는 육체의 감각이 열려 접하는 것마다 얽매이니 날마다 마음이 다툰다."(其寐也魂交, 其覺也形開, 與接爲搆, 日以心鬪. 「齊物論」)

125) 古之眞人, 不知說生, 不知惡死, 其出不訢, 其入不距. 翛然而往, 翛然而來而已矣. 不忘其所始, 不求其所終, 受而喜之, 忘而復之. 「大宗師」

126) "누가 아무것도 없는 것을 머리로 삼고, 삶을 척추로 삼고, 죽음을 꽁무니로 삼을 수 있을까? 누가 죽음과 삶 그리고 있음과 없음이 한 몸이라는 것을 알까?"(孰能以無爲首, 以生爲脊, 以死爲尻, 孰知死生存亡之一體者, 「大宗師」)

127) "우리가 태어난 것도 때를 만남이요, 우리가 죽는 것도 순리일 뿐이다. 편안하게 때를 맞이하고

④ 옛날 진인은 그 모습이 높은 산처럼 우뚝 솟아 보여도 무너지지 아니하고 부족해 보여도 받을 것이 없다. 몸가짐이 법도에 맞아 단정하면서도 고집하지 않으며 마음을 넓게 비우지만 겉으로 꾸미지는 않는다. (...) 하늘과 사람이 서로 이기려고 하지 않는 사람을 진인이라고 한다.128)

이것은 자연과의 합치를 형상화한 것이다. 진인의 덕은 '하늘과 사람이 서로 이기려고 하지 않는[天與人不相勝]' 것에 있다. 이는 자연의 조화와 하나가 되는 것이다. 자연은 만물을 빚어내고 변화시키는 조물자이자 造化者이다. 자여는 몸이 변화하는 것을 조물자의 조화라고 여겨서 자기 몸의 일부가 닭이나 활로 변하고, 수레나 말로 변한다 하여도 이를 기꺼이 받아들인다고 한다.129) 자래가 병이 났을 때 자리는 오히려 위대한 조화가 자래의 몸을 어떻게 변화시킬지 궁금해하는데 쥐의 간이나 벌레의 팔뚝 같은 하찮은 것으로 변한다 하더라도 전혀 개의치 않는다.130) 이들에게 세상은 커다란 용광로이고 하늘이라는 조화자는 만물을 빚어내는 대장장이이다.131) 이들은 하늘의 조화를 거스르지 않고 조화와 하나가 된다.

순리대로 따를 뿐이다."(且夫得者, 時也, 失者, 順也, 安時而處順.「大宗師」)

128) 古之眞人, 其狀義而不朋, 若不足而不承, 與乎其觚而不堅也, 張乎其虛而不華也. (...) 天與人不相勝也, 是之謂眞人.「大宗師」

129) "내 왼팔이 서서히 변하여 닭이 된다면 내 그것으로 새벽을 알릴 것이네, 내 오른팔이 서서히 변하여 활이 된다면 내 그것으로 새를 잡아 구워 먹을 것이네. 내 엉덩이가 변하여 수레가 되고, 내 마음이 변하여 말이 된다면 내 그것을 타고 다닐 것이네. 수레가 따로 필요하겠는가?"(浸假而化予之左臂而爲鷄, 予因以求時也, 浸假而化予之右臂以爲彈, 予因以求鴞炙, 浸假而化予之尻以爲輪, 以神爲馬, 予因以乘之, 豈更駕哉!「大宗師」)

130) "위대하구나, 조화여! 앞으로 또 자네를 무엇으로 만들까? 자네를 무엇으로 만들어야 적당할까? 자네를 쥐의 간으로 만들까, 벌레의 팔뚝으로 만들까?"(偉哉造化! 又將奚以汝爲, 將奚以汝適? 以汝爲鼠肝乎? 以汝爲蟲臂乎?「大宗師」)

131) "천지를 커다란 용광로로 여기고 조화를 대장장이로 여긴다면 어디로 가서 무엇이 되든 어떠한가. 편안히 잠들었다가 퍼뜩 깨어날 것이다."(今一以天地爲大鑪, 以造化爲大冶, 惡乎往而不可哉! 成然寐, 蘧然覺.「大宗師」)

이상 「대종사」에서 진인에 대한 네 가지 설명은 도의 무위성, 기의 순환, 생사일여, 천인불상승을 진인의 육체로 형상화하여 표현한 것이다. 이것은 장자가 至人과 神人에 관해 설명한 것과도 일치한다.[132] 한편 소요하는 인간이 바로 진인이라 할 수 있다.[133] 장자는 「소요유」에서 "대자연과 하나가 되어 모든 흐름의 변화에 따라 끝없이 노닐 수 있다면 무엇에 의지하겠는가?"[134]라며 아무것에도 의지하지 않는 無待의 경지를 말한다. 무대의 경지란 "지인은 자기가 없고, 신인은 공적이 없으며 성인은 이름이 없는"[135] 경지이다. 즉 진인은 이러한 무대의 경지이다.[136] 이와 대비해서 송영자와 열자는 유대의 인물이다. 송영자는 세속의 공명을 초월하였고 열자는 바람을 타고 다니는 경지에 이르렀지만, 여전히 의지하는 것이 있다.[137]

---

132) 예를 들어 「제물론」에서 "지인은 신묘하다. 큰 못가의 수풀이 타올라도 뜨겁게 할 수가 없고, 황하나 한수물이 얼어도 춥게 할 수 없으며, 사나운 천둥이 산을 쪼개고 모진 바람이 바다를 뒤흔들어도 놀라게 할 수 없다. 그런 사람은 구름을 타고 해나 달에 올라앉아 이 세상 밖에서 노닌다. 삶이나 죽음 따위가 그에게 아무런 변화도 주지 못한다."(至人神矣! 大澤焚而不能熱, 河漢沍而不能寒, 疾雷破山而不能傷, 飄風振海而不能驚. 若然者, 乘雲氣, 騎日月, 而遊乎四海之外. 死生無變於己.) 이는 본문의 진인의 모습 중 ①, ③번과 유사하다. 「달생」에서 "지인은 물에 빠져도 숨이 막히지 않고, 불을 밟아도 뜨겁지 않으며, 만물의 꼭대기에서 움직여도 두려워하지 않는다."(至人潛行不窒, 蹈火不熱, 行乎萬物之上而不慄.) 이는 진인의 ①번과 유사하다. 「소요유」에서 "막고야산에 신인이 살고 있는데 피부는 얼음처럼 눈처럼 희고 몸매는 마치 처녀처럼 부드럽다."(藐姑射之山, 有神人居焉, 肌膚若冰雪, 綽約若處子.)라고 한 것은 전신에 기가 잘 유통되는 진인 ②번과 유사하다.

133) 최진석, 「충돌하는 세계 속의 창조적 인간: 장자의 '참인간'(眞人)」, 동서인문, No.5, 2016, p.162.

134) 若夫乘天地之正, 而御六氣之辯, 以遊無窮者, 彼且惡乎待哉. 「逍遙遊」

135) 至人無己, 神人無功, 聖人無名. 「逍遙遊」

136) 無待의 경지는 흔히 절대적 자유로 이해되는데 현실 세계에서 몸을 가진 인간으로서 이러한 자유는 있을 수 없다. 절대적 자유는 신체를 뛰어넘을 수 있는 초월적 자아를 상정해야만 가능한데 장자에서 이러한 개념은 없다. 따라서 진인이 무대라는 것은 도의 속성을 말한 것일 뿐이다.

137) "송영자는 이런 사람들을 비웃었다. 그는 온 세상이 자신을 칭찬해도 우쭐하지 않고 비난해도 기죽지 않았다. 내외를 분명히 구별하고 영광과 치욕은 외적인 일임을 분명히 했다. 그러나 거기에 그쳤다. 그는 세상의 평가에 연연하지는 않았지만, 여전히 이르지 못한 바가 있었다. 열자는 바람을 타고 다니며 마음껏 노닐다가 열닷새가 지나 돌아왔다. 그는 세상의 행복을 누리는 데 연연하지 않았다. 걸어서 다니는 번거로움에서 벗어났지만, 여전히 의지하는 것이 있었다."(宋榮子猶然笑之. 且舉世而譽之而不加勸, 舉世而非之而不加沮, 定乎內外之分, 辯乎榮辱之境, 斯已矣. 彼其於世未數數然也. 雖然, 猶有未樹也. 夫列子御風而行, 冷然善也, 旬有五日而後反. 彼於

비록 열자처럼 바람을 타고 다닐 정도로 세속을 뛰어넘는 경지를 이루었더라도 바람이라는 물질적 중개가 필요한 것이다. 소요의 구별은 곧 무대와 유대를 구별하는 것이며 따라서 진인과 열자의 구별도 무대와 유대에 있다. 진인은 어떠한 물질적 중개에도 의지하지 않고 자연 전체에 완전하게 개방되는 것이다. 이때 신체는 완전히 도와 통하도록 개방되어 우주의 기화가 유행하고 교환되는 장소가 된다. 라이시싼은 이러한 신체를 기화적 신체, 교환적 신체라고 명명한다.[138] 이렇게 완전히 기화 우주에 융합된 신체는 우주화된 신체라고 할 수 있으며 사람과 만물이 상호 감통하고 기를 교환하는 가장 좋은 장소가 된다. 진인의 몸은 바로 기화의 몸이다.

인간을 우주 전체의 기화 흐름에서 차단하여 왜소하게 만들고 타인과 대립을 형성하게 만드는 것은 지식[知], 언어[言], 이름[名]이고, 이것들로 가득 찬 마음이 곧 '성심'이다. 진인의 몸은 성심 속에 가득한 이념이나 가치 등의 관념을 다 비워내서 세계의 원초적 상태로 복귀한 것이다. 심재를 통해 '동어대통'하고, 좌망을 통해 텅 비워서 '기로 듣는' 상태가 되면 우주의 생명력이 온몸에 회통하며 생명이 약동하는 몸이 된다. 따라서 심재와 좌망은 기화 수행이라 할 수 있다. 진인은 완전한 기화 신체를 통하여 도달하게 되는 경지인 것이다. 「대종사」에서 여우는 점충적으로 도에 이르는 과정을 다음과 같이 묘사하였다.

致福者, 未數數然也. 此雖免乎行, 猶有所待者也. 若夫乘天地之正, 而御六氣之辯, 以遊無窮者, 彼且惡乎待哉! 故曰, 至人無己, 神人無功, 聖人無名. 「逍遙遊」)

138) 賴錫三, 「≪莊子≫身體觀的三維辯證: 符號解構・技藝融入・氣化交換」, 清華學報, 42卷.1期, 2012.

사흘이 지나자 세상을 잊었다. 세상을 잊었기에 계속 지켜보았더니 이레가 지나자 모든 것을 잊었다. 모든 것을 잊었기에 다시 지켜보았더니 아흐레가 지나자 삶을 잊었다. 삶을 잊게 되자 비로소 '아침 햇살 같은 깨달음[朝徹]'을 얻었다. 아침 햇살 같은 깨달음을 얻었더니 '모든 것이 하나라는 것[見獨]'을 알았다. 모든 것이 하나라는 것을 알았더니 옛날과 지금의 구분을 잊었다. 옛날과 지금의 구분을 잊었더니 죽음과 삶의 구분을 잊었다.139)

수행의 가장 높은 단계인 '조철'과 '견독'에 이르면 고금과 생사를 잊게 된다. 즉 수행의 가장 높은 경계는 초역사적, 초시공적인 경지로 현실 세계를 초월한다. 이러한 신체는 전언어적이고, 비기호적이며 무사회적인 순수한 신체이며 신비적이고 종교적인 신체라고 할 수 있다. 그러나 인간은 수행을 통해 일시적으로 이러한 경지에 오를 수는 있을지라도 초시간적 진공 상태에 머물러 살 수는 없다. 결국 인간세로 돌아와 세속과 함께 살아야 한다. 따라서 「천하」에서 "홀로 천지 정신과 왕래하면서도 만물을 얕보지 않고 시비를 가리지 않으며 세속과 함께 산다."140)라고 하였는데, 이는 진인의 신비적 경계와 인간의 세속적 경계라는 이원적 대립을 타파하는 말이다. 장자가 추구한 것은 초월적 세계로 넘어가기 위한 소요가 아니라 인간 세상에서 원통무애하게 살아있는 소요를 추구하는 것이다. 세속은 지식[知], 언어[言], 이름[名]이 없을 수 없는 세계이다. 이러한 세계에서 생명의 체현은 진인이 아니라 기인으로 묘사된다.

---

139) 三日而候能外天下, 已外天下矣, 吾又守之, 七日而後能外物, 已外物矣, 吾又守之, 九日而後能外生, 已外生矣, 而後能朝徹, 朝徹, 而後能見獨, 見獨, 而後能無古今, 無古今, 而後能入於不死不生.「大宗師」

140) 獨與天地精神往來而不放倪於萬物, 不謁是非, 以與世俗處.「天下」

2) 畸人: 醜를 통해 드러나는 생명의 미

『장자』에는 온갖 기괴하고 흉측하고 그로테스크한[恢恑憰怪] 외모의 인물들이 주인공으로 등장한다. 이들은 선천적으로 혹은 형벌이나 병에 의해 육체가 손상되고 뒤틀려 있다. 그럼에도 이들은 자신의 생명을 잘 보존할 뿐 아니라 사람들의 존중과 탄복을 받는다. 장자는 이들 육체의 불완전함과 내재한 덕성의 완전함을 대비함으로써 강한 생명 정신을 드러낸다. 이들은 진인과 더불어 장자의 생명미학을 또 다른 방식으로 체현한 인물들이다. 『장자』에 등장하는 畸人들의 형상을 요약하면 다음과 같다.

「양생주」의 우사는 선천적으로 외발이다. 관료인 공문헌이 외발을 보고 놀라며 어쩌다 그리되었느냐고 묻자 우사는 이것은 하늘의 일이라고 대답한다. 그러면서 자신은 비록 외발이지만 새장 속에 갇혀 먹이를 얻어먹는 새보다는 먹이를 구하기 힘들지언정 물가에서 새처럼 자유롭게 살고 있다고 말한다.141) 「인간세」의 지리소는 생김새가 더욱 괴기스럽다. 턱은 배꼽 밑에 가려져 있고, 어깨가 이마보다 올라가 있으며 등에 혹이 있고, 양 허벅지가 옆구리와 나란하다. 그러나 이러한 생김새와는 달리 바느질과 빨래와 키질 등으로 열 식구를 충분히 먹여 살렸는데, 나라의 징집이나 부역에서는 면제되었을 뿐 아니라 곡식을 배급받으며 천수를 누렸다.142) 「덕충부」는 이러한 기

---

141) 公文軒見右師而驚曰:「是何人也? 惡乎介也? 天與, 其人與?」曰:「天也, 非人也. 天之生是使獨也, 人之貌有與也. 以是知其天也, 非人也.」澤雉十步一啄, 百步一飲, 不蘄畜乎樊中. 神雖王, 不善也. 「養生主」

142) 支離疏者, 頤隱於臍, 肩高於頂, 會撮指天, 五管在上, 兩髀爲脇, 挫鍼治繲足以餬口, 鼓筴播精, 足以食十人. 上徵武士, 則支離攘臂而遊於其間, 上有大役, 則支離以有常疾不受功. 「人間世」

인들이 총집합한 무대라 할 수 있다. 왕태, 신도가, 숙산무지는 모두 형벌로 발뒤꿈치를 잘린 사람들이고, 애태타는 세상이 놀랄 정도로 심한 추남이며, 인기지리무신과 옹앙대영은 절름발이, 곱추, 언청이 그리고 목에 커다란 혹을 가진 추남들이다. 이 밖에 「대종사」에서 무심을 행하는 자도 온몸이 뒤틀리는 병이 걸렸으며, 「달생」에서 매미 잡는 최고의 기술을 가진 노인 또한 곱추이다.

　일반적으로 위에 열거한 기인들의 몸은 선천적일 경우 기형이자 장애자로, 후천적일 경우 형벌을 받은 전과자거나 병자로 분류된다. 몸이 곧 사회적 신분과 지위의 표지가 되는 유가에서 기형이나 장애, 그리고 형벌을 받은 몸들은 비정상적인 몸으로 배척된다. 기인들을 상대하는 인물들은 모두 높은 신분과 권력을 가진 사람들로서 재상(공문헌, 자산)이나 왕(위령공, 노애공), 그리고 유가에서 가장 존경받는 공자이다. 기인들은 처음에는 상대방에게 배제와 모욕을 당한다. 신도가는 재상인 자산과 함께 백혼무인이라는 스승에게서 동문수학하는 사이지만, 높은 신분이었던 자산은 월형을 받은 미천한 신분의 신도가와 같이 있는 것을 몹시 거북해한다. 자산은 신도가에게 자기가 움직일 때 같이 움직이지 말고 높은 신분인 자기를 위해 자리를 비켜달라고 요구한다.[143] 숙산무지 또한 중니에게 가르침을 청하지만 공자는 형벌로 절단된 그의 발을 보고 그런 처지에서는 배울 필요가 없다고 거절한다.[144] 이들에게는 신체적 장애 자체

---

143) "내가 먼저 나가면 자네가 남아있고, 자네가 먼저 나가면 내가 남아있기로 했었지. 지금 내가 나가려 하니 자네는 좀 남아 줄 수 있는가, 없는가? 그런데 자네는 나 같은 재상을 보고도 비켜 주지 않으니 재상인 나와 맞먹겠다는 것인가?"(我先出則子止, 子先出則我止. 今我將出, 子可以止乎, 其未邪? 且子見執政而不違, 子齊執政乎?「德充符」)

144) 子不謹, 前既犯患若是矣. 雖今來, 何及矣!「德充符」

가 아니라 비정상적인 몸으로 치부되면서 사회적인 배척과 배제를 당하는 것이 더 문제이다. '비정상'은 흔히 광기, 일탈, 범죄, 정신병, 부도덕, 악, 동물성 등의 범주로 분류되며, 일반적으로 혐오의 대상이 된다. '비정상'은 자칭 자신들이 '정상'이라고 굳건히 믿는 자들에 의해 폄훼와 비난, 그리고 회피와 배제의 대상이 된다. 그러나 정상과 비정상을 가르는 기준은 사물의 본질에 내재하는 것이 아니라 사회적이고 도덕적으로 구성된 것이다.[145] 마찬가지로 장애인이 되는 이유는 단지 생물학적 요인에 의한 것이 아니라 사회적 문화적 역사적 요인에 의해서도 결정되는 것이다.[146] 신체적 경직이나 장애는 사회적 편협과 정치적 억압의 산물이자 동시에 그것들을 강화하는 지지대이다.[147] 이들 비정상적인 몸은 이질적이고 괴상할 뿐 아니라 윤리적으로 부도덕한 것으로 낙인찍힌다.

「덕충부」의 기인들의 형상은 모두 황당함과 추의 극치를 보여준다. 인기지리무신의 '支離'라는 두 글자는 '바르지 않고 맞지 않다.', '정상보다 기울고 기이하다.', '분산되어 있다.'라는 뜻으로 육체가 뒤죽박죽이고 일탈된 상태임을 표상하는 상징이다.[148] 조화와 균형을 미의 본질로 삼았던 서양 고전미학의 입장에서 이것은 추이다. 추는

---

145) 김광기, 「정상과 비정상, 그리고 이방인」, 사회이론, No.33, 2008.

146) '장애학(Disability Studies)'이라는 용어는 80년대 이후부터 학술 개념으로 사용되기 시작하였다. '장애학'에서 장애를 바라보는 관점은 개인 모델-사회 모델-문화 모델의 세 단계를 거쳐 왔다. 개인 모델은 인간의 몸을 사회와 역사와는 무관한 생물학적이고 개인적인 것으로 간주하며, 이때 장애란 단순히 개인의 신체적 손상이나 기능 장애이고 개인적으로 극복해야 하는 것이다. 사회 모델에서 장애는 건강상의 문제나 신체적 손상에 의한 것이 아니라 사회 체제와 구조 속에 내재한 배제의 기제를 통하여 장애가 만들어지는 것이다. 문화 모델 관점은 푸코의 사상에 크게 영향을 받은 것으로 장애를 역사적이며 문화적인 배경에서 이해한다(이지은, 「문화학적 장애학을 위한 시론」, 뷔히너와 현대문학, Vol.43, 2014.).

147) 리처드 슈스터만(Richard Shusterman), 허정선·김진엽 옮김, 『삶의 미학』, 서울: 이학사, 2012, p.225.

148) 周秀齡, 「≪莊子≫道「形於內」的思維研究」, 平人文社會學報, 9卷, 2007, p.94.

미의 대립 개념으로 미적 규범에 어긋나고 미적 관조를 방해하는 것이다. 그러나 장자에서 미와 추는 대립적인 것이 아니라 상대적인 것이다. 「지북유」에서 말하길,

> 만물은 하나이다. 그런데 사람들은 아름다운 것은 신기롭다고 여기고, 추한 것은 썩어서 냄새난다고 여긴다. 그러나 썩어서 냄새나는 것이 변화하여 신기한 것이 되고, 신기한 것이 다시 변화하여 냄새를 풍기며 썩어간다.[149]

장자에게 도가 절대적인 미라면 현상계의 미추는 상대적이고 서로 바뀔 수 있는 것으로 본질상 아무런 차이가 없다. 표면적이고 외형적인 존재 형식이 중요한 것이 아니라 내재적 생명이 중요한 것이다. 하늘과 인간의 기준은 오히려 상반되므로 진정한 덕과 세속의 덕은 반대이고, 세상의 덕에 지리하지 않다면 진정한 덕은 드러나지 않는다.[150] 장자는 미추의 상대성에서 더 나아가 외재적 형상의 추함으로 오히려 내재적 생명력을 더 힘 있게 드러내는 심미적 역전을 유도한다. 푸코가 『광기의 역사』에서 근대 합리적 이성에 의해 비정상으로 낙인찍힌 광인들이 어떻게 탄압받았는지를 폭로하는 데 그쳤다면, 장자는 이들을 소외의 대상으로 그려내는 것이 아니라 오히려 배워야 할 모델로 역전시킨다. 기인들은 처음에는 추한 외모 때문에 모욕받지만 결국 상대방의 마음을 사로잡는 매력적인 인물로 탈바꿈한다. 장자는 이들의 일그러지고 기형적인 몸을 통해 기

---

149) 萬物一也, 是其所美者爲神奇, 其所惡者爲臭腐, 臭腐復化爲神奇, 神奇復化爲臭腐. 「知北遊」

150) "기인은 사람에게는 기이하지만 하늘을 따르는 사람이다. 그러므로 하늘의 소인은 사람의 군자이고, 하늘의 군자는 사람의 소인이다."(畸人者, 畸於人而侔於天. 故曰, 天之小人, 人之君子, 天之君子, 人之小人也. 「大宗師」)

존의 미를 파괴하고 왜곡시킴으로써 정상과 비정상, 미추를 반전시키고 풍자와 해학을 만들어낸다. 따라서 『장자』에 등장하는 기인 형상은 썩은 것을 신기한 것으로 변화시키고, 추를 미로 변화시키는 탁월한 예술 정신을 드러낸다.

덕이 뛰어나면 외형은 잊는다.[151]

그들은 자기 몸의 추함을 잊을 뿐 아니라 다른 사람들에게도 자신의 결함 있는 육체를 잊게 만든다. 이들의 추한 외모를 상쇄하고도 남는 매력은 무엇인가? 그것은 내재적으로 충만한 덕이자 생명력이다. 형상과 덕의 극도의 불균형은 강한 대조 효과를 일으키며 추를 미로 변형시키는 미학적 효과를 낳게 된다. 자산에게 자리를 비키라는 모욕을 받았던 신도가는 자산에게 덕이란 '운명을 편안히 받아들이는 것[安之若命]'이라고 하면서 형내와 형외를 말한다.[152] 이 말을 들은 자산은 신도가가 육체의 결손에도 불구하고 내면에 높은 덕성을 갖추었다는 것을 파악하고, 형외만 보고 사람을 판단했던 자신의 잘못을 인정하고 부끄러워한다. 다리가 온전하지 못하므로 배울 필요도 없다며 공자에게 가르침을 거절당했던 숙산무지는 '발보다 더 귀한 것'이 있다고 말한다.[153] 이 말을 들은 공자는 다리보다 더 중

---

151) 德有所長, 而形有所忘. 「德充符」
152) "자기 잘못을 변명하며 형벌이 억울하다고 말하는 사람은 많지만 변명도 하지 않고 형벌이 마땅하다고 여기는 사람은 드물다네. 어찌할 수 없음을 알고 운명으로 편안히 받아들이는 것은 오직 덕 있는 사람만이 할 수 있지. (…) 지금 자네와 나는 형해의 안에서 노니는데 형해의 밖에서 나를 찾는다면 잘못된 것 아닌가?"(自狀其過, 以不當亡者衆, 不狀其過, 以不當存者寡, 知不可奈何, 而安之若命, 唯有德者能之. (…) 今子與我遊於形骸之內, 而子索我於形骸之外, 不亦過乎. 「德充符」)
153) "저는 세상 물정 모르고 내 몸을 함부로 처신하여 이렇게 발을 잃었습니다. 그러나 지금 제가 여기 온 까닭은 발보다 귀한 것이 남아있기 때문이며, 그것을 온전하게 하고 싶어서입니다."(吾唯不知務而輕用吾身, 吾是以亡足. 今吾來也, 猶有尊足者存焉, 吾是以務全之也. 「德充符」)

요한 것이 있음을 알지 못했던 자신의 잘못을 금방 인정하고 제자들에게 숙산무지처럼 힘써 배울 것을 독려한다. 또 다른 절름발이 스승인 왕태의 경우 따르는 제자가 공자의 제자와 맞먹을 정도로 많고 게다가 딱히 가르치는 것도 없는 듯한데 제자들은 충만한 배움을 얻는다.[154] 공자조차 이러한 왕태를 스승으로 삼고 싶어 한다. 공자는 제자들에게 왕태를 다음과 같이 높이 평가한다.

> 죽고 사는 것은 큰일이지만 그 때문에 흔들리지 않는다. 하늘이 무너지고 땅이 꺼져도 그와 함께 떨어지지 않는다. 거짓 없음을 살펴서 사물과 함께 옮겨 다니지 않는다. 사물의 변화를 명으로 받아들이고 그 근본을 지킨다. (…) 듣고 보는 것으로 마땅함을 삼지 않고 마음이 덕의 조화 속에서 노닌다. 그래서 만물을 하나로 보기 때문에 잃어버린 것이 보이지 않고 발을 잃은 것을 마치 흙을 털어낸 것처럼 여긴다.[155]

신도가, 숙산무지, 왕태 등의 공통점은 손상된 육체에 깃든 충만한 덕이다. 이는 몸의 본질이 形에 있는 것이 아니라 덕에 있음을 반증한다. 形의 결함은 덕의 결함이 아니다. 신도가가 말한 '어찌할 수 없음을 알고 운명으로 편안히 받아들이는 것', 숙산무지가 말한 '발보다 귀한 것', 왕태가 말한 '덕의 조화에서 마음이 노니는 것' 등은 모두 충만한 덕을 상징한다. 육체의 추는 정신적 특성을 고조시킬 때 생동감을 높여주는 자극제의 역할을 하고, 일종의 미적 매혹으로 보는 사람을 감동하게 한다.[156] 이들의 외면과 내면의 극단적인 모

---

154) "서서 가르치지도 않고 앉아서도 의론하지 않는데 제자들이 텅 빈 채 갔다가 가득 채워 온다." (立不教, 坐不議, 虛而往, 實而歸.「德充符」)

155) 死生亦大矣, 而不得與之變, 雖天地覆墜, 亦將不與之遺. 審乎無假而不與物遷, 命物之化而守其宗也. (…) 不知耳目之所宜而遊心乎德之和, 物視其所一而不見其所喪, 視喪其足猶遺土也.「德充符」

156) 민주식,「추의 미학, 예술학적 의의; 美와 醜, 雅와 俗」, 美學·藝術學硏究, Vol.27, 2008.

순적 결합이 미감에 대한 질적 변화를 가져오며 심미적 반전을 일으키는 것이다. 노애공은 애태타가 천하가 놀랄 만한 추남임에도 그를 너무 좋아해서 국정을 맡기고 싶어 하고, 심지어 받지 않을까 걱정한다. 위령공과 제환공은 인기지리신과 옹앙대영[157]에게 반한 나머지 그들의 추한 외모가 익숙하게 보이고 그동안 정상이라 여겼던 일반 사람의 외모가 오히려 비정상으로 보이는 미의 전도 현상을 경험한다. 카를 로젠크란츠(Karl F. Rosenkranz)는 다음과 같이 추의 미학을 말한다.

> 한 인간이 기형으로 자라서 불규칙적인 얼굴 윤곽을 하고 부스럼의 흔적이 생길 정도로 육체적으로 아주 추해질 수 있지만, 육체가 상징적 가치만을 가짐으로 인해서 이 모든 것은 망각될 수 있을 뿐 아니라 이 불행한 형태들은 내면의 표현을 통해서 생명력을 가질 수 있고 그 매력은 우리가 저항할 수 없을 정도로 빠져들게 만든다.[158]

이 글은 『장자』에 등장하는 기인들의 형상에 정확하게 부합한다. 로젠크란츠가 추를 아름다움의 부정으로 다루었다면 아도르노(Theodor W. Adorno)는 추한 것을 아름다운 것과의 대립 속에서 다루는 것이 아니라 지배와 억압 관계에 대한 부정적 개념으로 다룬다. 즉 예술은 추해서 추방된 것을 다루어야 하는데 이는 추를 유화하거나 통합하기 위한 것이 아니라 세계를 고발하기 위해서이다. 아

---

157) 특히 인기지리신이 외형은 빅토르 위고의 소설 『노틀담의 파리』에 등장하는 성당 종지기 콰지모도를 연상시킨다. 콰지모도 또한 태어날 때부터 등이 굽고 얼굴에 혹이 있으며 한쪽 다리가 짧아 절뚝거리며 걷는 흉한 외모를 가졌지만, 소설 내 다른 인물인 신부나 귀족보다 가장 순수하고 아름다운 사랑을 간직한 사람으로 그려진다. 혐오스러운 외모와 고결한 마음을 극단적으로 대비하여 비극 효과를 높인 문학적 수사가 『장자』와 유사하다.

158) 카를 로젠크란츠(Karl F. Rosenkranz), 조경식 옮김, 『추의 미학』, 파주: 나남, 2008, p.47.

도르노에 의하면 예술은 특히 저항으로서의 의미를 지닌다. 따라서 추의 범주는 예술에 필수적이자 역동적 요소이다. 아도르노의 사변 철학에 대한 비판은 폭력적이고 강제적인 동일화에 반대하고, 억압되고 무시된 것들을 회복시켜 화해하는 것이 목표이다. 그가 자신의 철학을 통해 해소하고자 하는 억압-지배의 기본 구조 속에서, 화해를 위해서는 추의 경험이 필수적으로 요구된다.[159] 즉 추란 동일성의 형식으로부터 포섭되지 않았던 것, 동일화가 배제하고 추방했던 것들을 소환함으로써 동일성으로부터 벗어나 차이와 개별성을 회복하는 것이라고 할 수 있다. 아도르노가 예술은 오직 저항으로서만 의미를 지닌다고 했듯이 그의 추의 미학은 지배와 억압을 고발하는 실천이자 동일성에 대한 저항으로서의 미학이다.

최근 페미니스트 진영에서 타자의 시선과 체계의 억압에서 벗어나 자율적인 미를 추구하고자 하는 시도로서 그로테스크미학[160]을 제시한다. 그로테스크미학은 여성의 몸을 절단되거나 훼손된 몸 혹은 부패하고 분비물로 더럽혀진 몸으로 표현하면서 전통적으로 여성의 아름다운 몸에 기대되었던 이상적인 미의 신화를 폭로한다. 아름답고 부드러운 살덩어리가 아니라 아름다움의 신화의 그늘에 감추어진 실존의 추한 모습, 즉 임신, 낙태, 출산, 노화 등을 통해 고통과 비천함

---

159) 박상선, 「아도르노 미학에 있어서 추(das Häßliche)의 문제」, 현대미술연구소논문집, Vol.7, 2004, pp.57-58.

160) 그로테스크라는 미학적 개념은 17세기 낭만주의 시대를 거치면서 시작되었고 이를 예술이나 문학 분석의 도구로 접근한 학자는 카이저(Kayser), 톰슨(Thomson), 바흐친(Bakhin)이 대표적이다. 카이저는 그로테스크의 속성을 '이상한 세계, 부조리와의 놀이, 세상의 악마적 측면에 대한 자극과 완화'로 보았고, 톰슨은 '양가적인 비정상'으로 정의하였다. 바흐친은 그로테스크를 단순히 과장, 왜곡, 풍자보다는 '유쾌한 풍요'라는 생산 차원으로 향상시켰고, 그로테스크의 핵심을 중세 기독교의 억압 속에서 민중들의 카니발이 가진 생명력이라고 보았다. 그로테스크가 다양하게 논의되면서 예술에 관한 새롭고 풍부한 접근이 가능하게 되었다(함순용, 「고야 판화연작에 나타난 그로테스크 미학 연구」, 성균관대학교 박사학위논문, 2010, pp.9-12.).

이 각인된 여성의 몸을 보여주는 것이다. 여기서는 기존의 비례, 균형, 조화와 같은 동일성의 미학을 거부하고 이질적인 부조화, 불균형, 무질서의 미를 지향한다.[161] 공포감, 섬뜩함을 유발하는 그로테스크 미학 또한 아도르노의 추의 미학과 마찬가지로 가부장적 미학에 대한 비판이자 동일성에 저항하는 실천으로서의 의미가 있다.

다리가 잘리고, 곱추이고, 뒤틀리고, 혹 덩어리를 가진 기인들의 몸은 예로 다듬어진 유가의 군자의 몸과는 거리가 멀다. 따라서 표현과 바탕, 외면과 내면을 일치시키는 유가의 '文質彬彬'과는 전혀 다른 심미관을 형성하게 된다.[162] 기인들의 몸은 미추를 반전시키는 풍자와 해학의 미학이고, 지배와 억압의 구조를 폭로하며, 동일성에 저항하고 개별자의 자유를 꿈꾸는 추의 미학이자 그로테스크미학이라 할 수 있다. 그러나 무엇보다 이들 외모의 추함을 반전시키는 핵심은 그들의 외모 속에 내재하는 덕에 있으며, 덕이야말로 생명의 본질이다. 육체는 이 세상에 개체가 성립하기 위한 전제 조건이지만 동시에 매우 불완전하고 취약한 것이며 인간을 제한하는 것이다. 그런데 "사람들은 잊어야 할 것은 잊지 않고 잊어서는 안 되는 것은 잊으니 이를 일러 정말로 잊었다고 한다."[163] 잊어야 할 것이 불완전하고 추한 육체라면, 잊지 말아야 할 것은 이 불완전한 육체 속의 덕을 밝히는 것이다. 덕은 도로부터 받은 생명의 본질이므로 기인들은 무엇보다 장자의 생명미학을 체현하는 인물들이다.

이상 Ⅲ장에서는 양생의 관점에서 생명의 미학을 살펴보았다. 정

---

161) 이승환, 「자본주의 신체미학과 자아정체성: '미적실존'에서 '감성적 실존'으로」, 철학연구, Vol.36, 2008, p.284.

162) 葉朗, 『中國美學史大綱』, 上海: 上海人民出版社, 1985, p.129.

163) 德有所長, 而形有所忘. 人不忘其所忘, 而忘其所不忘, 此謂誠忘. 「德充符」

리하면, 현대 진화론이 생명과 미의 연관성을 입증하고 있듯이 몸의 미학은 생명의 논리를 기본 토대로 한다. 따라서 養生은 곧 養身이므로 養形에서부터 養神까지 몸의 전 범위를 포괄한다. 양생의 방법은 생명의 원천과 단절되는 원인을 '잊고[忘]' '비움[虛]'으로써 자연의 생명력을 복원하는 것이다. 이러한 감손법의 공부인 '좌망'과 '심재'는 단지 마음에 관한 정태적 공부가 아니라 '육체를 버리고[離形]', '앎을 버리는[去知]', 심신 공동으로 진행되는 수행 공부이다. 생명미학의 체현자인 진인과 기인은 극단적으로 상이한 모습이다. 「대종사」편의 진인은 도를 체득한 이상적인 인간이자 육신화된 도의 모습으로서 무위의 행위를 하는 자, 전신에 기가 유통되는 자, 생사일체를 아는 자, 자연의 조화와 합치하는 자의 모습으로 형상화된다. 이러한 이상과는 별도로 현실 세계에서는 「덕충부」의 기인들이 다른 방식으로 생명의 미학을 체현한다. 기인들의 핵심은 그들의 외모 속에 내재하는 덕에 있으며, 온갖 육체적인 불완전함과 추함을 지녔지만 내재된 덕성의 완전함으로 인하여 생명미를 더욱 부각시키는 효과가 있다. 이어서 Ⅳ장에서는 장자의 제물의 관점에서 생태미학을 논하겠다.

제4장

齊物의 생태미학

'생태학'이라는 용어는 독일 생물학자 에네스트 헤켈(Ernest Haeckel)
이 처음 사용한 것으로 동·식물의 상호 관련성에 관한 연구에서 시작
되었다. 연구 결과 생태계의 지배적인 원리는 상호 의존성으로서 모든 존
재가 공생한다는 점에서 평등 의식을, 그리고 생물들이 다양할수록
생태계가 안정된다는 점에서 다양성이 도출되었다.[1] 종간의 가치의
평등성, 종의 다양성에 대한 관용, 그리고 비인간 중심적인 태도 등
생태학적 결론은 오늘날 인간과 자연의 관계에 커다란 교훈을 준다.
생태란 결국 인간과 인간을 둘러싼 모든 환경과의 관계로서 일차적
으로 인간과 자연의 관계, 나아가 인간과 인간의 사회적 관계로 확
대된다. 그러므로 평등과 다양성의 가치는 단지 자연계뿐 아니라 인
간 사회에도 해당하는 것이다. 오늘날 과학 기술의 발전을 통한 무
한한 개발과 생산은 인류에게 유례없는 물질적 풍요를 가져다주었
지만, 그 대가로 겪고 있는 자연계의 위기는 인류의 생존을 위협하
는 심각한 지경에 이르렀다. 이러한 자연의 위기 못지않게 사회적
불평등과 차별의 문제 또한 지속적으로 심화되고 있다. 이러한 문제
를 극복하기 위해서는 자연에 대한 유용성과 지배가 아닌, 또한 타

---

1) 앤드루 돕슨(Andrew Dobson) 지음, 정용화 옮김, 『녹색정치사상』, 서울: 民音社, 1993, p.55.

자에 대한 차별과 배제가 아닌, 평등함과 다양성의 인정 그리고 조화와 존중 및 배려의 생태적 감수성이 절실하다. 따라서 생태철학은 인간이 자연 그리고 다른 어떤 생명체보다 우월하다고 보는 인간 중심주의에 반대하고, 지구 위의 모든 것이 상호 연결되어 있다는 전제 아래 자연과 문화, 자아와 타자의 관계에서 조화를 추구한다.

세계 속에서 인간은 몸을 통해 거주하고 몸을 통해 타자와 관계 맺는다. 몸을 인간과 자연, 그리고 인간과 인간을 연결하는 원매체로 간주한다면 생태 관계의 중심은 곧 몸이라 할 수 있다. 생태란 곧 몸을 매개로 하는 것으로서 몸의 감수성을 키우는 것에서 시작한다. 『장자』에서 생태적 입장을 핵심적으로 드러내는 말이 '齊物'이다. 이는 인간 중심의 오만에서 벗어나 세계 내 모든 존재에 대한 평등과 다양성을 긍정하고 이들과 더불어 조화롭게 살고자 하는 장자의 생태 지향적 사상을 함축한다. 장자는 무엇보다 자연의 아름다움에 대한 찬미와 더불어 자연으로부터 세계와 인생의 원리를 배우고자 하였으며, 다른 모든 존재에 관한 평등과 배려의 관점으로 사회 속에서 조화롭게 살고자 하였다.

이 장에서는 먼저 1절에서 '천지대미'로서의 자연의 생태미를 논한다. 자연 체험 방식으로서의 '遊'를 살피고, 소리와 빛으로 표현되는 자연의 도로서의 天籟와 以明을 논한다. 2절에서는 '만물제동'의 관점에서 인간과 동물, 나아가 인간과 인간 간의 평등과 조화를 추구하는 사회생태적 의미를 고찰한다.

1. 천지대미의 자연생태

　오늘날 '자연'이라고 하면 자연스럽게 산, 나무, 강, 호수 등 물리적인 자연 세계를 연상하게 된다. 그러나 노장철학에서 이러한 경험 대상의 총체적 의미를 갖는 용어는 '천지'이고, 개별적 존재 사물을 총칭하는 것은 '만물'이다. 즉 오늘날 일상적으로 사용하는 의미의 자연은 장자에서는 '천지 만물'에 해당한다.[2] 고대 중국에서 '자연' 개념의 등장은 기존 천명관의 붕괴와 밀접한 연관이 있다. 원래 天은 종교적 개념의 상제로 인격적인 천을 의미했으나 인간 이성의 발전에 따라 점차 힘을 잃고 자연적인 천으로 의미가 변하게 된다. 장자는 天을 중요한 철학 개념으로 사용하였는데, 곽상에 의하면 "자기가 그러한 것을 일러 천연이라고 한다. 천연이라는 것은 억지로 하는 것이 아니다. 천으로 이것을 말하는 것은 스스로 그러함을 분명히 밝히기 위함이다. (…) 그러므로 천이라는 것은 만물의 총칭이다."[3] 이에 따르면 천은 자기 스스로의 자발성, 혹은 저절로 그러함을 가리키는 동시에 만물의 총체적 명칭으로서의 자연도 의미한다

---

2) 이종성, 「선진도가의 자연관을 통해 본 현대문명의 비판적 대안」, 哲學論叢, Vol.22, 2000, p.68.

3) 自己而然, 則謂之天然. 天然耳, 非爲也. 故以天言之, 所以明其自然也. (…) 故天者, 萬物之總名也. 「齊物論」 郭象注

고 할 수 있다. 성현영은 "천이란 만물의 총칭이자 자연의 별칭이다."4)라며 천과 자연의 동일성을 더욱 명확히 했다. 류샤오간은 장자의 천 개념이 산하대지를 통칭하는 자연계와 자연히 그러함[自然而然]이라는 두 가지 의미가 있지만, 사실상 두 의미가 일치한다고 한다. 스스로 그러함[自然]이 바로 자연 만물의 본래 성질이기 때문이다.5) 자생성, 자율성, 자발성은 바로 자연의 본성이다. 따라서 자연의 의미는 천지자연을 가리키기도 하고 스스로 그러한 자연의 본성 즉 도를 의미하기도 한다.

장자의 사상은 무엇보다 그 원천과 근본이 자연에 있다. 장자의 '천지대미'란 천지자연의 아름다움을 말하기도 하고 동시에 자연무위의 도의 특징을 의미하기도 한다. 그러나 천지대미의 아름다움이란 자연을 그저 아름다운 대상으로서 찬양하는 데서 그치는 것이 아니라 직접적인 몸을 매개로 자연의 질서와 리듬이 몸에 충만하도록 하는 미적 체험을 통해 이루어진다. 직접적인 몸의 감각을 통하여 흡수한 자연의 생명력은 자연무위의 본성을 따라 자기완성을 이루고 도를 이루는 실천 에너지로서 작용하게 되는 것이다. 몸의 미학의 관점에서 천지대미의 미적 체험은 자연의 질서에 부합하는 몸의 경험이고, 이를 토대로 자연의 섭리에 따름으로써 자기완성에 연결되는 것으로서 미학과 윤리학을 모두 포괄한다고 할 수 있다.

---

4) 夫天者, 萬物之總名, 自然之別稱,「齊物論」成玄英 疏
5) 류샤오간(劉笑敢), 최진석 옮김, 『莊子哲學』(개정2판), 서울: 소나무, 2015, p.103.

1) 遊: 몸을 통한 자연 체험

자연은 지구 역사에서 인류가 출현하기 이전부터 있었고, 인류는 자연에서 태어나 자연 속에서 살아간다. 자연환경은 우리에게 타자가 아니라 존재의 일부이고 우리의 정체성의 소재이다. 우리는 자연환경에서 분리되어서 존재할 수 없고, 존재하지도 않는다.[6] 인간을 포함한 모든 생명체에게 산다는 행위는 생명의 담지체인 몸과 그 몸이 놓인 환경과의 관계로부터 시작한다. 생명의 보존과 성장은 자기를 둘러싼 환경, 즉 자연에 대한 인식에서 출발한다. 하늘의 해와 달, 땅의 산천과 동식물 등 거시 자연에서 미시 자연에 이르기까지 자연은 생명의 근원으로서 인간에게 경외의 대상이자 생활의 터전이 된다. 인간은 자연을 꾸준히 관찰함으로써 자연 속에 존재하는 주기적 순환과 질서를 찾아내고 이를 삶에 적용하며 생존을 영위한다. 자연에 대한 관찰은 이미 고대 『주역』에서부터 보인다.

> 옛날 포희씨가 천하에 왕 노릇을 할 때 우러러 하늘의 象을 관찰하고 구부려 땅의 법을 관찰하여, 새와 짐승의 무늬와 천지의 마땅함을 관찰하였다. 가까이는 자신에게서 취하고 멀리는 물건에서 취하여 비로소 팔괘를 만들어 신명의 덕을 통하고 만물의 실정을 분류하였다.[7]

농업을 기반으로 하는 사회에서 자연의 변화는 삶과 더욱 밀접하다. 자연을 관찰하고 그 결과로 정치의 질서와 원리를 만드는 것은

---

6) G. 레이코프·M. 존슨(George Lakoff & Mark Johnson), 임지룡 외 옮김, 『몸의 철학』, 서울: 박이정, 2002, p.816.

7) 古者包犧氏之王天下也, 仰則觀象於天, 俯則觀法於地, 觀鳥獸之文, 與地之宜, 近取諸身, 遠取諸物, 於是始作八卦, 以通神明之德, 以類萬物之情. 『易經』「繫辭下」

고대 정치지도자의 의무이기도 했다. 여기 '우러러 관찰하고 구부려 살피는[仰觀俯察]' 방법은 고대 자연 관찰의 기본 형식이다. 몸을 우러러 바라보는 천문은 멀고 높고 웅장하고 거대한 자연으로 숭고감을 주는 것이라면, 몸을 굽혀 살피는 지리는 산천, 동물, 식물, 광물 등 지상에서 낮고 가까운 것을 자세하게 관찰하는 것이다. 『장자』에는 자연 현상에 관한 다양하고 구체적인 묘사가 등장하며, 웅장하고 거대하며 아름답게 묘사된다. 회오리바람을 타고 구만리 상공을 날아오는 새, 대지에 세차게 휘몰아치는 온갖 바람 소리, 산속에 온갖 옹이를 가지고 있는 거대한 고목들, 광막한 들판, 수천 마리의 소가 그늘에서 쉴 수 있을 정도로 커다란 나무, 가을 홍수로 모든 강물이 황하로 흘러들어 출렁이는 물결의 장관, 한가롭게 놀고 있는 물고기 등8) 자연에 대한 많은 정보를 제공한다.

> 하늘은 움직이고 있는 것인가? 땅은 가만히 있는 것인가? 해와 달은 서로 자리를 다투고 있는 것인가? 누가 이런 것들을 주관하는가? 누가 이런 것들의 질서를 유지하는가? 누군가 아무 일 없이 한가롭게 이런 것들을 밀고 움직이게 하는 걸까? 혹시 어떤 기계에 묶여 어쩔 수 없이 움직이는 것인가? 혹은 저절로 움직여 스스로 멈출 수 없는 것인가? 구름이 비가 되는가? 비가 구름이 되는가? 누가 구름을 일으키고 비를 내리게 하는가? 누군가 아무 일 없이 한가로이 즐거움에 빠져 이런 것들을 권장하는 것인가? 바람이 북쪽에서 일어나 서쪽으로, 동쪽으로, 상공에서 이리저리 불고 있다. 누가 바람을 내쉬고 들이쉬고 하는가? 그 누가 아무 일 없이 한가롭게 이 바람을 불게 하는가? 감히 묻건대 무슨 까닭인가?9)

---

8) 搏扶搖而上者九萬里. 「逍遙遊」; 激者, 謞者, 叱者, 吸者, 叫者, 譹者, 宎者, 咬者. 「齊物論」; 大木百圍之竅穴, 似鼻, 似口, 似耳, 似枅, 似圈, 似臼, 似洼者, 似汚者. 「齊物論」; 廣莫之野 「逍遙遊」; 其大蔽數千牛, 絜之百圍, 其高臨山. 「人間世」; 秋水時至, 百川灌河, 涇流之大, 兩涘渚崖之間不辯牛馬. 「秋水」; 儵魚出遊從容 「秋水」

9) 天其運乎? 地其處乎? 日月其爭於所乎? 孰主張是? 孰維綱是? 孰居無事而推行是? 意者其有機械而不

위 문장은 보이지 않는 자연의 원리에 관하여 마치 자연과학자와 같이 과학적 탐구심과 호기심 그리고 경외감으로 가득 차 있다. 하늘, 땅, 해와 달, 비와 구름, 바람 등 자연에 관한 관찰과 정보는 이론적으로는 과학적 지식이 되고, 종교적으로는 신앙이 되며 미학적으로는 심미의 대상이 된다. 벤자민 슈워츠에 의하면 노자와 장자는 모두 자연 세계를 긍정하지만, 노자의 경우 딱딱함보다는 부드러움, 남성보다는 여성에 대한 선호도가 있는 반면, 장자야말로 자연 세계에 대해 완전히 일관된 긍정을 보여준다. 그는 이러한 태도를 세계 전체에 대한 일종의 '미학적' 수용이라고 평하였다.[10]

산과 숲이여, 언덕과 들판이여, 나를 기쁘게 해주는구나.[11]

이 한 문장은 자연에 관한 순수한 감상과 미적 가치를 드러내기에 충분하다. 장자가 바라본 자연은 지구상 모든 생명에게 삶의 터전이 되는 천지이자 일월, 밤낮이 끊임없이 생성하고 순환하는 곳이다.[12] 천지일월성신이 제자리를 잡고 있는 자연의 질서 속에서 인간과 동물과 초목이 각자 자리를 잡고 삶을 살아간다.[13] 자연의 공간은 이들에게 무한한 에너지를 공급하는 생명의 장이다. '바람은 대지의

得已邪? 意者其運轉而不能自止邪? 雲者爲雨乎? 雨者爲雲乎? 孰隆施是? 孰居無事淫樂而勸是? 風起北方, 一西一東, 在上彷徨, 孰噓吸是? 孰居無事而披拂是? 敢問何故? 「天運」

10) 벤자민 슈워츠(Benjamin Schwartz), 나성 옮김, 『중국 고대 사상의 세계』(개정판), 서울: 살림, 2004, pp.321-313.

11) 山林與, 皋壤與, 使我欣欣然而樂與! 「知北遊」

12) "하늘은 본래 그대로 있고 대지는 안정되어 있다. 해와 달은 빛나고 사계절이 운행되며 낮과 밤은 일정하게 변화하고 구름이 흘러 비가 내린다."(天德而土寧日月照而四時行, 若晝夜之有經, 雲行而雨施矣.「天道」)

13) "금수는 본래 무리 지어 살고 있으며, 수목은 본래 대지 위에 서 있다."(禽獸固有群矣, 樹木固有立矣.「天道」)

숨결'14)이고 아지랑이와 먼지조차 '생물들이 서로 내뿜는 숨결'15)로 묘사될 만큼 생명력이 가득한 것이다. 『장자』에서 자연에 대한 관찰과 감상은 추상적인 자연 감상에 그치는 것이 아니라 천문, 산천, 수목, 동물 등 미치지 않은 것이 없을 정도로 다양하고 구체적이다.16)

물론 고대 중국에서 자연을 관찰하고 아름다움을 말한 것은 『장자』만이 아니다. 『주역』은 자연 만물을 괘상으로 구성하여 길흉 판단의 근거를 설명하는 데 사용하였다. 팔괘가 가리키는 하늘·땅·우레·바람·물·불·산·연못은 어떤 구체적인 유기물이 아니지만 모두 유기 생명이 존재하고 성장하는 데 필요한 것들이다. 『주역』은 유기 생명과 이를 존재·발전시키는 여러 자연 조건까지 포함하여 자연 전체를 생명이 넘치는 것으로 보았다.17) 『주역』은 대자연의 생명 변화에서 볼 수 있는 끊임없이 생하면서 꺾이지 않는 강력한 생명력을 모두 '강건'이라는 단어로 묘사하며 찬미하였고, 천지, 자연, 만물 생명의 정상적인 규칙과 조화로운

---

14) 夫大塊噫氣, 其名爲風. 「逍遙遊」

15) 野馬也, 塵埃也, 生物之以息相吹也. 「逍遙遊」

16) 천문에 대한 감상은, "하늘과 땅을 관곽으로 삼고 해와 달을 한 쌍의 옥으로 삼는다."(以日月爲連璧, 星辰爲珠璣. 「列禦寇」); "천지는 본래 일정한 질서가 있고, 해와 달은 본래 저절로 밝음이 있으며, 별들은 본래 질서 있게 배열되어 있다."(天地固有常矣, 日月固有明矣, 星辰固有列矣. 「天道」); 산천에 대한 감상은, "가을 홍수로 모든 강물이 넘쳐 황하로 흘러들었다. 양쪽 강기슭 모래톱의 소와 말을 분간할 수 없을 정도로 출렁이는 물결이 장관이었다."(秋水時至, 百川灌河, 涇流之大, 兩涘渚崖之間不辯牛馬. 「秋水」); 수목에 대한 감상은, "장석이 제나라로 가다 곡원에 이르러 사당에 심어진 상수리나무를 보았는데 그 크기가 수천 마리의 소를 덮을 정도이고 둘레는 백 아름이나 되며 높이는 산을 내려다볼 정도였다."(匠石之齊, 至於曲轅, 見櫟社樹. 其大蔽數千牛, 絜之百圍, 其高臨山. 「人間世」); 동물에 대한 감상은, "북쪽 검푸른 바다에 곤이라는 물고기가 있다. 곤의 크기는 몇천 리인지 알 수가 없다. 이 물고기가 변하여 붕이라는 새가 되었다. 붕의 등은 몇천 리인지 알 수가 없다. 힘껏 날아오르자 그 날개가 구름처럼 하늘을 뒤덮는다."(北冥有魚, 其名爲鯤, 鯤之大, 不知其幾千里也. 化而爲鳥, 其名爲鵬, 鵬之背, 不知其幾千里也, 怒而飛, 其翼若垂天之雲. 「逍遙遊」)

17) 예를 들어 건괘부터 자연 현상으로 시작한다. "구름이 일고 비가 내려 만물이 형상을 이루며, 시작과 끝을 크게 밝히면 육위가 때에 따라 이루어진다."(雲行雨施, 品物流形. 大明始終, 六位時成. 『周易』 乾卦)

변화 자체를 미로 보았다.[18] 『시경』에는 자연에 대한 더욱 세밀한 관찰과 다양한 자료가 존재한다. 여기에는 자연에 대한 아름다움뿐 아니라 식물 채취, 고기잡이, 사냥, 벌목 등 자연 산물을 이용하는 다양한 예가 기록되어 있다.[19] 『논어』에서 공자 또한 '樂山樂水'를 말하며 군자의 훌륭한 인격을 자연에 비유하였다.[20] 그러나 『논어』에서 자연에 대한 언급은 자연 자체에 대한 감상이라기보다는 자연으로부터 인간의 도덕규범을 확인하거나 인격미를 드러내기 위한 것이다. 이러한 유가의 '以物比德'의 심미는 심미 주체의 주관적 관념인 도덕을 심미 객체로서의 자연물에 투사하여 미를 조성하는 것이지,[21] 자연 자체에 대한 미를 말하는 것이 아니다. 천왕형에 의하면 덕을 비유하는 공자의 자연관은 仁學의 기초로서 사람의 정신과 자연이 상호 교감하는 사회윤리 도덕으로 작용하지만 윤리·도덕 감정의 배양과 동시에 자연을 윤리화하고 인간의 자연 본성을 억압하는 측면이 있다. 이와 달리 노장의 자연관은 자연무위의 입장에서 천지자연의 미를 감상하고 정신적 자유와 심미적 초월을 고양함으로써 공자의 윤리미학과 대립되는 자연 심미관을 보여준다.[22] 즉 『주역』,

---

18) 劉綱紀 著, 『周易美學』(新版), 武漢: 武漢大學出版社, 2006, pp.109-115.

19) 『시경』에 등장하는 동물로는 새 38종, 짐승 29종, 곤충 27종, 물고기 19종, 식물로는 풀 88종, 나무 54종 등이 있다. 거의 동물도감이나 식물도감의 역할을 한다(안종수, 「『시경』의 자연관」, 철학연구, 제81집, 2002, p.141.).

20) "지혜로운 사람은 물을 좋아하고, 어진 사람은 산을 좋아한다."(知者樂水, 仁者樂山. 『論語』「雍也」), "날이 추워진 후에야 비로소 소나무, 측백나무 잎이 다른 나무보다 늦게 시드는 것을 알 수 있다."(歲寒然後知松柏之後彫也, 『論語』「子罕」), "군자의 덕은 바람과 같고 소인의 덕은 풀과 같다."(君子之德風, 小人之德草, 草上之風, 必偃, 『論語』「顏淵」)

21) 임태승, 「이물비덕(以物比德)관의 내재원리 분석」, 東洋哲學研究, Vol.28, 2002, p.372-373.

22) 陳望衡, 『中國古典美學史 上』, 武漢: 武漢大學出版社, 2007, pp.136-137.

『시경』, 『논어』 등은 모두 자연을 언급하지만 자연에 관해 진심 어린 감상을 표현하면서 자연을 가장 심미적으로 그려낸 것은 『장자』라고 할 수 있다. 장자의 철학은 자연에 대한 심미 체험에서부터 시작한다고 할 수 있다.

장자의 자연에 대한 심미 체험을 가장 잘 표현하는 말은 '遊'이다. '遊'는 자유로운 몸에서부터 마음의 해탈에 이르는 전 과정에 관련하며, 심미의 기본 방식이자 생명의 체험, 인생에 대한 태도로서 철학적 의미와 미학적 의미를 동시에 갖는다. '遊'는 무엇보다 장자의 자유정신을 상징하지만 이에 대해서는 5장에서 다룰 예정이고, 여기에서는 자연 심미 체험의 방식으로서의 '遊'를 집중적으로 논하겠다.

『시경』에서는 "깊은 곳에 나아갈 때는 뗏목을 타고 배를 타며, 얕은 곳에 나아갈 때는 수영하고 헤엄[游]을 쳤다."23), "굽은 언덕에 남쪽으로부터 회오리바람이 불어온다. 왕이 와서 노닐고[游] 노래하며 그 소리를 베푼다."24)라고 했다. 여기에서 볼 수 있듯이 초기의 '游'는 전형적인 몸의 활동으로 자유롭고 즐겁게 움직인다는 의미가 있다. 이후 『논어』에서 "육예에서 노닌다."25)라고 한 것은 '游'에 심미적 특질과 도덕 수양적인 측면이 함께 반영된 것이다. '游'에서 도덕적 요소를 제거하고 진정으로 심미적 범주로 만든 것은 장자라고 할 수 있다. 『장자』에서 '遊'의 일차적 의미는 여행이나 유람, 혹은 놀거나 걷는다는 의미로 모두 자유로운 몸의 움직임을 전제한다. 그리고 그 움직임의 결과는 항상 마음의 깨우침을 동반한다. 『장자』에

---

23) 就其深矣, 方之舟之. 就其淺矣, 泳之游之. 『詩經』 「邶風·谷風」

24) 有卷者阿, 飄風自南. 豈弟君子, 來游來歌, 以矢其音. 『詩經』 「大雅·生民之什·卷阿」

25) 游於藝. 『論語』 「述而」 이에 대한 주희의 주석은, "游者, 玩物適情之謂. 藝則禮樂之文, 射御書數之法."

등장하는 많은 우화의 주인공들은 별다른 목적 없이 여행을 떠나고 거기서 누군가를 만나면서 커다란 배움을 얻게 된다. 「인간세」의 '쓸모없는 나무'에 관한 우화도 여행을 배경으로 한다.

> 남백자기가 상구로 여행 갔다가[遊] 큰 나무를 보았는데 정말 대단했다. 말 네 마리가 끄는 수레를 천 대 매어둔다고 해도 그늘로 가릴 수 있을 정도였다. 남백자기가 말했다. "이게 무슨 나무인가? 정말 훌륭한 재목이 되겠구나." 고개를 들어 나뭇가지를 보니 구불구불해서 대들보로 쓸 수 없었고, 고개를 숙여 나무의 큰 둥치를 살펴보니 가운데가 갈라져 관으로 사용할 수 없었다. 잎을 핥아보니 입이 부르터 상처가 나고 냄새를 맡아보니 몹시 취하여 사흘이나 깨어나지 못하였다. 남백자기가 말했다. "이 나무는 과연 재목으로 쓸모없는 나무이다. 그래서 이렇게 크게 자랐다. 아! 신인도 이렇게 쓸모없는 것이구나."[26]

쓸모없는 나무라서 잘리지 않고 크고 멋지게 자랄 수 있었다는 깨우침을 주는 이 우화는 남백자기가 방 안에서 혼자 깊은 숙고를 거쳐 깨달은 것이 아니다. 남백자기가 상구라는 지방을 여행하다가 우연히 큰 나무를 보고 직접 그 나무를 '손으로 만지고 냄새 맡고 입으로 핥으면서' 온몸의 감각을 사용하여 깨우친 것이다. 추상적인 것이 아니라 구체적이고 실질적인 깨달음인 것이다. 이렇게 몸을 통해 구체적으로 깨달았던 내용을 기초로 신인의 인격도 이와 같을 것이라는 추상적인 깨달음을 얻게 된다. 「응제왕」에서 천근도 여행을 통해 무명인을 만난다.

---

26) 南伯子綦遊乎商之丘, 見大木焉, 有異, 結駟千乘, 將隱芘其所藾. 子綦曰:「此何木也哉? 此必有異材夫?」仰而視其細枝, 則拳曲而不可以爲棟梁, 俯而視其大根, 則軸解而不可以爲棺槨, 咶其葉, 則口爛而爲傷, 嗅之, 則使人狂酲, 三日而不已. 子綦曰:「此果不材之木也, 以至於此其大也. 嗟乎神人, 以此不材!」「人間世」

천근이 은양에 여행 갔다가[遊] 요수가에 이르렀는데 마침 무명인을 만나자 그에게 물었다.

천근   세상을 다스리는 방법을 묻고 싶습니다.
무명인 물러가라. 그대는 비루하구나. 어찌 그런 불쾌한 질문을 하는가. 나는 이제 조물자와 벗이 되었다가 싫증 나면 아득히 멀리 날아가는 새를 타고 육극의 밖으로 나아가서 무하유의 고향에서 노닐고[遊], 끝없이 넓은 들판에서 살려고 한다. 너는 어찌 천하를 다스리는 일로 내 마음을 움직이려고 하는가?
천근이 다시 물으니 무명인이 대답했다.
무명인 너는 마음을 담담한 곳에서 노닐게 하고[遊] 기를 막막한 곳에 합치되게 하라. 만물의 자연스러운 이치를 따르고 사사로움을 용납하지 않으면 세상은 다스려질 것이다.27)

천근은 애초부터 무명인을 만나겠다고 나선 것이 아니라 특별한 목적 없이 요수가까지 유람을 한 것이다. 거기서 우연히 무명인을 만나 대화를 나누게 된다. 천근이 은양에서 요수가까지 지리적인 여행을 했다면, 무명인의 여행은 '무하유의 고향'과 '끝없는 들판'이라는 추상적 공간으로 무한히 확장된다. 곧이어 무명인은 '마음을 담담한 곳에서 노닐라[遊心於淡].'라며 마음의 여행을 제시한다. 비약적으로 확장되었던 공간 여행은 마음의 여행이라는 질적 변용으로 다시 한번 도약한다. 따라서 무명인이 말하는 '遊心'은 구체적인 몸의 여행을 통하여 도달하게 되는 경지이지 처음부터 추상적으로 제시되는 것이 아니다.28) 「소요유」에서 나무가 커서 아무 쓸모가 없다

---

27) 天根遊於殷陽, 至蓼水之上, 適遭無名人而問焉, 曰:「請問爲天下」無名人曰:「去! 汝鄙人也, 何問之不豫也! 予方將與造物者爲人, 厭, 則又乘夫莽眇之鳥, 以出六極之外, 而遊無何有之鄕, 以處壙埌之野. 汝又何帛以治天下感予之心爲?」又復問. 無名氏曰:「汝遊心於淡, 合氣於漠, 順物自然而無容私焉, 而天下治矣.」「應帝王」

28) 이 외에도 『장자』에서 중요한 깨달음이 여행 모티프를 통해 제시되는 예는 다음과 같다. 「재유」에서 "운장이 동쪽을 여행하다가 부요 나뭇가지 아래를 지나는데 마침 홍몽을 만났다. 홍몽은 넓

고 하는 혜시에게 장자는 다음과 같이 말한다.

지금 그대는 그 큰 나무가 쓸모없다고 걱정하지 마십시오. 그것을
아무것도 없는 광막한 들판에 심어놓고 그 주변을 일없이 한가로이
돌아다니고 그 아래 누워 낮잠이나 자면서 소요하지 못합니까.29)

이는 단순히 심리적 소요나 정신적 위안을 비유해서 말한 것이 아
니라 먼저 실제적인 몸의 소요를 제안한 것이다. 류샤오간의 말처럼
'遊'는 몸이 배제된 것이 아니다.30) 사회적 규제와 억압에서 벗어난
자유로운 몸, 그리고 자연 속에서 완전히 개방된 몸이 전제되어야만
마음의 자유로움이 수반되는 것이다.

쉐푸싱(薛富興)은 고대 중국의 자연 감상 방법을 '보기[觀]'와 '노
닐기[遊]'의 두 방식으로 분류했다. '보기'가 감상자의 몸을 고정하고
특정 각도로 자연 대상을 감상하는 것이라면, '노닐기'는 감상자의
몸이 자연 속에 완전히 흡수된 상태에서 몸의 움직임과 더불어 감상
을 진행하는 것이다.31) 이 분류에 따르면 『장자』의 우화에 등장하는

적다리를 두드리며 껑충껑충 뛰어놀고 있었다."(雲將東遊, 過扶搖之枝而適遭鴻蒙. 鴻蒙方將拊脾
雀躍而遊. 「在宥」); "추수"에서 "장자와 혜자가 함께 호수의 다리로 여행을 갔다."(莊子與惠子遊
於濠梁之上.「秋水」); "천지"에서 "자공이 남쪽 초나라를 여행하고 진나라로 돌아오는 길에 한수
의 남쪽을 지나다가 밭에서 일하고 있는 노인을 보았다."(子貢南遊於楚, 反於晉, 過漢陰見一丈人
方將爲圃畦.「天地」); "황제가 적수 북쪽으로 여행가서 곤륜산에 올라 남쪽을 바라보고 돌아오는
길에 그만 검은 진주를 잃어버렸다."(皇帝遊乎赤水之北, 登乎崑崙之丘而南望, 還歸遺其玄珠.「天
地」); "지북유"에서 "지가 현수로 여행을 갔다가 은분이라는 언덕에 올라갔는데 거기서 우연히
무위위를 만났다."(知北遊於玄水之上, 登隱弅之丘而適遭無爲謂焉.「知北遊」); "우언"에서 "양자거
가 남쪽 패 지방으로 가고 노담은 서쪽 진나라를 여행하다가 양나라에서 교외에서 우연히 마주
쳤다."(陽子居南之沛, 老聃西遊於秦, 邀於郊, 至於梁而遇老子.「寓言」); "산목"에서 "장자가 조릉
의 밤나무 숲으로 여행 갔다가 남쪽에서 날아온 이상한 까치 한 마리를 보았다."(莊周遊於雕陵之
樊, 覩一異鵲自南方來者.「山木」)

29) 今子有大樹, 患其無用, 何不樹之於無何有之鄕, 廣莫之野, 彷徨乎無爲其側, 逍遙乎寢臥其下.「逍遙遊」
30) 류샤오간은 遊의 주체는 결코 몸이 아니라 마음일 뿐이라고 했다(류샤오간(劉笑敢), 최진석 옮김,
   『莊子哲學』(개정2판), 서울: 소나무, 2015, p.162.).
31) 薛富興, 「中國古代自然審美方法」, 雲南師範大學學報(哲學社會科學版), 2014, 46(03), pp.98-99.

주인공들은 '遊'의 방식으로 세계를 감수한다. 쭤지엔펑(左劍峰)은 '遊'의 자연 감상 방식의 특징을 다음 세 가지로 든다. 첫째 비공리적인 내재적 감성 활동이다. 둘째 허정하고 자유로운 정신 활동이다. 셋째 자연 본연을 감상하고 최종적으로 자연과 융합을 실현하여 천락을 경험하는 것이다.[32] 아쉽게도 그는 '遊'를 내재적 감성 활동이자 정신 활동으로만 규정함으로써 몸을 배제하고 있다. 이는 자연 감상에서 몸과 마음을 별개로 보는 이원론적 관점이 투영된 것이다. 몸의 미학에서는 미적 경험에서 정신의 역할보다 주변 환경에 반응하는 몸의 생리적 변화와 리듬이 더욱 중요하다. 몸의 미학이 생생한 몸의 감각을 되살리고 건강한 즐거움을 산출하는 생생한 활동이라면, 건강한 즐거움이란 자연의 일부인 생명으로서 자연의 리듬에 흡수됨으로써 얻는 만족감이라 할 수 있다. '遊'의 자연 감상은 시각적인 감상 혹은 마음으로만 관조하는 것이 아니다. 우선 직접적인 몸의 참여가 필수적이고 이를 통하여 최종적으로 감상하는 것은 천지의 대미이다. 대미란 자연이 조화롭게 운행하고 변화하고 생멸하는 과정에서 발생하는 생명력이다.[33] 따라서 '遊'는 궁극적으로 자연의 본래의 모습인 조화로운 생명력을 몸으로 체험하는 것이다.

장자의 '遊'는 중국 산수화에 큰 영향을 미쳤다. 위진시대 최초의

'노닐기'는 사람과 자연 사이의 거리, 간격, 대립을 최소화하며 특정한 시공간 안에서 더 많은 자연 대상을 접촉할 수 있을 뿐 아니라 더 전체적으로 자연을 체험할 수 있다. 반면『시경』의 여러 식물에 관한 자세하고 세밀한 묘사는 '보기[觀]'의 방법으로 취득한 전형적인 성과로 볼 수 있다. 이 방법은 송대에 '格物'로 발전한다.

32) 左劍峰,「遊物:≪莊子≫的自然審美方式」, 貴州大學學報(社會科學版), 2015, 33(02), p.35.

33) "천지자연은 정말 아름답지만 말하지 않고 사계절은 분명한 법칙이 있지만 의논하지 않으며 만물은 이루어지는 이치가 있지만 설명하지 않는다. 성인은 천지의 아름다움에 근거하여 만물의 이치에 통달한다."(天地有大美而不言, 四時有明法而不議, 萬物有成理而不說. 聖人者, 原天地之美而達萬物之理.「知北遊」)

산수화론을 썼던 종병은 장자의 '遊'를 자신의 산수화론의 핵심으로 삼아 '누워서 노닌다[臥遊]'라는 개념을 제시하였다. 이후 중국 산수화의 역사는 '臥遊' 사상이 어떻게 형성되고, 어떻게 실천되었는가의 문제라고 할 수 있을 만큼[34] '와유'는 중국 산수화의 정신을 대표하며, 예술 영역에서 최고의 심미 활동 방식을 가리키게 되었다. 산수화는 '遊'를 통한 몸의 적극적인 체험을 회화적으로 표현한 것이므로 움직일 때마다 달라지는 산의 모습이 화면상에서 다차원의 산점 투시로 나타나게 되고,[35] 이를 바라보는 감상자는 마치 그 공간에 들어와 있는 느낌을 받는다. 따라서 '遊'를 바탕으로 한 산수화는 시각 예술이라기보다 몸의 예술이라고 할 수 있다.[36]

노자는 "문을 나서지 않고도 세상을 알고, 창문을 통하지 않고도 천도를 본다"[37]라고 했다. 이것은 전형적인 추상적 사유로서 정밀한 사변을 거쳐 도출된 것이다.[38] 이와 달리 장자의 사유는 구체적 사유로서 문밖을 나서서 직접 세상과 부딪치는 것부터 시작한다. 장자의 수양은 방 안에서 정좌하고 앉아 명상을 통하여 정신적으로 깨닫는 것이 아니라 두 발로 걷는 것에서부터 시작한다. '遊'의 주체는 고정되고 정적이며 정신적인 주체가 아니라 유동하고 역동하는 몸

---

34) 조송식, 「도(道)의 체득과 회화적 실천, 그리고 자득」, 美學·藝術學硏究, Vol.38, 2013, p.105.

35) 산수화에서 삼원법을 가장 명확하게 제시한 것은 북송대 곽희의 『임천고치』이다. '삼원'은 화가의 몸이 이동함에 따라 달리 나타나는 산의 모습을 한 공간 속에 담기 위한 다점 투시의 조형 원리로 고원, 심원, 평원이다. 곽희의 삼원은 한졸의 「산수순전집」에서는 육원(六遠: 濶遠, 迷遠, 幽遠)으로 확대된다.

36) 이에 대해서는 졸고, 「체험으로서의 중국산수화」, 동양예술, Vol.43, 2019를 참조할 것.

37) 不出戶, 知天下, 不闚牖, 見天道.『道德經』47.

38) 쉬푸관(徐復觀), 유일환 옮김, 『中國人性論史: 先秦篇』, 서울: 을유문화사, 1995, p.49. 쉬푸관에 의하면 노자의 도에 대한 관념은 정밀한 사변에 의한 것으로 현상계가 존재하는 원인을 추론한 결과이다.

주체이다. '遊'는 지상에서 그치는 것이 아니라 천지로 확장되고 나아가 천지의 밖으로까지 확장된다.[39] '천지', '육기', '무궁자', '사해의 밖' 등은 구체적인 자연이 아니라 천지자연 전체를 관망하는 거시적 자연이다. 구체적인 여행에서 시작하여 거대한 천지자연 전체와 융합하는 천지 경계는 자연 심미의 극치라 할 수 있다. 『장자』에서 중요한 개념들은 모두 구체적인 사건을 통해 도출되고 이것이 추상적인 것까지 확대된다. 따라서 '遊心',[40]은 마음의 자유로움, 유연함, 구속되지 않음을 나타내지만 遊의 실질적 결과가 '心遊'로 드러난다고 하여도 이것은 몸과 마음이 통합된 '身遊'에 의한 것이지 마음만으로 도달하는 것이 아니다. 몸의 遊는 마음의 遊로 확장되고 몸-마음의 遊는 천지자연 전체의 遊로 확대된다.

2) 天籟: 몸으로 듣는 자연의 소리

서구 전통에서 인간의 오감, 즉 시각, 청각, 후각, 미각, 촉각은 위계를 가지고 있었다. 시각은 신체의 가장 높은 곳이자 하늘에 가장 가까이 있으므로 오감 중 절대적인 위치를 갖는데 이는 근대에 이르러 더욱 강화되었다. 근대를 형성한 계몽(enlightment)은 참을 수 없

---

39) "천지의 바름과 하나가 되어 육기의 변화에 따라 끝없이 노닐 수 있다면 무엇에 의지할 것이 있겠는가."(若夫乘天地之正, 而御六氣之辯, 以遊無窮者, 彼且惡乎待哉! 「逍遙遊」); "구름을 타고 나는 용을 몰아 사해 밖에서 노닌다."(乘雲氣, 御飛龍, 而遊乎四海之外. 「逍遙遊」); "구름을 타고 해나 달에 올라앉아 이 세상 밖에서 노닌다."(乘雲氣, 騎日月, 而遊乎四海之外. 「齊物論」)

40) '遊心'은 수양의 최고 경지로 제시된다. "일의 흐름에 따라 마음을 자유롭게 노닐고, 그냥 그대로의 흐름에 맡긴 채 중심을 기르는 것이 최선이다."(夫乘物以遊心, 託不得已以養中, 至矣. 「人間世」); "너는 마음을 담담한 곳에서 노닐게 하고 기를 막막한 곳에 합치되게 하라."(汝遊心於淡, 合氣於漠, 順物自然而無容私焉, 而天下治矣. 「應帝王」); "이런 사람은 듣고 보는 것으로 마땅함을 삼지 않고 마음이 덕의 조화 속에서 노닌다."(夫若然者, 且不知耳目之所宜而遊心乎德之和. 「德充符」)

이 밝은 이성의 빛으로 시각과 가장 관련이 깊다. 따라서 근대 서구 사회에선 모든 감각 중 시각이 절대적 지배권을 행사했다. 벤담이 만든 전방위 감시 체계인 '원형감옥(panopticon)'은 이러한 시각 중심주의와 기술이 결합하여 만들어낸 감옥이다. 푸코가 이미 지적했듯이 시각은 억압적이고 지배적이며 독재적인 본성을 가지고 있다. 박정진은 서양 근대철학을 빛과 반사를 중심으로 전개되는 시각 문명으로, 동양철학을 소리와 공명으로 전개되는 청각 문명으로 대비한다.[41] 시각이 이성을 중심으로 하는 강력한 정신주의와 관련된다면 거꾸로 청각은 몸 전체와 더 밀접하다. 우광밍(吳光明)은 시각을 수리적인 논리로, 청각을 시적인 논리로 대비하고, 장자의 사유는 수리적 논리가 아닌 시적 논리로 전개된다고 하였다.[42] 수리적 논리가 이성의 막강한 능력이라는 점에 대비한다면, 시적인 논리란 몸의 논리라고 할 수 있다. 그 대표적인 예가 '천뢰'이다. '천뢰'는 「제물론」의 주제를 드러내기 위한 핵심 소재이며, 청각적 요소로서 도를 시적으로 은유한 것이다. 스승인 남곽자기는 제자 안성자유에게 온갖 형상의 나무 구멍과 거기에 부딪혀서 나는 바람 소리에 대해서 다음과 같이 말한다.

> 대지가 내쉬는 숨을 바람이라 한다. 이것은 불지 않으면 그만이지만 일단 바람이 불면 온갖 구멍에서 소리를 낸다. 너도 윙윙 울리는 소리를 들어보았겠지? 높은 산 속 백 아름드리 큰 나무들의 구멍의 생김새는 코처럼, 입처럼, 귀처럼, 목 긴 병처럼, 술잔처럼, 절구처럼, 큰 웅덩이처럼, 작은 웅덩이처럼 제각기 다르게 생겼다. 거기서 나는 소리는 물 부딪치는 소리, 화살 날아가는 소리,

---

41) 박정진, 『빛의 철학 소리철학』, 고양: 소나무, 2013, p.262.
42) 우광밍(吳光明), 김용섭 옮김, 『장자철학』, 대구: 대구한의대학교출판부, 2009, p.317.

꾸짖는 소리, 들숨소리, 외치는 소리, 울음소리, 웃음소리, 재잘대
는 소리처럼 저마다 다르다. 앞의 바람이 윙윙 소리를 내면 뒤따
라서 휙휙 화답한다. 산들바람에는 가볍게 화답하고 거센 바람에
는 큰 소리로 화답한다. 그러다 모든 바람이 멎으면 모든 구멍은
텅 빈다.43)

　　대지가 일으키는 바람은 생명을 잉태시키는 대자연의 호흡으로
묘사된다. 바람이 대지로부터 일어나 빈 구멍과 만나면서 다양한 울
림이 메아리친다. 바람은 그 자체로 알 수 있는 것이 아니라 나뭇가
지의 흔들림과 나무 구멍의 울림소리를 통해서 알 수 있다. 이는 도
가 그 자체로 드러나는 것이 아니라 만물을 통해 드러나는 것을 비
유한다. 바람과 나무의 구멍이 서로 공명하며 천지에 대자연의 교향
곡이 울려 퍼진다. 자유가 스승 자기에게 묻는다.

　　자유가 물었다. "지뢰는 온갖 구멍에서 나는 소리이고, 인뢰는 비
　　죽과 같은 악기 소리라는 것을 알겠습니다. 천뢰란 무엇입니까?"
　　자기가 대답하였다. "천뢰란, 바람이 불어서 내는 소리가 만 가지
　　로 다르지만 스스로 자기가 시킨 것이다. 모두 스스로 자기 소리
　　를 취한 것인데 그런 소리를 나게 하는 것은 누구일까?"44)

　　지뢰란 대지의 바람과 나무 구멍이 만나서 나는 소리이고, 인뢰란

---

43) 夫大塊噫氣, 其名爲風. 是唯無作, 作則萬竅怒呺. 而獨不聞之寥寥乎? 山陵之畏佳, 大木百圍之竅
穴, 似鼻, 似口, 似耳, 似枅, 似圈, 似臼, 似洼者, 似污者, 激者, 謞者, 叱者, 吸者, 叫者, 譹者, 宎者,
咬者. 前者唱于而隨者唱喁. 泠風則小和, 飄風則大和, 厲風濟則衆竅爲虛. 「齊物論」

44) 子游曰: 「地籟則衆竅是已, 人籟則比竹是已. 敢問天籟.」 子綦曰: 「夫天籟者, 吹萬不同, 而使其自己
也, 咸其自取, 怒者其誰邪!」「齊物論」 陳鼓應은 '吹萬不同' 앞에 '天籟者' 세 글자는 원래 없으나
왕숙민의 『校釋』과 『세설신어』 注에 의거하여 보충한다고 밝혔다. "왕숙민은 『세설신어』 「문학」
편의 注 인용에 '吹萬不同' 위에 '天籟者' 세 글자가 있는데 글의 뜻이 비교적 분명하다고 말하
였다."(陳鼓應 注釋, 『莊子今注今譯』上, 北京: 中華書局, 1983, p.46.) 즉 이 글을 천뢰에 대한 설
명으로 보는 것인데 실제로 곽상을 비롯한 대부분의 주석가는 이 인용문을 천뢰에 관한 설명으
로 해석하고 있다.

사람이 입으로 부는 바람이 악기의 구멍과 만나서 나는 소리이다. 그렇다면 끝내 무엇인지 명확하게 밝히지 않음으로써 역대 주석가들에게 다양한 견해를 내보이게 한 '천뢰'란 무엇인가? 추이다화(崔大華)는 역대 주석을 정리하여 '천뢰'를 보는 관점을 크게 두 가지로 나누었다. 첫째 곽상이 대표하는 견해로 천뢰가 곧 자연이라는 주장이다. 곽상은 "천뢰라는 것이 어찌 또 다른 하나의 사물이겠는가? 여러 가지 구멍과 악기들이 생명이 있는 종류들과 접촉하여 서로 만나 하나의 하늘을 이룰 뿐이다."[45]라고 하였는데, 곽상이 말하는 하늘이란 곧 자연을 말한다. 둘째 임희일이 대표하는 견해로 천뢰가 곧 조물자이자 진재라는 주장이다. "'吹萬'이라는 것은 만물이 소리가 있다는 것이다. 만물이 소리가 있으니 모두 조물자가 소리를 내게 한다는 것이다. 소리를 내게 하는 것은 조물자이지만 모두 스스로 시킨 것이라고 여긴다. '吹'자와 '使'자는 모두 조물자 스스로 취한 것이다."[46] 즉 모두 스스로 취한 것이라고 여기지만 사실은 소리를 내게 하는 근원자로서의 조물자 혹은 眞宰가 존재한다는 것이다. 그러나 장자의 도가 형이상학적이거나 초월론적 도가 아니라 만물 속에 내재해 있는 자연의 도이고, 자연의 도는 무엇보다 자발적[自本自根]이란 점을 상기한다면 장자에서 근원자로서의 조물주나 진재는 논리적으로 존재할 수 없다. 물론 '조물자', '조화자', '眞君', '眞宰' 등의 단어가 등장하기는 하지만 '조화'는 스스로 변화하는 자연을 의인화한 것이고, '진재'와 '진군'은 몸에 대한 마음의 우위에 대해

---

45) 夫天籟者, 豈復別有一物哉? 即衆竅比竹之屬, 接乎有生之類, 會而共成一天耳. 崔大華, 『莊子岐解』, 河南: 中州古籍出版社, 1988, pp.44-45.

46) 吹萬. 萬物之有聲者也. 言萬物之有聲者也. 皆造物吹之. 吹之者造物也. 而皆使其若自已出. 吹字使字皆屬造物自取者. 自取於也. 崔大華, 『莊子岐解』, 河南: 中州古籍出版社, 1988, pp.44-45.

반문하는 표현일 뿐이다.47) 따라서 천뢰란 그 어떤 상위 명령에 의해 추동되는 것이 아니라 스스로 그러한 자연을 의미한다.

현대 연구자 중 오진탁은 장자가 세 가지 피리를 설정한 이유가 사람의 언어를 말하기 위한 것이므로 천뢰란 바로 인간의 말을 가리킨다고 하였다.48) 손태호는 천뢰란 인간의 운명적인 굴레라고 할 수 있는 심리적 실상을 나타낸 것이고, 장자는 이 같은 인간의 보편적 심리 실상을 통해 사회, 역사, 인간에 대한 회의론을 구체화시켰다고 본다.49) 물론 「제물론」에는 당시 학파들 간의 소모적인 언어적 논쟁에 대한 비판 의식이 담겨있으므로 천뢰를 인간의 언어 문제로 해석할 여지가 충분하지만, 천뢰를 언어로만 국한시키는 것은 너무 협소한 해석이다. 또한 천뢰를 인간의 변덕스러운 심리적 실상이라고 해석하는 것 또한 그것을 인간의 감정으로 협소하게 제한하는 것이며, 이를 통해 장자가 인간과 사회에 대한 회의론을 구체화시켰다는 점에는 동의하지 않는다.

조민환에 의하면 천뢰란 노자의 "대음은 들리지 않는 소리(大音希聲, 『道德經』41.)"에서 '대음'과 같은 것으로 도와 합일되는 것이다.50) 박소정에 의하면 천뢰란 소리 없는 음악이자 온갖 소리의 근거, "음악이 빈 곳에서 흘러나온다[樂出虛]"51)의 진정한 의미로서 모든 소리와 음악이 도로부터 생겨 나온다는 것을 의미한다. 따라서

---

47) '眞君', '眞宰'에 대해서는 5장 2절에서 자세히 다룬다.

48) 오진탁, 「『장자』에 있어서 삼뢰의 문제」, 중국철학, Vol.3, 1992, p.313.

49) 손태호, 「『장자』「제물론」의 '天籟' 해석 고찰」, 동서철학연구, No.51, 2009, p.75.

50) 조민환, 『중국철학과 예술정신』, 서울: 예문서원, 1997, p.289.

51) 유가에서 "음악은 사람의 마음에서 나온다."(凡音之起, 由人心生也, 『禮記』「樂記」) 이와 대비해서 『장자』에서는 "음악이 빈 곳에서 나온다."(樂出虛, 「齊物論」)

천뢰를 듣는다는 것은 인뢰와 지뢰의 구분, 혹은 나와 남이라는 구분조차 할 수 없이 혼연일체로 도와 하나가 되는 경험이다.[52] 천구잉에 의하면 각기 자신의 모양에 따라 소리를 내는 것이 천뢰의 본성이다. 지뢰, 인뢰, 천뢰는 서로 우열의 가치를 판단할 수 없으며, 세 가지 소리가 마치 교향악처럼 서로 조화를 이루는 것이다.[53] 종합하면 천뢰란 자신은 소리가 없지만 온갖 소리가 저마다의 다양한 소리를 내도록 만들어주는 것으로서 도를 은유한 것이다. 따라서 천뢰를 들을 수 있다는 것은 도의 체득을 의미하는 것이다.

그렇다면 천뢰를 어떻게 해야 들을 수 있는가? 지뢰와 인뢰는 누구나 들을 수 있지만, 천뢰는 귀가 있다고 들을 수 있는 것이 아니고, 심지어 제아무리 귀가 밝은 사광조차 들을 수 있는 것이 아니다. 천뢰는 남곽자기처럼 몸과 마음이 '고목사회'가 되고 텅 비어 자신이 사라졌을 때[喪我]라야 비로소 들리는 소리이다. 즉 귀가 아니라 도를 체득한 몸으로 듣는 것이다.

> 도는 귀로 들을 수 없고 들었다면 도가 아니다. 도는 볼 수 없고 보았다면 도가 아니다. 도는 말할 수 없고 말했다면 도가 아니다.[54]

> 보아도 어두울 뿐이고 들어도 소리가 없다. 캄캄한 어둠 속에서 홀로 빛을 보고, 고요한 침묵 속에서 홀로 조화의 소리를 듣는다.[55]

도의 속성은 인간의 감관이나 머리로 인식할 수 있는 것이 아니라

---

52) 박소정, 「악론을 통해 본 장자의 예술철학」, 연세대학교 박사학위논문, 2002, pp.172-173.

53) 천구잉(陳鼓應), 최진석 옮김, 『老莊新論』(제2판), 서울: 소나무, 2013, p.231.

54) 道不可聞, 聞而非也, 道不可見, 見而非也, 道不可言, 言而非也. 「知北遊」

55) 視乎冥冥! 聽乎無聲. 冥冥之中, 獨見曉焉, 無聲之中, 獨聞和焉. 「天地」

오직 몸으로 체득할 수 있을 뿐이다. 귀로 들을 수 있는 도, 눈으로 볼 수 있는 도, 말로 할 수 있는 도는 진짜 도가 아니다. 따라서 도를 천뢰라는 소리로 표현했지만 이것이 실제 귀에 들리는 소리가 아니다. 앎의 근본은 알 수 없는 앎이고, 빛의 근원은 어둠이며 소리의 근원은 침묵이다. '알지 못하는 앎', '어둠 속의 빛', '침묵 속의 소리'는 모두 도를 표현하는 은유이자 수사이다. 한편 천뢰는 세상의 모든 것이 제 몫대로 어우러지는 자연의 조화를 소리로 형상화한 것이기도 하다.[56] 천뢰는 자아를 잃어버렸을 때 들리는 소리이자, 냉철한 이성의 판단이 아닌 몸으로 공명하여 듣는 소리이다.

3) 以明: 몸속에 내재하는 도의 빛

근대가 지나치게 시각 중심에 빠졌기 때문에 이를 경계해야 한다는 것은 일리가 있다. 하지만 그렇다고 시각을 완전히 폐기해야 할 것으로 치부하거나, 시각을 전형적으로 서양적인 감각으로, 청각이나 미각을 동양적인 감각으로 극단적으로 분리하는 것은 또 다른 극단론이 될 수 있다.[57] 뇌의 크기가 증명하듯 오감 중 시각이 차지하는 비율이 압도적인 것은 사실이며, 모든 감각이 명확하게 분리되는 것도 아니다. 서구에서 시각이 모든 감각 중 절대적 우위를 차지하는 까닭은 신체 부위 중 하늘과 가장 가까워 고귀한 영혼을 상징하기 때문이기도 하지만, 또한 사물과 가장 멀리 떨어져서도 감각이 기능하기에 물질성이 가장 적다는 것 때문이기도 하다. 반면 중국

---

56) 박소정, 앞의 논문, p.175.
57) 권현주, 「몸」, 현대사상, Vol.1, 2007, p.56.

문화는 오히려 몸이 물질과 직접적으로 접촉하는 미각을 으뜸으로 여기는 미각 문화이자 趣味의 문화라고 할 수 있다. 종병은 산수를 '맛본다[味像]'고 하였고, 종영의 '滋味說', 사공도의 '韻味說', 소식의 '至味說' 등은 모두 미각으로 표현된 예술론이다. 그러나 중요한 것은 오감 중 어느 한 감각에 절대적 지위를 부여하거나 감각 간에 어떠한 위계를 두지 않는 것이다. 각 감각은 위계성을 갖는 것이 아니라 상보성을 갖는다. 근대의 시각 우위의 폐해를 염두에 두면서 그간 홀시되었던 청각적 감각을 모색하되 결론적으로는 시청각의 모든 감각을 통합할 수 있어야 한다.

『장자』에서 도는 청각적 요소로 표현되기도 하지만 '밝음[明]'이라는 시각적 요소로도 표현된다. 태양은 인간뿐 아니라 지구 위 모든 생명체의 기원이자 에너지 공급원으로서 거의 모든 고대 문명에서 숭배의 대상이었다. 태양은 열과 빛을 동시에 발생시키며 그 빛은 이 세상 어느 것보다 밝음의 근원이 된다. 빛과 밝음은 모든 문명이 추구하는 것이다. 『장자』에서 '밝음[明]'은 다른 개념들과 마찬가지로 긍정적 의미와 부정적 의미가 섞여있다. 곡본령은 총명으로 대표되는 감각기관의 밝음과 뛰어난 지혜를 의미하는 밝음을 부정적인 것으로, 「제물론」에서의 '以明'과 신묘한 정신을 뜻하는 '神明'을 긍정적인 것으로 분류하였다.[58] 이 중 장자에서 가장 중요한 밝음의 개념은 「제물론」의 '以明'이다.

「제물론」은 전국시대 중기 수많은 학파가 저마다의 이론과 주장을 내세우며 물리적 전쟁보다 더한 논리적 혹은 언어적 논쟁을 벌였

---

58) 곡본령, 「『莊子』의 '明'에 대한 고찰」, 철학·사상·문화, Vol.20, 2015.

던 상황에 대한 장자의 비판 의식이 담겨있다. 이 시기 각 학파는 현실적 문제를 해결하고자 하는 본래의 목적보다 자기 이론의 우위성과 시비를 따지는 논쟁으로 치열해졌다.[59] 이 중 특히 유가와 묵가의 논쟁을 비유로 들면서 등장하는 개념이 '이명'이다.

> 도는 어디에 숨어서 참과 거짓이 생기는가? 말은 무엇에 가려져 옳고 그름의 판단이 생기는가? 도는 어디 간들 없겠는가. 말은 무슨 말이든 못하겠는가. 도는 작은 이룸 속에 숨어 버렸고, 말은 화려한 수식 속에 숨어버렸다. 그래서 유가와 묵가의 시비가 생겨 상대가 그르다는 것을 옳음으로 삼고 상대가 옳다는 것을 그름으로 삼는다. 그러나 상대가 그르다고 하는 것을 옳다고 하고 상대가 옳다는 것을 그르다고 하는 것은 '밝음으로써[以明]' 하는 것만 못하다.[60]

장자는 유묵의 시비 논리를 해소하기 위한 방법으로 '이명'을 제시하였는데 이에 대한 주석은 역대로 다양하다. 위진시대 곽상은 대립된 관점을 반복상명(反覆相明)함으로써 시비를 없애는 것이라고

---

59) 특히 이 가운데 이성적 추론과 논리적 엄밀성을 따지며 논쟁 자체를 즐긴 학파는 흔히 변론가 혹은 궤변론자로 불리기도 하는 이른바 명가이며, 혜시와 공손룡 그리고 후기 묵가가 여기에 속한다. 명가가 제시한 명제들의 중요성은 명제의 내용에 있는 것이 아니라 논리 그 자체에 있다. 이들은 엄밀한 논리로 다른 학파의 이론적 토대를 흔드는 치명적 질문을 제기하였는데, 각 학파는 이에 대응하고 반박하는 과정을 통하여 자신들의 이론을 논리적으로 한 단계 심화시키는 계기를 만들었다. 장자 또한 동시대 학파들과 같은 문제의식을 공유하고 있었으며, 따라서 명가를 비롯한 당대 학설을 두루 섭렵하고 이를 수용, 비판 혹은 대응하면서 자신의 사상을 전개하였다. 『장자』 「천하」 편은 장자가 그 시대의 담론에 대해 얼마나 폭넓은 견해를 가지고 있었는지를 여실히 보여준다. 여기에는 묵적과 금골리, 송견과 윤문, 팽몽, 전병, 신도, 관윤과 노담, 혜시와 변자들의 명제가 요약되어 있을 뿐 아니라 날카로운 분석과 비판이 담겨 있다. 「천하」 편의 저작 시기에 대해서는 이설이 있는데 쉬푸관은 「천하」에서 六經에 대한 언급이 있다는 점을 들어 장자 자신의 손에서 나왔을 가능성이 가장 크다고 본다(쉬푸관(徐復觀), 유일환 옮김, 『中國人性論史: 先秦篇』, 서울: 을유문화사, 1995, pp.97-99.); 라오스꽝은 「천하」는 『장자』의 부록 혹은 후서의 성격을 띠며, 외·잡편보다는 이르고 내편보다는 그다지 늦지 않은 글로 장자와 그리 멀지 않은 시기에 만들어졌다고 본다(라오스꽝(勞思光), 정인재 역, 『중국철학사 고대편』, 탐구당, 1995, p.236.).

60) 道惡乎隱而有眞僞? 言惡乎隱而有是非? 道惡乎往而不存? 言惡乎存而不可? 道隱於小成, 言隱於榮華. 故有儒墨之是非, 以是其所非而非其所是. 欲是其所非而非其所是, 則莫若以明. 「齊物論」

했다.61) 반면 송대의 임희일은 밝음을 하늘의 이치[天理]로 보고 하늘의 이치에 비추어 시비가 스스로 밝혀지는 것이라 하였다.62) 여혜경은 밝음으로 보면 시비가 없어지는 것이라고 하였다.63) 곽상의 '반복상명'의 방법은 이종성의 말대로 이미 유묵의 대립을 전제로 한 뒤 이와는 상반된 결론을 도출하는 것으로, 논리적으로 전제와 결론이 모순된다.64) '천리'를 운운한 임희일의 주석은 송대 리학의 반영이고, '회광'을 운운한 여혜경의 주석은 불교적 관점을 반영한 것으로 장자의 본의에 가깝다고 보기 어렵다.

일반적으로 '이명'은 장자의 인식론 혹은 지식론으로 설명된다. 보통 장자는 지식을 배격한다고 알려져 있지만 무조건 지식을 부정하는 것은 아니다. 그가 인정했던 지식과 부정했던 지식이 무엇인지 정확히 설명할 필요가 있으며, 이는 정치적 지위에 대한 해명을 필요로 한다.65) 일례로 공자와 노담의 대화를 보자.

---

61) "시비가 없음을 밝히고자 한다면 유묵이 돌이켜 서로 밝혀주는 것(反覆相明)만 한 것이 없다. 반복상명하면 시가 비가 되고 비가 시가 된다. 비가 아니니 비도 없고, 시가 아니니 시도 없다."(欲明無是無非, 則莫若還以儒墨反覆相明. 反覆相明, 則所是者非是而所非者非非矣. 非非則無非, 非是則無是) 崔大華, 『莊子岐解』, 河南: 中州古籍出版社, 1988, p.62.

62) "사람들이 그르다고 하는 것에 대하여 나의 생각은 옳다고 하고, 그들이 옳다고 하는 것을 나는 그르다고 하니, 어찌 하나를 정하겠는가. 만약 시비를 꼭 정하려 한다면 반드시 자연의 천리에 귀결시켜야만 바야흐로 가능할 것이다. 밝음이란 하늘의 이치[天理]이다."(人之所非, 我以爲是, 彼之所是, 我以爲非, 安得而一定! 若欲一定是非, 則須是歸之自然之天理方可. 明者, 天理也, 故曰莫若以明.)(崔大華, 『莊子岐解』, p.62.)

63) "밝음을 회복하여 항상함을 징험하는 것이다. 오늘날 유가와 묵가의 시비는 지식을 벗어나지 못하여 밝음에 의거함이 아니기 때문에, 시비의 올바름이 되기에는 부족하다. 불교에서 '회광'을 알아 밝음에 의거함을 보는 것과 같이 사물의 이른바 저것과 이것이라는 것은 진실로 정체가 없는 것이니 정체가 없다면 저것 아님이 없고 이것 아님이 없다."(明者, 復明知常之驗也. 今儒墨之是非, 不離乎知識, 而未嘗以明, 故不足爲是非之正. 若釋知回光以明觀之, 則物所謂彼是者果無定體, 無定體則無非彼無非是矣.)(崔大華, 『莊子岐解』, p.62.)

64) 이종성, 「장자의 참된 지식과 '밝음에 의거함'의 특질」, 大同哲學, Vol.35, 2006, p.33.

65) 조셉 니담(Joseph Needham), 이석호·이철주·임정대 공역, 『중국의 과학과 문명 Ⅱ』, 서울: 을유문화사, 1985, p.188. 조셉 니담에 의하면 도가 사상은 중국의 과학과 기술의 기초가 되었음에도 지식에 대한 양면적 태도 때문에 이를 인정받지 못하고 있다고 한다.

공자가 노담에게 물었다. "오늘 좀 한가로우니 최고의 도에 대해서 여쭙겠습니다." 노담이 대답했다. "그대는 재계하시오, 마음을 말끔히 씻어내고, 정신을 깨끗이 씻어내며, 지식을 물리치시오."66)

여기서 도를 묻는 사람은 유가의 성인인 공자이고 대답하는 노담은 장자를 대변한다. 따라서 노담이 단호하게 지식을 버리라고 하지만 이 지식은 정확하게 유가적 지식을 지목하는 것이다. 따라서 장자가 지식을 공격하는 것은 반합리적인 신비주의가 아니라 유가나 법가의 사회적 스콜라철학에 대한 반대인 것이다.67) 장자가 생각하는 '진정한 지식[眞知]'은 도, 즉 자연에 대한 지식이고 이는 유가의 사회적 지식과는 다르다. 유가의 지식의 관점에서 보면 장자가 말하는 성인은 전혀 아는 것이 없어 어리석고 바보같이 보일 뿐이다.68) 그러나 장자의 지식의 관점에서 보면 세상 사람들이 아무것도 모르면서 뭔가 대단한 지식이라도 있는 양 임금이니, 하인이니 하며 계급적 질서를 세운다.69) 양자 간 지식의 기준이 상반되는 것이다.

따라서 장자는 자신이 긍정하는 지식을 그냥 지식이 아니라 '진정한 지식[眞知]'이라 별칭한다. 이강수에 의하면 '眞'자는 유가의 13경에는 전혀 등장하지 않는 글자인 반면 장자에서 대량 출현하며 특히 眞人, 眞知, 眞宰, 眞君 등 주요 용어로 등장하는데, 그 의미는 인위

---

66) 孔子問於老聃曰:「今日晏閒, 敢問至道.」 老聃曰:「汝齊戒, 疏瀹而心, 澡雪而精神, 掊擊而知.「知北遊」

67) 조셉 니담(Joseph Needham), 이석호・이철주・임정대 공역, 『중국의 과학과 문명 II』, 서울: 을유문화사, 1985, p.129.

68) "세상 사람들은 바쁘게 돌아다니며 힘써 일하지만, 성인은 어리석고 바보같이 보인다."(衆人役役, 聖人愚芚.「齊物論」)

69) "어리석은 사람은 스스로 깨어있다고 여겨 아는 척하며 임금이니, 하인이니 하니 답답하다."(愚者自以爲覺, 竊竊然知之. 君乎, 牧乎, 固哉!「齊物論」)

를 거치지 않은 자연 그 자체를 의미한다.[70] 따라서 '眞知'라는 글자 자체의 의미가 이미 자연에 대한 지식을 함축하고 있다. 천구잉은 장자가 말하는 '진지'의 특징을 다섯 가지로 들었다. 인간과 자연의 조화로운 관계를 이해하는 것, 변화가 만물의 본래 모습임을 아는 것, 생사가 변화의 과정임을 아는 것, 인간의 인식 능력의 한계를 아는 것, 현상계의 상대성을 아는 것이 곧 진정한 앎이다. 즉 진지란 인간과 자연의 관계, 지식과 생명의 관계를 알고 변화하는 자연 속에서 생명을 편안하게 유지할 수 있는 것으로 요약할 수 있다.[71] 이종성은 장자의 지식은 분별지와 무분별지라는 두 가지 형태로 나타나는데 장자는 분별지를 부정하고 자연지의 성향을 지닌 무분별지를 긍정하였다. 무분별지가 진지이며 '밝음'은 진지를 설명하기 위한 개념이다.[72] 따라서 밝음이란 이 진정한 앎을 일컫는다.

> ('밝음[明]'으로 보면) 세상에 어떤 것도 '저것'이 아닌 것이 없고, 어떤 것도 '이것'이 아닌 것이 없다. '저것'에서는 알지 못하는 것도 '이것'에서는 알 수 있다. 따라서 '저것은 이것에서 나오고 이것 또한 저것을 따라 나온다.'라고 한다. 저것과 이것이 함께 생긴다는 말이다. 그렇지만 '저것'과 '이것'이 함께 생기면 함께 죽는 것이고, 함께 죽으면 함께 생기는 것이며, 함께 옳으면 함께 옳지 않은 것이 된다. 옳은 것을 따르는 것은 동시에 그른 것을 따르는 것이고, 그른 것을 따르는 것은 동시에 옳은 것을 따르는 것이다. 그 때문에 성인은 이렇게 하지 않고 자연에 비추어본다. 이것이야말로 '옳음을 따르는 것(因是)'이다.[73]

---

70) 이강수, 「장자의 철학정신」, 철학연구, Vol.18 No.1, 1996, p.2.

71) 천구잉(陳鼓應), 최진석 옮김, 『老莊新論』(제2판), 서울: 소나무, 2013, pp.384-389.

72) 이종성, 「장자의 참된 지식과 '밝음에 의거함'의 특질」, 大同哲學, Vol.35, 2006, pp.24-25.

73) 物無非彼, 物無非是. 自彼則不見, 自是則知之. 故曰彼出於是, 是亦因彼. 彼是方生之說也, 雖然, 方生方死, 方死方生, 方可方不可. 因是因非, 因非因是. 是以聖人不由, 而照之於天, 亦因是也. 「齊物論」

여기서 밝음이란 '하늘(자연)에 비추어 봄'으로 연결된다. 자연에 비추어본다는 것은 즉 모든 것을 자연의 도에 기준한다는 것이다. 추이다화(崔大華)에 의하면 '明'은 사실상 도이고 천이다. 장자의 '이 명'은 곧 일체의 사사로운 시비 견해를 도에 비추어보면 모두 편협하고 상대적인 것으로 드러난다는 것이다.[74] 시비를 분명하게 아는 것이 지식이 아니라, 도를 아는 것이 참된 지식이므로 '이명'은 곧 眞知의 의미를 갖는다. 眞知는 대상에 대한 인식이 아니라 인간 안에 내재하는 자연 본성이자 도를 아는 것이므로 일상의 분별지와는 차원이 다르다. 따라서 쉬푸관(徐復觀)은 '明'이란 허정을 본체로 하는 근원적인 지각이자 통찰력을 지닌 지각이고, 동시에 미적 관조라고 말한다.[75] 다시 말해 심미적인 도를 말하는 것이다. 제자 각 학파 간에 시비 판단의 논리는 그 전개가 아무리 우수하다고 하여도 상대적으로 옳은 것일 뿐이므로 항상 시비를 야기하게 된다. 그러나 '이 명'은 모든 상황에 대응할 수 있는 '도추'와 같다. 시각적 개념인 '이 명'은 공간 개념으로는 '도추'로 변용된다.

> 저것과 이것이 마주 선 상대를 찾지 못하는 것, 이것을 '도의 지도리[道樞]'라고 한다. 지도리는 움직이는 원의 가운데 텅 빈 곳에서 무한히 응답한다. 옳다는 것도 무한한 응답 가운데 하나요. 그르다는 것도 무한한 응답 가운데 하나이다. 그러므로 '밝음으로써 [以明]' 하는 것만 못하다고 하는 것이다.[76]

---

74) 崔大華, 『莊學研究』, 北京: 人民出版社, 1992, pp.282-283.

75) 쉬푸관(徐復觀), 권덕주 외 옮김, 『중국예술정신』, 서울: 東文選, 1990, pp.118-119.

76) 彼是莫得其偶. 謂之道樞. 樞始得其環中. 以應無窮. 是亦一無窮, 非亦一無窮也. 故曰莫若以明. 「齊物論」

도추는 천뢰와 같이 텅 빈 공간이다. 천뢰가 텅 비었기 때문에 무한하고 다양한 각자의 소리를 울리는 것처럼 도추 또한 텅 비어있기 때문에 어느 쪽으로든 무한한 대응이 가능하다. 도추의 공간에서 시비 분별은 모두 해소된다. 그러나 장자가 말하는 '이명'의 빛은 서구 이성의 계몽의 빛과는 다르다. 근대 서구 이성의 계몽의 빛은 오히려 장자가 부정하고자 했던 총명의 빛이다. 「대종사」에서 안회는 좌망을 설명하면서 "사지 몸통을 잊어버리고, 총명을 물리쳤습니다[墮肢體, 黜聰明]."라고 말한다. 이것은 눈과 귀 등의 감각 작용뿐 아니라 사려 분별의 지각 작용을 모두 최소화하는 것이다. 감각기관은 세상을 인식하고 소통하는 수단이지만 동시에 욕망을 추구하는 수단이다. 총명은 감각기관을 미세하게 발전시켰다는 것이지만 도는 이러한 감각기관으로 인식할 수 있는 것이 아니므로 오히려 본성을 어지럽고 흐리게 한다. 따라서 장자는 오색, 오성, 오취, 오미, 취사하는 마음을 경계한다.[77]

또한 장자의 '밝음'은 눈부시게 찬란하고 강렬한 밝음과는 거리가 멀다. 너무 밝은 빛은 그에 못지않은 짙은 그림자를 동반할 뿐이다. 빛과 어두움은 별도의 것이 아니라 한 존재의 서로 다른 두 양태일 뿐이다. 장자의 밝음은 '빛나지 않는 빛[光矣而不耀 「刻意」]'이며, 대상을 강제로 비추는 빛이 아니라 내면에 스스로 존재하는 존재의 빛이다.[78] 따라서 『장자』에서 구체적인 '밝음'은 태양보다는 물이나 거

---

[77] "본성을 잃는 것에는 다섯 가지가 있다. 첫째, 오색이 눈을 어지럽혀 시력을 흐리게 하는 것이다. 둘째, 오성이 귀를 어지럽혀 청각을 둔하게 하는 것이다. 셋째, 다섯 가지 냄새가 코를 지져 코가 막히고 머리를 아프게 하는 것이다. 넷째, 다섯 가지 맛이 입을 탁하게 하여 맛을 알 수 없게 하는 것이다. 다섯째, 취사선택이 마음을 어지럽혀 본성이 흩어지게 하는 것이다. 이 다섯 가지는 모두 삶을 해치는 것이다."(且夫失性有五, 一曰五色亂目, 使目不明, 二曰五聲亂耳, 使耳不聰, 三曰五臭薰鼻, 困慢中顙, 四曰五味濁口, 使口厲爽, 五曰趣舍滑心, 使性飛揚. 此五者, 皆生之害也. 「天地」)

울의 비유로 드러난다.[79] 태양의 빛이 초월적 조망을 상기시킨다면 거울이나 물은 모든 것을 그대로 수용하는 측면이 부각된다. 거울이나 물은 대상을 비추되 자신의 빛을 강요하는 것이 아니라 어떤 선입견 없이 오는 대로 받아주고, 아무런 집착 없이 가는 대로 보내주는 수용체이다. 따라서 성인의 마음은 태양처럼 눈부시게 밝다기보다는 물이나 거울처럼 고요하게 밝다. 장자의 '밝음'은 억지로 밝게 비추는 것이 아니라 고요함과 텅 빈 곳에 저절로 찾아오는 밝음인 것이다.

> 누가 말할 수 없는 변론과 말할 수 없는 도를 알겠는가? 만약 이를 알 수 있는 사람이 있다면 그를 '하늘의 곳간[天府]'이라고 하겠다. 아무리 부어도 차지 않고 아무리 퍼내도 마르지 않지만 어디서 생기는지 알 수 없다. 이를 일러 '葆光'이라 한다.[80]

말할 수 없는 도, 그것을 소리로 표현하면 '천뢰'요, 빛으로 표현하면 '보광'이다. 도의 빛은 어둠과 밝음을 명확하게 가르는 구획의 빛이나 이성의 빛이 아니다. 모든 것이 조화롭게 섞인 '보광'의 빛이자 '서로 섞여서 그윽하고 희미한 빛[滑疑之耀]'이고, 만물 각자의 작용에 맡기는 '이명'의 빛이다. '천뢰'는 몸으로 듣는 도의 소리이고,

---

78) 이종성은 장자가 말하는 '이명'은 내면에 스스로 존재하는 자명성을 갖는다고 표현하였다(이종성, 「장자의 참된 지식과 '밝음에 의거함'의 특질」, 大同哲學, Vol.35. 2006, p.29.).

79) "지인의 마음 씀은 거울과 같아서 보내지도 맞이하지도 않고 비추기만 할 뿐 담아두지 않는다." (至人之用心若鏡, 不將不迎, 應而不藏, 故能勝物而不傷. 「應帝王」), "물이 고요하면 수염과 눈썹까지 밝게 비춰주고, 수평이 잘 맞아 목수도 기준으로 삼는다. 물의 고요함도 이렇게 밝혀주는데 신묘한 성인의 마음의 고요함이야 말할 것이 있겠는가? 성인의 마음은 천지자연을 비추는 거울이고 만물을 비추는 거울이다."(水靜則明燭鬚眉, 平中準, 大匠取法焉. 水靜猶明, 而況精神聖人之心靜乎! 天地之鑑也, 萬物之鏡也. 「天道」)

80) 孰知不言之辯, 不道之道? 若有能知, 此之謂天府. 注焉而不滿, 酌焉而不竭, 而不知其所由來, 此之謂葆光. 「齊物論」

'이명'은 몸 안에 내재한 도의 빛이다. 장자의 시적 은유는 오감에 우열이 있거나 어느 한 감각만이 절대 중심이 되는 것이 아니라 시청각을 비롯한 모든 감각이 도 안에서 통합되는 공감각이다.

천지대미가 자연에서의 미적 체험과 자연의 소리와 빛을 통하여 도를 표현한 것이라면, 장자의 생태적 감수성은 자연 속에서뿐만 아니라 사회 속에서 더욱 빛을 발하는 부분이 있다. 이는 다음 '만물제동'의 사상을 통해 드러날 것이다.

2. 만물제동의 사회생태

　자연은 인간과 대립하는 것이 아니라 인간을 포함한 지구상의 모
든 사물의 총체이고, 자연 안의 모든 환경과 구성원은 서로 깊은 영
향을 주고받는다. 생태철학은 자연에 관한 기본 인식을 근거로 세계
관을 정립하고, 이를 기초로 인간과 자연의 관계, 자연에서 인간의
지위, 자연의 가치 등을 고려하여 자연에 대한 인간의 행위 방식, 즉
행위 규범을 도출하고자 하는 것이다.[81] 그러나 인간을 둘러싼 환경
이 단지 자연에만 국한되는 것이 아니다. 인간은 사회 속에서 타자
와 지속적으로 관계 맺고 상호 의존하면서 살아갈 수밖에 없다. 사
회와 자연은 매우 밀접한 관계를 지니며, 사회 내 온갖 불평등과 차
별 의식은 곧 자연에 대한 지배와 착취를 정당화하는 근거가 된다.
'만물제동'의 만물이란 인간을 포함하여 이 세계에 존재하는 모든
것을 의미한다. 따라서 '만물제동'은 인간과 자연의 관계뿐 아니라,
인간과 동물, 인간과 인간, 기타 사물과 사물 등 세계 내 모든 존재
에 대한 평등권을 보장하는 것이다. 이는 동물을 포함하여 사회적
약자에 대한 위계와 차별을 반대하고, 배려와 존중으로서 조화롭게

---

81) 황갑연, 「유가철학과 생태철학」, 哲學研究, 제120집, 2011, p.340.

공생하고자 하는 사회적 생태적 의미를 깊이 함축하고 있다.

1) 並生: 조화로운 공존

45억 년의 지구 역사에서 생명체가 생기기 시작한 것은 36억 년 전이고, 그중 인류가 나타나기 시작한 것은 겨우 200만 년 전이다. 이런 사실을 생각해 볼 때, 인류는 지구상에서 새롭게 탄생한 생물 종이라 할 수 있다.[82] 지구 생명의 역사는 생명체와 환경의 상호작용의 역사이지만, 환경이 생물체에 미치는 영향은 결정적인 반면 생물이 환경 미치는 영향은 상대적으로 미미하다. 그러나 오직 신생 종인 인간만이 자기가 속한 세계의 본성을 변화시킬 수 있는 놀라운 힘을 획득했다.[83] 이 힘은 인간이 만물의 영장이라는 주장에서 유래하며 이는 인간만이 지닌 이성에 근거한다. 서구 근대의 이성 중심의 합리적 인간은 과학과 기술 문명을 발전시킨 원동력이기도 하지만 자연을 황폐하게 만든 주범이기도 한 것이다.[84] 과학기술 문명의 문제는 물질주의적 가치, 도구적 자연관, 그리고 인간 중심주의적 세계관에 있으며 그중 가장 근본적인 것이 인간 중심적 세계관이

---

82) 송기원, 『생명』, 서울: 로도스, 2014, p.295.

83) 레이첼 카슨(Rachel Carson) 지음, 김은령 옮김, 『침묵의 봄』, 서울: 에코리브르, 2011, p.29.

84) 근대적 인간과 근대 기술 문명의 기본 틀을 형성한 대표적인 사상가는 데카르트, 베이컨, 로크이다. 데카르트는 유명한 이분법 — 정신과 몸의 분리, 인간과 자연의 분리 — 을 통해 이성에 무한한 찬사를 보내지만 이로 인해 몸은 한낱 기계로 전락하고, 자연은 인간에 의해 소유되고 지배되는 생기 없는 사물의 집적체로 전락한다. 베이컨은 성서 독해를 통해 '박애'라는 개념을 도출하지만, 이는 매우 인간 중심주의적 사고로서 자연에 대한 인간의 절대적인 지배를 정당화한다. 그에게 지식의 목적은 유용성이고, 자연에 대한 지배력의 토대가 되는 것이다. 로크는 산업 문명의 궁극적 목적으로 '경제적 인간(homo economicus)' 개념을 도출했는데 이는 사람이 존재하는 것은 곧 소유하는 것과 동일하다는 것이다. 경제적 인간에게 자연은 노동과 산업을 통해 가치를 획득하기 전까지는 전혀 쓸모없는 것으로 간주된다(정화열 지음, 박현모 옮김, 『몸의 정치』, 서울: 민음사, 1999, pp.181-187.).

다.85) 따라서 지금까지의 생태철학은 인간 중심주의를 극복하고 인간과 자연에 동등한 가치와 권리를 부여하는 비인간 중심주의적 세계관을 수립하는 데 집중되었다. 이러한 시도는 근본적으로 서양 근대철학의 이원론을 극복하고자 하는 것이며, 그 대안으로 '상관적 사유'나 '유기체적 전체주의(organic holism)'로 귀결하는 자연주의적 세계관을 제시하였다.

장자의 세계관 또한 많은 우화에서 비인간 중심주의를 보여주며, 일례로 「제물론」의 남곽자기의 '吾喪我'의 개념은 장자가 철저하게 인간 중심주의를 벗어났음을 증명한다.86) 장자의 세계에서 존재하는 모든 것은 동등하게 내재적 가치와 존엄성을 가지며,87) 인간이라고 세상의 다른 존재보다 더 우월하지 않고, 어떠한 자만심을 가질 근거도 없다.88) 인간은 천지 안의 다른 존재 중 하나로서 더 우월한

---

85) 박이문,『문명의 위기와 문화의 전환』, 서울: 민음사, 1996, p.43.

86) 생태학자 아르네 네스는 협소하고 폐쇄된 '자아(ego)'와 진정한 의미의 나인 '자기(self)'를 구별한다. 여기에 대비해 보면, '吾喪我'의 '我'는 인간 중심, 자아 중심에 사로잡혀 폐쇄된 나이고, '吾'는 자연의 전체 공동체와 관계 맺고 있는 '생태적 자기(ecological self)'라고 할 수 있다(아르네 네스(Arne Naess) 외 3인, 이한중 옮김, 『산처럼 생각하라』, 서울: 소동, 2012, pp.18-19.). 협소하고 폐쇄적인 나에게서 해방되어 진정한 나가 되는 것은 「제물론」 편뿐 아니라 『장자』 전편에 걸쳐 일관되게 나타나는 주제이다. 쉬푸관이 말했듯이 「소요유」의 '무기', 「제물론」의 '상아', 「인간세」의 '심재', 「대종사」의 '좌망'은 모두 같은 의미로 협소한 자아를 벗어나 대도와 통하여 진정한 자기가 되는 수양론이다(쉬푸관(徐復觀), 유일환 옮김, 『中國人性論史: 先秦篇』, 서울: 을유문화사, 1995, p.162.).

87) "만물은 모두 평등한데 어느 것이 짧고 어느 것이 길겠는가."(萬物一齊, 孰短孰長.「秋水」); "물의 수를 만이라고 부르는데 사람은 그 가운데 하나이다."(號物之數謂之萬, 人處一焉.「秋水」)

88) "내가 천지 사이에 있는 것은 마치 작은 돌이나 작은 나무가 거대한 산속에 있는 것과 같다. 그토록 왜소한 존재가 어찌 스스로 뛰어나다 여기겠는가. 사해도 천지 사이에 있다는 것을 헤아려보면 큰 연못 속의 작은 돌무더기 같은 것이 아닌가. 중국도 사해 안에 있다고 헤아려보면 큰 창고 안의 한 톨의 쌀알과 같지 않은가. 세상의 모든 것을 만물이라고 칭하는데 사람은 그 가운데 하나일 뿐이다."(吾在天地之間, 猶小石小木之在大山也, 方存乎見少, 又奚以自多! 計四海之在天地之間也, 不似罍空之在大澤乎? 計中國之在海內, 不似稊米之在大倉乎? 號物之數謂之萬, 人處一焉.「秋水」) 흥미롭게도 현대의 유명한 한 과학자도 이와 매우 유사한 말을 하였다. "어떤 의미에서든 생물은 인류를 위해 존재하는 것도 인류 때문에 존재하는 것도 아니다. 어쩌면 인류는 결과적으로 발생한 것에 지나지 않으며, 일종의 우주적인 우연 또는 진화라는 크리스마스트리를 장식하는 값싼 방울 중 하나에 지나지 않을지도 모른다."(스티븐 제이 굴드(Stephen Jay Gould), 김동

것도 열등한 것도 아닌 이들과 유기적으로 공존하는 것이다. 장자의 생태철학에 관한 국내 연구는 이 같은 관점에서 근대 서구 이원론에 대한 대안으로서 유기체적 전체주의를 제시하는 것이 다수이다.[89] 그러나 오늘날의 생태 문제에 대해 유기체적 전체론만을 제시하면서 단순히 자연으로 돌아갈 것을 주장하는 것만으로는 부족하다. 장자가 가진 의식은 비단 자연주의 관점뿐 아니라 인간 사회에 대한 생태적 관점이 더 특징적이다.

사회생태주의 이론가 머레이 북친(Murray Bookchin)은 자연주의 관점에서 인간을 단지 자연의 한 부속으로만 보는 심층 생태주의를 비판한다. 그에 따르면 근본 생태론은 인간을 자연에 완전히 복종시킴으로써 자연에서 인간의 지위를 완전히 박탈하는 것이다. 그는 오늘날 인류에게 가장 주요한 문제는 자연이란 무엇이고, 인간이란 무엇이며, 그리고 자연과 사회는 어떠한 관계인가를 묻는 것으로, 이에 대한 답이 인간과 지구의 미래를 결정한다고 본다.[90] 그는 일차 자연, 이차 자연, 자유 자연이라는 심층적 자연개념을 제시한다. 일차 자연이란 자연에 존재하는 모든 것으로서 비유기체적 자연과 함께 끊임없이 분화하고 복잡해지는 생명체들의 진화의 누적물이다. 이차 자연이란 일차 자연 속에서 언어와 개념적 사고능력을 갖춘 인간이 등장하고, 인간이 자신의 능력으로 일차 자연에 의도적으로 개입하고 이를 변경하면서 발생하는 문화적 자연,

광 옮김, 『생명, 그 경이로움에 대하여』, 서울: 경문사, 2004, p.58.)

89) 예를 들면, 박이문, 『문명의 위기와 문화의 전환』, 서울: 민음사, 1996; 이종성, 「선진도가의 자연관을 통해 본 현대문명의 비판적 대안」, 哲學論叢, Vol.22, 2000; 송영배, 「심층생태학의 관점에서 접근하는 장자의 상관적 사유와 유기체적 생명관」, 성균관대 유교문화연구소 국제 학술대회, 2016.

90) 머레이 북친(Murray Bookchin), 문순홍 옮김, 『사회 생태론의 철학』, 서울: 솔출판사, 1997, p.33.

사회적 자연, 정치적 자연이다.[91] 이차 자연은 내적 자연 또는 사회와 동의어로서 이 또한 일차 자연과 마찬가지로 계속되는 진화의 과정에 놓여있다. 이차 자연이 얼마큼 새로운 유기체의 협력 체제로 이행해 갈 수 있는가에 따라 사회는 더 좋아질 수도, 나빠질 수도 있다. 일차 자연과 이차 자연에 존재하는 고통과 아픔을 최소화하려는 사회는 자유 자연으로서 이는 윤리적인 자연이자 생태적 사회이다.[92] 북친의 사회생태론은 바로 이러한 자유 자연 혹은 생태적 사회를 지향한다.

북친의 사회생태론에서 자연·인간·사회는 서로 유리되지 않는다. 진화론의 관점에서 인간과 사회는 일원적이다. 자연에서부터 사회까지 점진적으로 진화하고 있으며 인류의 문화와 자연의 진화는 깊은 연관성을 갖는다. 진화의 단계에서 오직 인간만이 의지를 지니고 일차 자연을 진화시킬 수 있는 존재로서 윤리적 책임을 부여받는다. 사회생태론의 입장에서는 사회 지배와 자연 지배는 깊은 연관을 가지므로 자연생태 문제와 사회적 불평등의 문제는 동시에 해결해야만 한다. 자연에 대한 인간의 지배는 인종차별, 성차별, 동성애 혐오, 국가주의 등 사회 내부의 인간 지배에서 비롯되는 것이다. 따라서 사회 내 권력관계를 그냥 놔둔 채 인간의 자연에 대한 도덕적 태도를 바꾸는 것만으로는 생태 문제를 해결할 수 없다.[93] 따라서 북친은 "사회적 비판과 사회적 변혁에 확고하게 뿌리내린 생태주의만이, 자연, 그리고 인류에게 유익한 방식으로 사회를 변혁하는 수단

---

91) 머레이 북친(Murray Bookchin), 앞의 책, p.64.

92) 머레이 북친, 위의 책, pp.66-67.

93) 구승회, 『생태철학과 환경윤리』, 서울: 동국대학교 출판부, 2001, pp.157-158.

을 제공할 수 있다"94)고 주장한다. 즉 사회생태론이 추구하는 것은 자연생태에서부터 생태 사회의 형성까지를 모두 포괄하는 것이다.

사회생태적 관점은 이 세상의 모든 존재에 대한 존중과 배려로서 인간과 인간, 인간과 동물, 인간과 자연 사이에 모두 해당하므로 인간이나 동물이 똑같은 존재론적 지위를 갖는다. 『장자』에는 온갖 비유와 은유가 넘치는데 특히 동물을 소재로 한 것이 많다. 「소요유」의 유명한 곤과 붕을 비롯해서 소, 물고기, 매미, 사마귀, 들짐승, 날짐승, 물고기, 곤충 등 편마다 수많은 동물이 등장한다. 이 동물들은 온갖 비유와 은유로 사용되며 종류도 다양하고 등장 횟수도 많을 뿐만 아니라 맡은 배역의 중요도도 매우 높다.95)

고대 중국철학자들의 동물관은 그들의 철학과 밀접한 연관을 갖는다. 공자는 사람은 사람과 어울려 살아야지 짐승과 살 수 없다고 하였고96) 맹자는 더 나아가 인간과 동물의 엄격한 구분을 철학의 중요한 출발점으로 삼으며 유학의 인간 중심주의적 입장을 공고히 하였다.97) 이동철에 의하면 동물에 관한 맹자의 입장은 긍정과 부정의 양면이 있다. 맹자가 동물을 부정적으로 본 근거는 첫째 문명 이전의 혼란한 상태를 상징하고, 둘째 타락한 정치의 상징이며, 셋째 기

---

94) 머레이 북친(Murray Bookchin), 박홍규 옮김, 『사회생태주의란 무엇인가』, 서울: 민음사, 1998, p.16.

95) 『장자』 텍스트는 기본적으로 은유와 비유가 넘친다. 그러나 조지 레이코프와 마크 존슨에 의하면 일상적 언어나 개념 체계는 모두 근본적으로 은유적이다. 은유란 단지 수사에 그치는 것이 아니라 신체 경험을 통해 우리의 사고와 삶을 구조화하는 것이다(G. 레이코프 · M. 존슨(George Lakoff & Mark Johnson), 노양진 · 나익주 옮김, 『삶으로서의 은유』, 서광사, 1995, p.21.).

96) "새나 짐승과는 무리를 지어 같이 살 수 없다. 사람들과 어울려 살지 않는다면 또 누구와 함께 살아간단 말인가?"(鳥獸不可與同群, 吾非斯人之徒與而誰與? 天下有道, 丘不與易也. 『論語』「微子」)

97) "인간에게는 도리가 있는데 배불리 먹고 따뜻하게 옷을 입고 편하게 거처하기만 하고 가르침이 없으면 금수에 가까워진다."(人之有道也, 飽食, 煖衣, 逸居而無敎, 則近於禽獸. 『孟子』「滕文公上」); "사람이 금수와 다른 점이 매우 적은데, 서민은 그마저 버리고 군자는 그것을 보존한다."(人之所以異於禽獸者幾希, 庶民去之, 君子存之. 『孟子』「離婁下」)

본적 욕구에만 충실한 존재이고, 넷째 도덕적 타락의 상징이라는 것이다. 반면 긍정적으로 보았을 때 동물은 보호해야 할 자원이고, 이상적 정치를 위한 사회경제적 복지의 중요한 기반이며, 심리적 고려의 대상이자 도덕적 행위의 대상이며, 이상적 정치의 표상이다.[98] 그러나 맹자가 동물을 긍정적으로 본 것은 실제로는 미미하고 대부분 동물은 주로 인간보다 못한 열등한 존재이거나 인간을 비하하는 용도로 이용된다.

반면『장자』에서 사람은 동물과 어울려 살 수 없는 것이 아니라 동물과 어울려 사는 것이 오히려 이상적이다.[99] 이동철이 분석한 장자의 동물관은 첫째 이상적 사회는 인간과 동물이 공존하는 세계이다. 둘째 인간과 동물은 본질적 가치에서 차이가 없다. 셋째 동물은 가치의 다양성과 상대성에 대한 상징이다. 넷째 동물은 진리를 파악하거나 표현하는 매체가 되기도 한다. 다섯째 동물은 도의 대상이 된다.[100] 이와 같이『장자』에서 동물은 부정적인 의미가 거의 없고 대부분 매우 긍정적인 의미를 함축한다. 동물은 가장 높은 정신적 경계를 상징하기도 하고 —「소요유」의 곤과 붕을 보라 — 호수가의 물고기처럼 서로 즐거움을 감응할 수 있는 존재이기도 하다. 장자가 생각하는 이상 사회는 사람과 사람 사이뿐 아니라 사람과 동물 사이에도 차별이 없는 사회이다.「제물론」에 나온 원숭이와 원숭이 사육사인 저공의 '조삼모사' 우화를 보자.

---

98) 이동철,「고대 중국의 인간동물 관계에 대한 인식」, 퇴계학논집, Vol.19, 2016, p.586.

99) "지극한 덕이 이루어진 세상에서는 사람들이 새나 짐승과 같이 살았고 만물이 함께 나란히 같이 살았다."(夫至德之世, 同與禽獸居, 族與萬物竝.「馬蹄」)

100) 이동철, 위의 논문, p.606.

저공이 원숭이들에게 도토리를 주면서, "아침에 세 개, 저녁에 네 개 주겠다."라고 하자 원숭이들이 모두 화를 냈다. 그렇다면 "아침에 네 개, 저녁에 세 개를 주겠다."라고 하자 원숭이들이 모두 기뻐했다. 이름과 실제는 그대로이지만 원숭이의 기쁘고 화난 감정이 그에 따라 달라진다. 이것이야말로 원숭이의 마음 작용에 따른 '인시(因是)'이다. 이 때문에 성인은 옳고 그름을 조화시키면서도 '하늘의 물레[天鈞]'에서 쉰다. 이를 일러 '두 가지를 행한다[兩行]'라고 한다.[101]

'조삼모사'이든 '조사모삼'이든 도토리의 하루 총량은 변함이 없다. 이를 모르고 화냈다 기뻤다 하는 원숭이를 보고 역시 어리석다고 탓하기만 할 것인가? 인간이 동물보다 자신의 우월성을 확신하는 근거는 이성적 능력에 있다. 어떻게 배분하든 도토리의 하루 총량이 같다는 것은 인간이 동물보다 월등히 우월한 이성적 판단에 근거한다. 그러나 저공의 목표는 원숭이와 지적 우월을 다투려는 것이 아니라 그들의 마음을 이해하고 그에게 맞게 조절하면서 조화로운 삶을 사는 것이다. 따라서 이 우화는 원숭이의 어리석음을 은유하는 것이 아니라 어떻게 타자와 조화롭고 행복하게 살 수 있는가를 은유하는 우화이다. 타자와 더불어 살 수밖에 없는 삶의 조건에서 시비를 따지는 것보다는 서로 조화로운 공존이 더 중요하다. 「지락」의 노나라 임금과 바닷새의 우화를 보자.

옛날 바닷새가 노나라 교외에 와서 멈추었다. 노나라 임금이 새를 맞아 종묘에서 술을 대접하고 구소 음악을 연주하며 소고기, 돼지고기, 양고기 요리를 대접하였다. 바닷새는 어리둥절 바라보다 두렵고 슬퍼하며 고기 한 점, 술 한 잔 마시지 않은 채 사흘 만에 죽

---

101) 狙公賦芧曰:「朝三而暮四.」衆狙皆怒. 曰:「然則朝四而暮三.」衆狙皆悅. 名實未虧而喜怒爲用, 亦因是也. 是以聖人和之以是非而休乎天鈞, 是之謂兩行. 「齊物論」

고 말았다. 이는 임금이 자기를 키우는 방법으로 새를 키운 것이
지 새를 키우는 법으로 새를 키운 것이 아니다.[102]

　조화란 나의 것을 남에게 일방적으로 강요하는 것이 아니고, 공존
이란 삶의 기준을 획일적으로 규정하는 것이 아니다. 이를 위해서는
우선 서로가 다르다는 것을 알 수 있는 감수성이 중요하다. 서로 다
르다는 것을 알아야 일방적으로 '자기가 사는 법으로 새를 키우는
것'이 아니라 '새를 키우는 방법으로 새를 키울 수' 있게 된다. 타자
에 대한 감수성은 명료한 이성에 의해서가 아니라 몸에 의한 감각과
감수성에 의해서 얻는다. 섬세한 몸의 감수성을 키우는 심미적인 힘
은 나와 타자를 조화롭게 유지할 수 있는 잠재력이다.

　만물이 하나라는 관점[103]에서 보면 동물과 인간도 동류이다. 동물
권을 주장하는 피터 싱어(Peter Singer)에 의하면 동물도 지각과 감
각 능력을 지니고 있으므로 보호받기 위한 도덕적 권리를 가지며,
인간의 유용성 여부에 따라 동물의 가치가 결정되지 않아야 한
다.[104] 싱어의 생명윤리는 이익평등 고려의 원칙과 인간과 동물의
질적인 차이를 부정하는 인간관에 기초한다.[105] 동식물을 존중하는
태도는 인간에 대한 존중을 전제하므로 만일 자연계의 동물과 인간

---

102) 昔者海鳥止於魯郊, 魯侯御而觴之于廟, 奏九韶以爲樂, 具太牢以爲膳. 鳥乃眩視憂悲, 不敢食一臠,
　　不敢飮一杯, 三日而死. 此以己養養鳥也, 非以鳥養養鳥也. 「至樂」

103) "같다는 점에서 본다면 만물은 모두 하나이다."(自其同者視之, 萬物皆一也. 「德充符」)

104) 피터 싱어(Peter Singer), 김성한 옮김, 『동물 해방』, 고양: 인간사랑, 1999.

105) 싱어는 생명 윤리적 갈등 상황에서 이익평등 고려의 원칙(The principle of equal consideration
　　of interests)을 행위의 지침으로 삼는다. 이는 도덕적 판단을 내릴 때 이에 의해 영향을 받는 자
　　들의 이익을 동등하게 고려하는 것으로, 인간이든 동물이든 X가 잃게 될 것이 Y가 얻게 될 것
　　을 능가한다면 X를 더 고려하는 것이다. 싱어에 의하면 이익평등 고려의 원칙은 윤리학의 본질
　　인 보편성을 가진 유일한 것이다. 이 원칙은 인간과 동물의 질적인 차이를 부정하고 감각을 중
　　심으로 쾌락의 양적인 차이만을 인정한다(정창록, 「생명 윤리론에서 피터 싱어의 코페르니쿠스
　　적 혁명에 대한 비판적 고찰」, 생명윤리, Vol.12 No.2, 2012, p.22.).

의 평등함을 인정한다면 사회계의 인간과 인간의 평등은 당연히 확보될 수 있다. 『장자』에서 인간의 사회적 평등 문제는 동물관과 마찬가지로 유가와 큰 차이가 존재한다.

유가의 사회는 사회적 위계와 계급을 기초로 한다. 중국 초기 문헌에서 人과 民은 구별된다. 人은 군주를 포함한 지배층이고, 民은 人에 의한 피지배층이다. 박병석에 의하면 『논어』에서 지배계층이나 위정자를 가리키는 명사로 君, 君子, 帝, 上, 居上, 王, 大夫, 公卿, 仁者, 知者, 勇者, 志士, 仁人 등이 있다. 이들 입장에서 보면 民은 기본적으로 마음대로 부리되 알 권리를 주지 않을 수 있는 존재이다.106) 선진유가 전적에서 人은 통치의 주체이고 民은 통치의 대상이 될 뿐이다. 民의 행동은 자신의 의지에 따른 자주적이고 적극적인 행위를 하는 자가 아니라 위정자의 행위에 대해서 피동적으로 반응하는 수동적 존재로 묘사되며 위정자는 民을 열등한 타자로 만들어 타자화하고 차등화한다.107) 사회생태론에 의하면 인간에 대한 이러한 차별과 지배가 결국 자연에 대한 인간의 지배도 낳게 되는 것이다.

『장자』에서는 용어상 人과 民의 구별이 없을 뿐 아니라 그동안 소외되었던 民이 중요한 역할로 등장한다. 『장자』의 중심 등장인물들은 왕공 대신이 아니라 몸을 움직여 생계를 꾸리는 육체 기술 노동자들이다. 기술에 관한 입장은 도가와 유가의 근본적인 차이점이

---

106) 박병석, 「중국 고대 유가의 '민' 관념」, 한국동양정치사상사연구, 제13권 제2호, 2014, p.37. 저자에 의하면 후대 학자들이 '民本'의 주요 근거로 드는 爲民, 愛民, 濟民, 重民, 牧民, 齊民 등은 선진유가 전적에 거의 나오지 않거나 가치가 없다. 이들 개념은 유가 사상을 긍정적으로 평가하고 옹호하기 위해 근현대에 만들어진 가공의 개념이라는 것이다. '民惟邦本'이나 '民爲貴' 등도 '爲政'이 전제된 것으로 왕권과 정권의 유지와 강화를 위한 것이다. 그는 후대 학자들이 이러한 수사를 이용하여 유가 사상의 존재 이유를 세우고 그 혜택을 누려왔다고 비판한다(같은 논문, pp.60-64.).

107) 박병석, 위의 논문, p.64.

다.[108] 유가의 학자는 직접 몸을 움직이는 일을 꺼렸고 심지어 그림을 그리는 것조차 오랫동안 천시되었다. 육체노동과 정신노동을 차등적으로 구별하는 사고방식은 아직까지 우리 사회에 뿌리 깊게 남아있다. 그러나 『장자』에서는 몸과 손을 직접 움직이는 일이 도를 추구하는 일부분을 구성한다. 소 잡는 포정, 수레바퀴 깎는 윤편, 종 만드는 북궁사, 악기걸이를 만드는 재경의 등 장인들은 자신의 기술로 일정한 경지에 오른 사람들이다. 이미 앞 장에서 언급했듯이 추한 외모를 가진 사람이나 신체적 장애를 지닌 사람은 물론, 형벌을 받은 전과자들까지 등장하는데 이들은 『장자』에서 단순한 주변 인물이 아니라 주인공으로 활약한다. 왕이나 관리들은 오히려 이들에게 배움을 얻는 조역으로 등장한다. 사회생태주의 관점에서 보면 고도의 위계 사회는 자연을 파괴할 가능성도 크다. 위계적인 사회의 사회제도와 관행은 통제를 용이하게 하는 방식으로 이루어진다. 예를 들어 현대의 자본주의 사회처럼 경제적 효율성을 최고의 가치로 삼는 사회에서 성공의 척도는 지배와 통제 능력이다. 이런 사회는 인간의 성공과 자연에 대한 지배를 동일시한다.[109] 사회적 위계는 사회적 착취뿐 아니라 자연을 지배하고 착취할 수 있는 조건을 제공하는 것이다. 유가의 사회가 철저한 사회적 위계를 기초로 한다면 장자의 세계는 이러한 위계를 깨뜨리고 전도시킨다. 『장자』에서 인간과 사회 그리고 자연의 평등함은 서로 분리되지 않는다.

---

108) 조셉 니덤(Joseph Needham), 콜린 로넌(Colin A. Ronan) 축약, 김영식·김제란 옮김, 『중국의 과학과 문명: 사상적 배경』, 서울: 까치, 1998, p.118. 『論語』「為政」편의 "君子不器", 「子張」편의 "百工居肆以成其事, 君子學以致其道" 등은 기술을 천시하고 백공과 군자의 계급을 철저히 구분하는 유가의 태도를 단적으로 보여준다.

109) 조제프 R. 데자르댕(Joseph R. DesJardins), 김명식·김완구 옮김, 『환경윤리』, 고양: 연암서가, 2017, p.480.

최일범은 환경윤리의 방법을 규칙(rule) 혹은 원리(principle)의 윤리학과 성품(character) 혹은 덕(virtue)의 윤리학으로 구분하고, 환경철학에서는 행위의 규칙이 아닌 도덕적 성품에 관심을 가질 것을 요구한다. 이는 단지 환경에 관한 생각뿐 아니라 인간 자신에 관해 달리 생각하기를 촉구하는 것이다.[110] 단순히 탈인간 중심적 가치 이론만 주장하는 것은 환경윤리를 행위의 규칙으로만 이해하기 쉽게 만든다. 윤리학이 궁극적으로 인간의 행위와 실천을 묻는 것이라면 『장자』라는 텍스트는 바로 생태적 삶의 실천을 그대로 보여준다. 장자의 사상은 영성주의나 신비주의가 아니라 실제적으로 행위의 실천을 보여주는 것이다.

인간은 필연적으로 사회적인 동물이고 몸은 사회 속에서 타자와 연결되는 고리이다. 메를로 퐁티에 따르면 몸은 지각의 주체로서 인간은 몸을 매개로 자연이나 사물들과 뒤섞여 살아간다. 몸은 세계 안으로 우리를 안내하는 적극적인 매체인 것이다.[111] 따라서 몸은 근본적으로 사회적 현상이고, 사회적이라는 것은 '상호신체적'[112]인 관계를 의미한다. 사회는 비가시적인 마음이 만나는 장소가 아니라 몸과 몸이 만나는 장소이다.[113] 그러나 자신과 세계를 연결하고 타

---

110) 최일범, 「유교사상의 환경윤리학적 해석」, 東洋哲學硏究, Vol.53, 2008, p.286.

111) 조광제, 「모리스 메를로-퐁티」, 박정호·조광제·양운덕·이봉재, 『현대철학의 흐름』, 서울: 동녘, 1996, pp.154-155.

112) '상호신체성(intercorporéité)'이란 메를로-퐁티가 사용한 용어로 자신과 타자가 공존하는 존재 방식으로의 상호주관성이 사고의 단계가 아니라 그보다 훨씬 더 이전의 신체적 수준에서 성립한다는 것이다. 지각의 장에서 자신의 신체는 타인의 신체와 상호 포착하는 관계에 놓이고, 나의 것도 타인의 것도 아닌 익명의 실존이 이들 신체에 동시에 거주하게 된다. 신체적 수준에서 생겨나는 이러한 익명의 삶, 즉 '사람'이라는 존재 방식이 상호신체성이다(기다 겐(木田 元) 외 3인, 이신철 역, 『현상학 사전』, 서울: 도서출판b, 2011, pp.165-166.).

113) 정화열 지음, 이동수·김주환·박현모·이병택 옮김, 『몸의 정치와 예술, 그리고 생태학』, 서울: 아카넷, 2005, p.111.

자와 관계를 맺기 위해서 필요한 이 몸은 사회적 권력과 위계로 구별되고 차등 지어진다. 자연에 대한 지배와 착취 이전에 인간에 대한 지배와 착취가 선행하는 것이다. 『장자』에 등장하는 몸은 추한 몸, 불구의 몸, 천한 몸 등 사회적 지위의 고저나 미추에 의한 차별이 없음을 실천적으로 보여준다. 타자와의 공존은 이성적 판단이 아니라 몸을 통한 공감에 기반한다. 공감은 사람들 사이에만 존재하는 것이 아니라 동물, 식물, 산, 강, 호수, 돌 등 생물과 무생물을 포함한 자연 전체에서 가능하다. "천지는 나와 같이 살고 만물은 나와 하나이다."[114]라는 장자의 명제는 사회생태와 자연적 생태를 포괄하는 이 세상의 모든 존재와의 공감이라 할 수 있다.

2) 化: 탄생과 죽음의 순환

고대 중국은 세계 자체의 동일성보다 변화에 더 많은 관심이 있었다. 『주역』의 易이 '變易'으로 끊임없이 변화하는 자연 현상의 원리를 설명했듯이 『장자』의 도도 자연의 질서라기보다는 오히려 다양한 변화를 시사한다. 현대어에서 變과 化는 구분되지 않고 합성어로 변화를 의미하지만 『장자』에서 變과 化는 의미가 구별된다. 김경희에 의하면 變은 주로 객관적 사태들의 불안정한 추이나 심리적 동요를 의미하고 不變을 주장하는 맥락에서는 부정적인 함의를 갖는다. 이에 비해 化는 종적인 변화를 포함하여 존재의 규정이 근본적으로 달라지는 현상이다.[115]

---

114) 天地與我並生, 而萬物與我爲一.「齊物論」
115) 김경희,「『장자』의 변(變)과 화(化)의 철학」, 이화여자대학교 박사학위논문, 2006, p.105.

한번은 비워지고 한번은 가득 차 그 형체가 일정하지 않다. 세월의 흐름은 막을 수 없고 시간의 흐름은 멈출 수 없어서 사라졌다 생기고 채웠다 비워지며 끝나면 다시 시작한다. 이것이 내가 위대한 도를 말하고 만물의 이치를 논하는 까닭이다. 사물이 생겨나는 것이 말이 달리듯 빨라서 움직일 때마다 변화하고 매 순간 달라진다. (...) 모든 것은 저절로 변화[化]하기 마련이다.116)

장자는 인간을 포함한 만물은 모두 예측할 수 없는 변화의 과정에 있고 우주는 이러한 변화의 흐름이라고 여겼다. 여기서 '化'는 일상 언어 개념으로 변화한다는 의미인데 장자는 이를 사용하여 自化, 變化, 風化, 化育, 外化, 內化, 造化, 物化, 萬化, 一化 등 다양한 복합어를 풍부하게 만들어냈다. '化'는 천지자연은 모두 변화한다는 일반적 자연의 원리로서의 변화를 의미하기도 하고,117) 사람의 외적 행동의 변화 및 내재적 감정의 변화를 의미하기도 하며,118) 종적 차이마저도 뛰어넘는 육체의 변화를 의미하기도 한다.119) 즉 일련의 化 개념은 자연 현상의 변화에서부터 사람의 심리적 변화, 나아가 종을 뛰어넘는 몸의 변화까지를 모두 포괄하는 것이다. 또한 장자는 만물의 변화를 관장하는 주재자를 '造化者'라고 불렀다. 하지만 이는 인격적

---

116) 一虛一盈, 不位乎其形. 年不可擧, 時不可止, 消息盈虛, 終則有始. 是所以語大義之方, 論萬物之理也. 物之生也, 若驟若馳, 無動而不變, 無時而不移. (…) 夫固將自化.「秋水」

117) "만물이 변화를 일으키니 싹이 트고 순이 나서 무성하게 자라다 시들어 죽는 것이 변화의 흐름이다."(萬物化作, 萌區有狀, 盛衰之殺, 變化之流也.「天道」); "황홀하고 적막하여 형체가 없고 변화하여 일정한 모습이 없다."(芴漠無形, 變化無常.「天下」); "천지자연이 아무리 커도 변화는 평등하다."(天地雖大, 其化均也.「天地」)

118) "공자는 나이 육십에 육십 번이나 바뀌었다. 처음에 옳다고 했던 것도 나중에는 아니라고 했다."(孔子行年六十而六十化, 始時所是, 卒而非之.「寓言」); "옛사람은 밖의 사물에 따라 변화하면서도 안의 마음은 변화하지 않았다. 지금 사람은 안의 마음은 외물에 좌우되어 변화하지만 밖의 사물 변화에는 순응하지 못한다."(古之人, 外化而內不化, 今之人, 內化而外不化.「知北遊」)

119) "사람의 육체는 끝없이 변화하면서 처음부터 끝이 없다."(若人之形者, 萬化而未始有極也.「大宗師」); "내 왼팔이 서서히 변화하여 닭이 된다면 내 그것으로 새벽을 알릴 것이다."(浸假而化予之左臂而爲鷄.「大宗師」); "물고기가 변화하여 붕이라는 새가 되었다."(化而爲鳥, 其名爲鵬.「逍遙遊」)

인 신을 의미하는 것이 아니라 내적 동력에 따라 생성과 변화의 작용을 멈추지 않는 자연 그 자체를 가리키며, 자연을 어떤 정태적 실체로서가 아니라 부단한 작용의 과정으로서 포착하기 위한 개념이다.[120) 이러한 여러 化의 개념 중 『장자』에서 가장 독특한 것은 化가 인간의 죽음을 의미한다는 것이다. 특히 「대종사」에서 죽음의 문제가 化를 통해 집중적으로 다루어진다. 장자에게 죽음은 삶만큼이나 큰 관심사였다.[121) 장자는 죽음을 한 개체의 차원에서가 아니라 자연 전체를 통하여 사고하였다.

> 자연의 변화에 따라 생겨나서 다시 변화에 따라 죽는다.[122)

> 육신이 化하면 그 마음도 그렇게 되니 큰 슬픔이 아니겠는가.[123)

위의 化는 생리학적인 변화, 육체의 변화, 즉 죽음을 나타낸다. 쉐푸싱에 의하면 『장자』에서 죽음은 '생리적 존재의 전화(transformation)'로서 새로운 생명의 탄생을 가능하게 하는 조건이다.[124) 장자가 자연의 변화를 통하여 얻은 중요한 통찰은 죽음의 본질이 생명의 완전한 소멸이나 허무를 의미하는 것이 아니라 생명이 다른 방식으로 존재함을 의미한다는 것이다. 죽음을 한 개체의 차원이 아니라 자연 전체 생명의 과정으로 바라보면 한 개체의 탄생을 위해서는 다른 개

---

120) 김경희, 앞의 논문, p.118.
121) "죽고 사는 것은 큰일이다."(死生亦大矣. 「德充符」); "죽음과 삶은 한 줄기이다."(以死生爲一條. 「大宗師」)
122) 已化而生, 又化而死. 「知北遊」
123) 其形化, 其心與之然, 可不謂大哀乎. 「齊物論」
124) 薛富興, 「化:一個來自≪莊子≫的生態觀念」, 西北師大學報(社會科學版), 2016, 53(03), p.44.

체의 죽음이 전제되어야만 한다. 오늘날 과학의 관점에서도 인간을 포함한 개체 생명이 죽으면 그 몸은 무기광물질로 분해되어 새로운 생명체에게 영양을 공급하게 된다. 생물 상호 간뿐만 아니라 유기물과 무기물 간의 이러한 상호 전화 과정이 생태계의 에너지 순환이다. 장자의 죽음에 대한 태도를 가장 잘 보여주는 두 가지 우화는 자신의 죽음과 아내의 죽음을 맞이했을 때이다. 먼저 장자가 자신의 죽음을 맞이할 때 그 제자들이 장례를 후하게 치르고자 하니 그는 다음과 같이 말한다.

> "하늘과 땅을 관곽으로 삼고 해와 달을 한 쌍의 옥으로 삼으며 별을 구슬로 삼고 만물을 선물로 여기니 나의 장례 도구가 다 갖추어졌는데 무엇이 더 필요한가?" 제자들이 말하길, "까마귀와 소리개가 선생님의 시신을 파먹을까 염려됩니다." 장자가 대답하길, "땅 위에 있는 것은 까마귀와 소리개의 먹이가 되고, 땅 아래 있는 것은 땅강아지와 개미의 먹이가 된다."125)

죽은 육신은 아무리 후장을 한다고 하여도 결국 완전히 분해되고 해체된다. 땅에 묻든 불로 태우든 인간의 육체는 결국 자연 속에서 완전히 분해되어 다시 자연으로 돌아간다. 장자는 천지와 일월을 장례 도구 삼고 자신의 유체를 기꺼이 까마귀와 소리개, 땅강아지와 개미의 먹이로 내주겠다고 한다. 모든 생물체가 생명 유지를 위해서 다른 생물체를 섭취하는 것은 필요 불가결하다. 인간은 지구 생태계 먹이사슬의 가장 위 단계의 포식자로서 수많은 동식물을 포식하며

---

125) 莊子將死, 弟子欲厚葬之. 莊子曰:「吾以天地爲棺槨, 以日月爲連璧, 星辰爲珠璣, 萬物爲齎送. 吾葬具豈不備邪? 何以加此!」弟子曰:「吾恐烏鳶之食夫子也」莊子曰:「在上爲烏鳶食, 在下爲螻蟻食, 奪彼與此, 何其偏也!」「列禦寇」

생명을 유지해왔다. 지구 생태계의 에너지 순환의 차원에서 보면 인간의 육체는 결국 땅으로 돌아가 땅의 자양분이 되어 다른 생명이 탄생하는 데 밑거름이 되어야 한다.126) 장자는 죽음을 우리가 먹었던 동식물에게 이 몸을 다시 돌려주는 과정으로 이해한다. 장자는 아내가 죽었을 때 곡을 하기는커녕 다리를 뻗고 앉아 동이를 두드리며 노래를 불렀다. 문상하러 갔던 혜시가 너무 심한 것이 아닌가 묻자 장자는 다음과 같이 대답한다.

> 아내가 죽었을 때 나라고 왜 슬프지 않았겠습니까? 그런데 생명의 처음을 생각해보니 본래 생명이란 게 없었더군요. 생명이 없었을 뿐 아니라 본래 형체도 없었고, 형체가 없었을 뿐 아니라 본래 기도 없었습니다. 황홀한 가운데 섞여 있다가 변해서 기가 생기고, 기가 변해서 형체가 생기고, 형체가 변해서 생명이 생겼다가 이제 다시 변해서 죽음으로 가는 것입니다. 이는 봄, 여름, 가을, 겨울, 사계절이 바뀌는 것과 같습니다. 내 아내는 지금 큰 방에서 누워 쉬고 있는 것입니다. 생각해보니 내가 슬퍼하며 따라 우는 것은 운명을 받아들이지 않는 것입니다. 그래서 곡을 그만두었습니다.127)

장자는 생사를 봄, 여름, 가을, 겨울, 사계절이 바뀌는 것과 같은 자연 변화의 하나로 이해한다. 인간은 기를 통하여 형체를 받아 태어나고 다시 기의 순환 과정으로 돌아간다. 전체 기의 순환 과정에 인간의 생로병사가 포함되어 있다. 장자의 죽음에 대한 태도는 한 개체의 관점이 아니라 철저하게 자연 전체 속에서 사유한 결과이다. 죽음은 인간만의 문제가 아니라 세계 안에 존재하는 모든 존재의

---

126) "만물은 모두 흙에서 생겨나서 흙으로 돌아간다."(今夫百昌皆生於土而反於土. 「在宥」)

127) 是其始死也, 我獨何能無概然! 察其始而本無生, 非徒無生也而本無形, 非徒無形也而本無氣. 雜乎芒芴之間, 變而有氣, 氣變而有形, 形變而有生, 今又變而之死. 是相與爲春秋冬夏四時行也. 人且偃然寢於巨室, 而我嗷嗷然隨而哭之, 自以爲不通乎命, 故止也. 「至樂」

보편적 상황으로 누구도 피할 수 없다. 장자는 化 개념을 통하여 개체의 죽음의 필연성과 지구 전체 생태계 간의 내재적 상호 의존 관계를 말한다. 즉 인간과 다른 생물체가 죽음과 생명 간의 변증 관계를 공유한다는 것이다.[128] 인간의 입장에서는 죽음은 가장 피하고 싶은 것으로 어쩔 수 없이 받아들여야 하는 것이지만, 전체 생태계의 입장에서 죽음은 독립적인 것이 아니라 전체 생태 과정의 일부분이다. 한 개체의 에너지는 죽음을 통하여 다른 개체의 에너지로 전달되므로 한 개체의 죽음은 곧 다른 개체의 탄생이 되는 생명 에너지의 순환이다. 「대종사」에서 다음과 같이 말한다.

> 일찍 죽어도 좋고 오래 살아도 좋고, 태어남도 좋고 죽음도 좋다.
> 사람들은 이조차 본받으려 한다. 하물며 만물이 매여 있으면서
> '일체의 변화[一化]'가 의지하는 것임에랴.[129]

여기 '一化'에서 '一'은 우주의 영원한 생명 에너지를 말하고 '化'는 이 에너지가 전달, 순환하는 상태를 의미한다.[130] 죽음은 무한한 化의 과정으로 단지 한 개체의 소멸이 아니라 다른 새로운 개체가 化할 수 있는 계기이다. 따라서 죽음은 소멸과 생성, 끝과 시작을 동시에 함의하는 化이다.[131] 죽음은 인간의 몸이 겪는 가장 큰 사건이다. 그러나 모든 생명체의 생명과 죽음을 생태적 시각으로 바라본다면 죽음 때문에 동요할 필요가 없다.[132] '一化'는 만물의 생명은 하

---

128) 薛富興, 「化:一個來自≪莊子≫的生態觀念」, 西北師大學報(社會科學版), 2016, 53(03), p.45.
129) 善夭善老, 善始善終, 人猶效之. 又況萬物之所係, 而一化之所待乎! 「大宗師」
130) 薛富興, 위의 논문 p.46.
131) 김경희, 「『장자』의 변(變)과 화(化)의 철학」, 이화여자대학교 박사학위논문, 2006, p.120.
132) "죽고 사는 것은 큰일이지만 그 때문에 흔들리지 않는다."(死生亦大矣, 而不得與之變. 「德充符」)

나이며 이것이 지상에서 만 가지 형태로 전화하면서 영원히 순환한다는 의미로 죽음에 대한 가장 생태적인 시각을 제공한다.

이상 Ⅳ장에서는 제물의 관점에서 생태미학은 논하였다. 정리하면, 먼저 '천지대미'는 자연생태적 의미를 갖는다. 장자의 사상은 자연에 대한 심미적 체험을 토대로 인생의 원리를 추출하므로 자연에 대한 수많은 묘사와 이에 대한 순수한 미적 감상을 드러낸다. 그 대표적인 것이 '遊'로서 이는 자연 심미의 기본 방식이자 인생에 대한 태도를 동시에 드러내는 심미적 개념이다. '遊'는 직접적인 몸의 움직임에서 시작해서 천지와 무궁으로 확대되어 '遊心'의 경지로 표현되지만, 이는 구체적인 몸을 통하여 도달하게 되는 경지이지 처음부터 몸 없이 마음만을 통해 추상적으로 제시되는 것이 아니다. 자연의 체험을 통해 도의 경지를 표현한 것이 '천뢰'와 '이명'이다. '천뢰'란 도를 체득한 몸으로 듣는 자연의 소리이고, '이명'이란 진정한 앎으로서 외부의 빛이 아니라 고요함과 텅 빈 곳에 저절로 찾아오는, 몸 안에 본래 존재하는 빛이다. 천뢰는 소리 없는 소리요, 이명은 빛나지 않는 빛으로서 모두 언어로 표현할 수 없는 도를 시청각적 요소로 은유한 것이다. 장자의 '만물제동' 사상은 자연생태와 더불어 사회생태적 의미를 갖는다. 사회생태란 사회적 위계와 착취가 자연을 지배하고 착취할 수 있는 조건을 제공하므로 자연생태와 사회 불평등 문제를 동시에 해결해야 한다고 보는 관점이다. 장자의 만물과 더불어 같이 살고자 하는 '竝生' 개념은 동물에 대한 평등한 관점, 나아가 모든 인간에 대한 평등한 관점을 전제한다. '化' 개념은 생명의 탄생과 죽음을 한 개체의 차원이 아니라 생태계 전체의 관점에서

바라본 것으로 전체 생태계 안에서 모든 만물은 평등하게 순환한다
는 생태적 함의를 지닌다. 이어서 다음 V장에서는 소요유를 일상의
삶의 미학 차원에서 고찰하겠다.

제5장

逍遙遊의 삶의 미학

몸은 삶의 구현체이자 실현체이다. '삶[生活]'이란 '생명[生]'을 '활기차게[活]'하는 것인데 이는 현실의 구체적 삶 속에서 사람의 몸으로 직접 실현되는 것이다. 근대철학은 인간 정신의 내적인 세계가 실제 바깥 세계보다 더 참다운 것이라 믿었다. 따라서 정신적 능력으로 구성된 이론적·논리적 세계가 몸을 통해 구체적으로 체험하며 살아가는 일상의 삶의 세계보다 더 참다운 것이라고 여겼다. 이러한 정신의 절대화를 비판하고, 구체적인 일상의 삶의 세계를 철학의 탐구 영역으로 정식화하고자 하는 시도로 제시된 개념이 '생활세계'이다. 즉 '생활세계'는 인간이 일상적으로 다른 사물이나 인격을 접하면서 자연적 태도에 따라 살고 있는 세계를 의미한다.[1]

---

1) '생활세계(Lebenwelt, lifeworld)'란 에드문트 후설(Edmund Husserl)이 『유럽학문의 위기와 선험적 현상학』에서 제시한 개념으로 학문적으로 수립된 객관적 세계와 대립하는 일상적 삶의 세계를 말한다. 여기서 '자연적 태도'와 '자연주의적 태도'는 다르다. '자연주의적 태도'는 자연과학과 같이 자연을 객체화해서 보는 태도로서 현상학적 환원이 초극하고자 하는 것이다. 반면 '자연적 태도'는 다른 태도와 병렬하는 여러 가지 태도 중의 하나가 아니라, 자연과학의 기초가 되는 자연주의적 태도나 정신과학의 기초가 되는 인격주의적 태도와 같은 일체의 태도에 선행해 있으면서 이것들을 가능하게 만드는 것이다. 따라서 현상학적 환원은 객체화된 '자연주의적 세계'를 배제하고, 객체화에 선행하는 자연스러운 세계 경험을 회복하고자 한다. 이러한 관점에서의 철학적 행위란 무세계적인 순수의식이나 모든 의미를 근원적으로 산출하는 초월론적 주관성이 아니라, 소박한 일상적 경험과 자연적 태도를 되돌아보는 일이다. 즉 객체적 세계의 앞에 선행해 있는 삶의 장소로서의 세계로 되돌아가는 일이라고 할 수 있다(기다 겐(木田 元), 이수정 역, 『현상학의 흐름』, 대구: 이문출판사, 1989, pp.46-47; 기다 겐(木田 元) 외 3인, 이신철 역, 『현상학 사전』, 서울: 도서출판b, 2011, pp.176-179.).

이는 한마디로 정신으로 사는 것이 아닌 몸으로 사는 세계이다. 정신적 능력인 학문에 의해 수립된 객관적 세계는 원칙적으로 지각하거나 경험할 수 없는 이론일 뿐인 세계이다. 인간은 과학이 구성한 객관적인 세계에서 영원할 것 같은 정신을 토대로 살고 있는 것이 아니라, 구체적인 세계 속에서 거추장스러울 수도 있는 몸, 취약한 몸, 그리고 결국에는 죽을 수밖에 없는 몸을 가지고 그 몸을 끊임없이 부양하며 살아간다. 생활세계, 즉 삶의 세계란 온몸으로 체험하는 구체적인 세계이자 일상의 세계를 의미한다. 장자의 자유정신을 대표하는 '소요유'는 이러한 삶의 세계 속에서 도출된 것이다. 따라서 소요유로 구현되는 몸의 미학은 일상적 삶의 영역과 예술의 영역을 구획·단절하는 것이 아니라, 삶과 예술의 연속성을 회복하고자 하는 삶의 미학이다.

이 장에서는 먼저 1절에서 장자의 소요유가 삶과 유리된 것에서 나온 것이 아니라 삶의 외연을 확대한다고 할 수 있는 정치·사회·문화영역과 밀접한 관계가 있음을 밝히고, 2절에서는 삶의 현장에서 몸으로 뛰고 있는 포정 및 장인들의 구체적 행위를 고찰한다.

1. 삶의 세계에서 자유로운 몸

철학의 과제가 인간의 삶을 위해 무엇을 할 수 있을 것인가에 중점이 있다고 인정한다면, 미학의 과제 또한 삶을 위한 미학을 지향하지 않을 수 없다. 류웨디(劉悦笛)는 중국 미학의 가장 큰 특징은 유가와 도가를 막론하고 '생활화'의 경향을 지니고 있다는 것인데, 그럼에도 불구하고 그동안 도를 지나치게 형이상화함으로써 도가 미학에 큰 오해를 불러일으켰다고 지적한다.[2] 그에 따르면 도는 허환적이고 고답적인 별도의 세계가 아니라 발로 실천하는 생활세계 속에 있으므로, 도가 미학 또한 삶의 출발점에서 이해되어야 한다. 천구잉도 만일 도가 인생과 아무런 관계가 없다면 텅 빈 개념일 뿐이고 반드시 경험 세계에서 실현이 되어야만 의미가 만들어진다고 말한다.[3] 따라서 그는 노자의 『도덕경』을 순수한 철학 텍스트가 아니라 실제적인 삶을 위한 텍스트이자 정치적 텍스트로 독해해야 한다고 주장하는데, 이는 『장자』에도 똑같이 적용된다. '道'는 글자의 기원에서부터 몸의 실천을 내포한다.[4] 애초부터 도는 사람과 독립

---

2) 劉悦笛, 「儒道生活美學─中國古典美學的原色與底色」, 文藝爭鳴, 2010(13).

3) 陳鼓應, 『老子注釋及平價』(修訂增補本), 北京: 中華書局, 2009, p.29.

4) '道'는 금문에서 🜔🜔으로 모두 큰 사거리에 사람이 서 있는 모양이다. 『漢字字源』의 해석에 의하면 "금문에서 '道'자는 '行'과 '首'로 구성되어 있다. '首'자는 사람의 머리 형상으로서 사람의 감

적인 추상적인 길이 아니라 사람의 참여가 있어야만 완전한 의미를 얻는 것이다. 장자는 "길은 걸어 다녀서 만들어진다(혹은 도는 행동하여 이루어진다)[道行之而成.「齊物論」]."라며 도의 실천성을 강조하였다. 도의 체현인 소요유도 저 높은 정신적 경지에만 머무르는 것이 아니라 삶 속에서 몸의 실천과 행위를 통하여 이루어가야만 하는 것이다. 인간의 삶이란 진공의 공간이 아니라 정치와 문화와 역사가 누적·교차하는 사회 속에서 이루어진다. 사회 안의 정치권력과 문화적 가치는 모두 몸을 통해 주입되고 구현되는데, 장자는 이에 대한 비판적 대안을 제시한다.

1) 소요유: 탈 정치적 몸의 비상

『장자』 내편이 「소요유」로 시작한다면 외편의 마지막은 「지북유」로서 '遊'를 공통분모로 한다. '遊'자는 고대에 '游'자와 같은 글자였다는 것을 감안했을 때 내편에서만 36차례, 외·잡편을 합하여서는 총 113차례 등장하는데, 그만큼 장자의 사상 전체를 관통하는 가장 중요한 개념이라 할 수 있다.[5] '遊'의 의미를 가장 명료하게 드러낸 것이 '소요유'이다. 따라서 「소요유」는 흔히 장자의 사상을 대표하는 편으로 알려져 있다. 「소요유」편의 시작은 너무도 유명한 이야기로

각기관이 머리에 모여있으므로 감각기관을 의미하고, '行'자는 사거리의 모양이다. 따라서 전체 글자의 의미는 사람이 사거리에서 감각에 근거해서 어디로 가야 할지 결정하는 것이다. 이로부터 목적지에 도달하는 가장 좋은 길이라는 의미가 생긴다."(竇文字·竇勇,『漢字字源: 當代新說文解字』, 長春吉林文史出版社, 2005, p.11.)

5) '遊'가 유가 문헌에서 쓰인 예는 『論語』에서 "父母在, 不遠遊, 遊必有方."「里仁」, "游於藝"「述而」로 여기서는 '나가 놀다' 혹은 '교유하다'의 의미로 쓰였고, 『孟子』에서는 대표적으로 "孟子謂末句踐日, 子好遊乎? 吾語子遊."「盡心上」처럼 '유세하다'라는 의미로 쓰였다.

곤이 붕으로 바뀌어 하늘 높이 날아가는 것이다.

> 북쪽 검푸른 바다에 곤이라는 물고기가 있다. 곤의 크기는 몇천
> 리인지 알 수가 없다. 이 물고기가 변하여 붕이라는 새가 되었다.
> 붕의 등은 몇천 리인지 알 수가 없다. 힘껏 날아오르자 그 날개가
> 구름처럼 하늘을 뒤덮는다. 이 새는 바다가 움직이면 남쪽의 검푸
> 른 바다로 갈 것이다. 남쪽 바다는 天池이다.[6]

　　여기서 붕새의 비상은 자유의 상징체로 여겨지며 역대로 많은 예
술가의 상상력을 자극하였다. '소요'라는 말은 장자가 처음 쓴 말이
아니라 『시경』, 『초사』 등에서도 몸을 이리저리 배회한다는 의미로
쓰였다.[7] 그러나 소요를 자유의 상징으로 삼은 것도 장자이고, 중국
문학에서 '소요'라는 단어를 자유의 대명사로 삼게 된 것도 장자부터
이다.[8] 소요는 방황과 같은 의미이다.[9] '遊'란 '游'와 같은 말로 깃발
이 바람에 따라 자유롭게 움직인다는 뜻에서 자유롭게 움직이고 변
화에 따라 움직인다는 의미를 지닌다.[10] 기존의 많은 연구가 소요유
를 자유로 해석한다는 점은 일치한다. 즉 소요유란, "구속이 없는 절
대의 자유로운 경지에서 노니는 것"[11], "어느 것에도 구속됨이 없는

---

6) 北冥有魚, 其名爲鯤, 鯤之大, 不知其幾千里也. 化而爲鳥, 其名爲鵬, 鵬之背, 不知其幾千里也, 怒而
飛, 其翼若垂天之雲. 是鳥也, 海運則將徙於南冥. 南冥者, 天池也.「逍遙遊」

7) 예를 들어 "두 자루 창에 중첩된 창 갈고리를 하고 하수가에서 소요하네."(二矛重喬, 河上乎逍遙
『詩經』「鄭風」)

8) 劉笑敢,「兩種逍遙與兩種自由」, 華中師範大學學報(人文社會科學版), 2007(06), p.84.

9) 성현영에 의하면 "방황은 거리낌 없이 행동하는 것을 이름한 것이고, 소요는 스스로 만족함을 칭
하는 것으로 같은 말이다."(彷徨, 縱任之名; 逍遙, 自得之稱; 亦是異言一致.) ([淸]郭慶藩 撰, 王孝魚
點校,『莊子集釋 上』(第3板), 北京: 中華書局, 2012, p.47.)

10) "허신이 편찬한 『설문해자』에 '遊'자는 없고, 다만 "游, 旌旗之流也. (…) 遒, 古文遊."라 하였고,
단옥재는 "又引伸爲出游, 嬉游. 俗作遊."라고 주석하였다. 쉬푸관에 의하면 깃발에 늘어뜨린 끈처
럼 생긴 술은 바람에 따라 나부끼면 얽매이는 바가 없으므로 자유롭다는 것을 말한 것이며, 이
때문에 유희의 유로 널리 응용되어 쓰였고, 장자도 기본적으로 이러한 의미의 遊를 말하는 것이
다."(쉬푸관(徐復觀), 권덕주 외 옮김,『중국예술정신』, 서울: 東文選, 1990, p.94.)

11) 안동림 역주,『莊子』(개정2판), 서울: 현암사, 2013, p.25.

마음, 즉 유유자적하며 편안히 노니는 마음"12), "무엇에도 구속되지 않는 자유로운 삶"13)이라는 뜻으로 모두 대동소이하게 풀이하고 있다. 그러나 모두 자유라는 공동 의식만 있을 뿐 자유의 내용 면에서는 다르다.

추이다화는 장자의 자유관과 서양 근대철학가의 자유관을 비교 분석하였다. 그에 의하면 서양 근대철학자 중 칸트와 루소가 주장하는 자유는 의지적 자유이고, 스피노자와 헤겔이 주장하는 자유는 이성적 자유이다. 자유의 내용 면에서 전자는 행위의 자주독립을, 후자는 인식의 필연성을 의미하며, 자유의 획득 면에서 전자는 고유성, 후자는 이성적 자각을 통하여 획득된다. 반면 장자의 자유관은 이와 달리 심정[情態]적 자유다. 장자에게서 자유의 내용은 정신적으로 아무런 얽매임이 없는 것이고, 자유의 획득은 우주 본체를 체인함으로써 얻을 수 있는 것이다.14)

근래 대표적인 장자 연구자인 류샤오간은 장자의 자유론에 관한 해명을 여러 번 시도하였다. 우선 『장자철학』에서 평하길 "장자는 운명론의 기초 위에서 자유를 추구하며 장자의 자유에 현실 개혁의 내용이란 전혀 없다. 이런 자유는 허위이다. (…) 장자는 현실 생활 속의 운명자로서 그의 정신 자유는 운명론의 기초 위에서 환상적으로 나온 신기루이다. (…) 장자의 자유는 순 정신적인 자아의 위안이고, 공허한 가상이며 현실을 도피한 결과이다."15) 그는 같은 책 부록 편에서도 장자와 사르트르의 자유관을 비교하였는데, 사르트르

---

12) 천구잉(陳鼓應), 최진석 옮김, 『老莊新論』(제2판), 서울: 소나무, 2013, p.213.

13) 안병주·전호근 공역, 『역주 장자 1』, 서울: 전통문화연구회, 2001, p.25.

14) 崔大華, 『莊學硏究』, 北京: 人民出版社, 1992, p.165.

15) 류샤오간(劉笑敢), 최진석 옮김, 『莊子哲學』(개정2판), 서울: 소나무, 2015, pp.178-179.

의 자유론이 운명론을 배척하는 자유, 무위를 반대하는 자유, 필연을 부인하는 자유, 주관 유심주의자의 자유라면, 장자의 자유론은 운명론에서 출발한 자유, 절대 무위의 자유, 우연을 부인하는 자유, 객관 유심주의자의 자유라는 차이점이 있다고 밝혔다.16) 또한 「두 가지 소요와 두 가지 자유」라는 논문에서는 장자와 곽상의 소요관을 한데 묶어 중국의 전통적 자유관의 대표로 보고, 현대적 자유 개념의 대표자로 이사야 벌린(Isaiah Berlin)이 제시한 '적극적 자유'와 '소극적 자유'17)의 개념을 들어 비교 분석하였다. 결론적으로 장자와 곽상의 자유 개념은 현대적 자유 개념과 전혀 이질적인 별개의 개념이라는 것이다.18) "양자[장자와 곽상]의 소요관은 모두 현실 속에서 뜻대로 되지 않는, 이미 주어진 처지를 인정, 수용한 뒤의 대응 방식이다. (…) 그들이 말하는 자유는 모두 개인적이고 정신적인 것이어서 현실의 개조나 직접적인 현실적 목적의 실현과는 아무런 관련이 없다."19) 라고 평가한다.

위의 연구에서 볼 수 있듯이 추이다화는 몸과 정신을 분리하여 정신의 자유만을 논하고, 류샤오간은 장자의 자유를 현실 도피적이고 수동적인 자기 위안에 불과하며 현실과 거리가 멀다고 거듭해서 주장한다. 이러한 관점이 장자 연구의 주류를 이끌어 왔다. 유가의 입세의 가치에 비하여 장자는 인간 세상의 여러 가치를 무시하고 오직 초세, 출세의 자유만을 추구하는 것으로 평가되어 왔고, 따라서 역

---

16) 류샤오간(劉笑敢), 앞의 책, pp.662-676.
17) Isaiah Berlin, "Two concepts of liberty", *Four Essays on Liberty*, Oxford: Oxford Univ Press, 1975, pp.119-172.
18) 劉笑敢, 「兩種逍遙與兩種自由」, 華中師範大學學報(人文社會科學版), 2007(06), pp.83-88.
19) 劉笑敢, 위의 논문, p.84.

사적으로 정치가들에게 배척되어 왔으며, 이러한 평가는 아직도 계속되어 대부분 학자가 장자를 은둔자나 염세주의자, 혹은 비관적 숙명론자 등으로 평가하고 있다.[20] 서구의 근대 자유 개념과 비교한다면 장자의 자유가 상대적으로 정신적인 면에 치우쳐 있음을 부정할 수는 없다. 그러나 그렇다고 이것이 현실을 버리고 정신적으로 퇴행하는 것이라고 볼 수는 없다. 소요유가 정말로 운명론[21]에 기초한 소극적 자기방어이자 현실도피일 뿐이고 정신적 자기 위안만을 주는 것인지, 현실적 혹은 정치적 성격과 전혀 무관한 것인지, 나아가 현대적 해석의 여지는 없는지에 대해서 재고해볼 필요가 있다.

이렇게 소요유를 정신적 혹은 마음의 자유로만 보는 것은 명확하게 뿌리 깊은 심신이원론의 사유에서 기원하는 것이다. 장짜이린(張再林)은 중국 고전을 마음 위주로 해석하는 것은 서양의 이성철학을 무비판적으로 수용하고 추종한 결과라고 보고, 그 원인을 네 가지로 들었다. 첫째 모종삼이 중국철학을 칸트식으로 해석한 것, 둘째 중국철학을 유물과 유심으로 엄격하게 구분한 것, 셋째 송명철학을 리학과 심학으로 구분하고 이를 중국철학의 정통으로 삼은 것, 넷째 '중체서용' 혹은 '서체중용'이라는 사실상 체용이분법의 논리에 빠진 것. 이들은 모두 서구 모더니즘의 틀로 중국철학을 잘못 해석한 것이라고 장짜이린은 비판한다.[22] 아울러 송명리학은 중국의 오래된

---

20) 맹제영, 「장자의 <逍遙遊>라는 행위에 대한 의미분석」, 인간연구, Vol.- No.1, 2000, pp.109-110. 물론 장자의 자유에 관한 모든 연구가 이처럼 장자의 자유를 소극적·피세적이라고 본 것은 아니다. 앞서 서론에서 언급했듯이 박소정의 경우 적극적인 자유의 의미를 부여하기도 하였으나 이는 오히려 예외적인 경우가 되는 것이다.

21) 왕보(王博)는 장자를 운명을 편안히 받아들이라고 요구했지만 동시에 운명 속에서 자기 생명을 능동적으로 파악한 사람이라고 평가한다. 따라서 운명론은 하나의 기조를 이룰 뿐 전부가 아니므로 장자를 운명론에 기초해서 읽는 것에 반대한다(왕보(王博), 김갑수 옮김, 『장자를 읽다』, 서울: 바다출판사, 2007, p.150.).

22) 張再林, 『作爲身體哲學的中國古代哲學』, 北京: 中國社會科學出版社, 2008, p.3.

도통의 충실한 전승자라기보다는 의식철학이 새로 생겨나면서 곁가지였던 것이 중심이 된 것일 뿐이다. 중국철학의 진정한 본체는 『주역』과 『주례』에 있는 '신체'에서 연원하는 것이지, 송명리학이 강조하고 현대인들이 열렬히 토론하고 심취하는 '심체'가 아니라고 주장한다.[23] 장짜이린의 지적처럼 소요유도 정신적 자유로만 제한을 해버린다면 장자 철학도 일종의 심학이 되어버릴 것이다. 또한 소요유가 현실도피에 불과하다면 이 시대에 더 이상 『장자』를 읽어야 할 아무런 가치도 없을 것이다.

우선 『장자』가 살았던 시대 상황을 상기할 필요가 있다. 전국시대는 명칭 그대로 중국 역사상 가장 광적인 전쟁의 시기이자 잔혹한 통치의 시대로 목숨을 보전하기조차 어려운 절망과 불행의 시대였다는 것은 주지의 사실이다.[24] 장자는 안회의 입을 통하여 잔혹한 현실을 폭로한다.

> 제가 듣기로 위나라 임금이 젊은 혈기에 제멋대로 국력을 소진하면서도 자신의 잘못을 잘 모른다고 합니다. 사람들을 사지에 몰아넣어 죽은 사람의 시체가 못에 넘칠 정도이고, 마치 타버린 풀과 같다고 합니다. 이런 지경에 사람들은 갈 곳을 모르고 헤매고 있다고 합니다.[25]

안회의 말대로 한 사람의 광포한 군주 때문에 백성들의 시체가 연

---

23) 張再林, 앞의 책, p.6.

24) 전국시기에 비해 전쟁 규모나 빈도가 훨씬 못 미쳤던 춘추시기 동안에도 52개국이 망하고 36명의 군주가 시해당했다. 전국시기에는 생산 수단이 진보하면서 무기나 전투 방법도 개발되었고 전쟁의 규모는 더욱 확대되었다. 국가 권력은 크게 강화되었고 이에 백성들은 과중한 세금, 형역, 형벌에 시달리고 그들의 목숨은 새털보다 가볍게 취급되었다(후쿠나가 미쓰지(福永光司), 이동철·임헌규 옮김, 『莊子: 고대중국의 실존주의』, 서울: 청계, 1999, pp.62-63.).

25) 回聞衛君, 其年壯, 其行獨, 輕用其國, 而不見其過, 輕用民死, 死者以國量乎澤, 若蕉, 民其無如矣. 「人間世」

못에 넘치는 피비린내 나는 시대였다. 당시 사람들은 자유와 행복은 커녕 형벌만 면해도 다행인 세상에서 가시로 가득 찬 가시밭길을 걷는 것처럼 살아야 했던 것이다.[26] 장자는 이러한 잔혹하고 불행한 시대의 현실을 명확하게 인식하였고, 그 원인이 국가 폭력에서 기원한 것이라고 판단했다. 당시 국가란 백성들의 착취 기관일 뿐이었고, 권력이란 백성들에게 잔혹한 형벌과 부역을 부과하는 압제일 뿐이었다. 장자의 사상은 이러한 정치 현실에 대한 인식을 배경으로 하고 그에 대한 비판에서부터 시작한다. 장자는 사람은 현실이 아무리 참혹하다 해도 이 현실 세계를 떠나서 살 수 없음을 명확하게 인식하였다. 인간은 추상적으로 존재하는 것이 아니라 항상 일정한 사회적 정치적 맥락에 놓여있기 때문이다.

세상에는 반드시 지켜야 할 대계가 두 가지 있다. 하나는 운명[命]이고, 하나는 의리[義]이다. 자식이 부모를 사랑하는 것은 운명이라 마음에서 지울 수 없다. 신하가 군주를 섬기는 것은 의리이니 어디를 가도 군주가 없는 곳이 없다. 세상을 살면서 이로부터 도망갈 곳이 없으니 이를 대계라고 한다.[27]

장자는 사람이 독자적으로 존재하는 것이 아니라 혈연 윤리와 사회 윤리적 관계 속에서 존재한다는 점을 분명히 하고 있다. 이 세상은 '어디를 가도 군주가 없는 곳이 없으니 이로부터 도망갈 수 없다'

---

26) 광인접여는 불행했던 시대를 다음과 같이 노래한다. "지금 같은 시절 겨우 형벌을 면할 뿐. 복은 깃털보다 가벼워도 담을 줄 모르고, 화는 땅처럼 무거워도 피할 줄 모르네. 그만두게, 그만두게. 덕으로 사람을 대하는 것, 위태롭고 위태롭다. 땅에 금 긋고 달려가는구나. 가시풀아 가시풀아, 내 갈 길 막지 마라. 이리저리 피해갈 테니 내 다리 다치게 마라."(方今之時, 僅免刑焉. 福輕乎羽, 莫之知載, 禍重乎地, 莫之知避. 已乎已乎, 臨人以德! 殆乎殆乎, 畫地而趨! 迷陽迷陽, 無傷吾行! 郤曲郤曲, 無傷吾足! 「人間世」)

27) 下有大戒二, 其一, 命也, 其一, 義也. 子之愛親, 命也, 不可解於心, 臣之事君, 義也, 無適而非君也, 無所逃於天地之間, 是之謂大戒. 「人間世」

196　장자, 몸으로 노닐다

는 것이 장자의 기본 인식이므로 현실 세계에서 도피하여 은거할 것을 권하는 것이 아니다. 현실의 문제는 命과 義로 요약된다. 命이 혈연의 윤리라면 義는 군신의 윤리이자 정치적 생명으로서 지켜야 할 윤리이다. 당시 정치적 현실에서 군신의 윤리를 지키는 것은 생명의 위험을 감수해야만 하는 위험한 일이었다. 따라서 「인간세」에서 "조심하고 삼가하여 몸을 바르게 하라."28)라고 경고한다. 「소요유」의 자유로운 비상과 「인간세」의 '조심하고 삼가라[戒之愼之]'는 일견 모순되어 보이지만 자유의 추구는 한계를 명확하게 인식하는 데서 시작하는 것이다. 왕보는 『장자』에서 「소요유」는 출발점이 아니라 종점이고 「인간세」가 내편의 중심고리라고 본다. 장자는 처음부터 끝까지 인간 세계에 뿌리박고 있으므로 「인간세」가 중심축이라는 것이다.29) 『장자』 내편의 구조는 아래로부터 위로 상승했다가 다시 아래로 하강하는 양방향 순환을 형성한다. 위로 상승하는 것은 體道를 통해 현실의 속박을 벗어나 자유의 경지에 오르는 것으로 「소요유」에 집중적으로 표현된다. 그러나 장자의 입족점은 결국 저 높은 창공이 아니라 발아래 이 땅이기 때문에 위로부터 아래로 하강을 하는데 이것이 「인간세」이다. 인간 세상의 현실을 명확히 아는 것에서부터 자유의 추구가 가능하고, 다시 자유의 경계로 인간 세상의 일을 행하며 인생의 가치를 실현하는 것이다. 구체적인 생활세계에서 자유를 얻을 수 있어야만 진정한 소요를 하는 것이다. 장자가 당시 정치를 어떻게 비판했는지 보자.

---

28) 戒之, 愼之, 正汝身也哉! 「人間世」
29) 왕보(王博), 김갑수 옮김, 『장자를 읽다』, 서울: 바다출판사, 2007, pp.414-416.

견오가 광접여를 만났는데 광접여가 물었다. "일중시가 너에게 무슨 말을 하던가?" 견오가 대답했다. "군주가 스스로 마땅한 의식과 올바른 법도를 만들어내면 사람들이 누가 따르고 교화되지 않겠냐고 하였습니다." 광접여가 말하였다. "그것은 덕을 속이는 것이다. 세상을 그렇게 다스리는 것은 맨발로 바다에 들어가고 맨손으로 강을 파내는 것과 같으며, 모기에게 산을 짊어지게 하는 것과 같다. 성인의 다스림이 외면을 다스리는 것일까? 자기를 바르게 한 뒤에 교화를 행하여 사람이 각자 할 수 있는 일을 맡길 뿐이다. 새는 높이 날아 화살을 피하지만 들쥐는 사당 아래 구멍을 깊이 파서 연기를 피우거나 파헤쳐져 잡히는 재앙을 피한다. 너는 두 짐승만도 못하단 말인가."30)

당시 권력 확장을 둘러싼 군주의 욕망은 무고한 백성들을 죽음으로 몰아가고, 덕치는 이름뿐 이를 빙자한 정치적 폭력만이 난무했다. 장자는 이런 정치에 대해서 "맨발로 바다에 들어가고 맨손으로 강을 파내는 것과 같으며, 모기에게 산을 짊어지게 하는 것과 같다."라고 비판한다. 천구잉은 「장자 연구 관점에 대하여 - 류사오간 박사의 『장자철학』에 부치는 글」에서 다음과 같이 말한다. "불행한 현실과 대면하여 장자가 추구한 것은 '소요유'라는 경지였다. 그의 소요유는 표면적으로 보면 여유가 있고 한가한 데에 깊이 빠져 유유자적한 것 같지만 마음속으로는 처세의 걱정으로 가득 차 있다. 「천하」 편에서 '천하에는 방술을 닦는 자가 많다'고 한 것은 당시의 지식인들이 난세를 구하는 문제에 관해 보편적인 관심을 가지고 많은 방안을 제출하였음을 보여준다. 『장자』에서 주장한 '내성외왕'은 곧 당시 지식인 공동의 이상과 포부였다."31) 이것은 소요유의 자유에

---

30) 肩吾見狂接輿, 狂接輿曰: 「日中始何以語女?」肩吾曰: 「告我君人者以己出經式義度, 人孰敢不聽而化諸!」狂接輿曰: 「是欺德也. 其於治天下也, 猶涉海鑿河, 而使蚊負山也. 夫聖人之治也, 治外乎! 正而後行, 確乎能其事者而已矣. 且鳥高飛以避矰弋之害, 鼷鼠深穴乎神丘之下, 以避熏鑿之患, 而曾二蟲之無如!」「應帝王」

31) 천구잉(陳鼓應), 최진석 옮김, 『老莊新論』(제2판), 서울: 소나무, 2013, pp.408-409.

대한 류샤오간의 견해에 대해 직접적으로 반박하는 것으로 장자의 소요유가 현실도피가 아닌 철저한 현실적 자각에서 나왔음을 반론하는 것이다. 정종모는 장자의 소요유가 내향적이고 개인적인 성향이 있을지라도 이는 현실 비판 정신과 권력에 대한 저항에서 나온 것이며, 여기에는 정치적 자유에 대한 갈망이 투영되어 있다고 본다.32) 이종성도 장자의 소요유는 당시의 불행했던 사회 상황 및 정치권력의 횡포와 밀접한 관련을 가지며 소극적인 현실도피라고 할 수 없다고 말한다.33) 맹제영 또한 장자 철학의 출발점은 인간 세상에서 발생하는 갖가지 갈등과 모순에 대한 우환 의식이고 장자가 이로부터 세상을 구하는 방법을 제시하였다고 본다.34) 장자는 '육합의 안'의 일을 논하고자 했는데35) 육합의 안이란 사람이 살고 있는 바로 이 생활세계이다. 자연과 사회는 서로를 비추어주는 거울로서 자연 없는 사회는 없고, 사회 없는 자연 또한 의미가 없다. 장자가 자연을 강조했지만 그가 진정으로 주목했던 것은 순수한 자연 세계가 아니라 인간이 사는 구체적인 삶의 세계이자 정치 현실이고 이에 대한 비판 정신이 소요유로 승화된 것이다.

그렇다면 소요유의 자유는 마음의 자유만을 말한 것인가? 육수지(陸樹芝)와 매충(梅冲)의 주석에 의하면 "遊는 몸이 기탁하는 것이고, 소요는 한가로이 거닐어서 자득하고 고원하여 구속이 없는 것이다.", "소요는 광대하게 자득한다는 의미이고, 遊는 활발하고 거침없이 돌아다

---

32) 정종모, 「장자의 소요유(逍遙遊)와 정치적 자유」, 철학논집, Vol.16, 2008, pp.145-146

33) 이종성, 「소요와 노닒 또는 걸림 없는 자유」, 동서철학연구, Vol.67, 2013, p.36.

34) 맹제영, 「장자의 <逍遙遊>라는 행위에 대한 의미분석」, 인간연구, Vol.- No.1, 2000, p.109.

35) "육합의 밖의 일에 대해서 성인은 인정하지만 논하지 않고, 육합의 안의 일에 대해서 성인은 논하지만 평하지 않는다."(六合之外, 聖人存而不論, 六合之內, 聖人論而不議. 「齊物論」)

녀서 자득한 의미에 꼭 맞는 것이다."36) 이들 주석에 의하면 '소요'는 자득의 의미로 마음의 영역이고, '유'는 실제로 움직이는 몸의 영역으로 '소요유'는 몸과 마음이 동시에 동기화되는 것이다. 따라서 소요유의 의미에는 심신의 분열이 전혀 없다. 몸의 실천을 배제하고 정신의 자유를 취할 수 없으며, 마찬가지로 정신적으로 자유롭지 않다면 몸 또한 자유로울 수 없다. 장자는 '심재'를 말하면서 다음과 같이 말한다.

> 저 텅 빈 것을 보라. 텅 빈 방에 눈부신 햇살이 빛난다. 상서로움
> 도 여기 고요한 곳에 머무는 것이다. 고요하지 않으면 이를 '앉아
> 서 달린다[坐馳]'라고 한다.37)

'앉아서 달린다[坐馳]'에 대해서 성현영은 "몸을 고목처럼 하지 못하고 마음을 죽은 재처럼 하지 못한다면 비록 겉모습은 가만히 있어도 정신은 부산하게 돌아다닌다. 육신은 앉아있으나 마음은 달리는 것이다."38)라고 하였다. 즉 '좌치'란 몸과 마음이 별개로 노는 것으로 심신의 분열을 의미한다. 소요유가 몸과 마음의 통합을 함축한다면 좌치는 반대로 몸과 마음의 분열을 함축한다. 「소유유」의 마지막 단락을 보자.

> 아무것도 없는 광막한 들판에 나무를 심어놓고 그 주변을 일없이
> 한가로이 돌아다니고 그 아래 누워 낮잠이나 자면서 소요하지 못
> 합니까.39)

---

36) 陸樹芝曰, (…) 遊者, 身之所寄, 逍遙者 徜徉自得, 高遠而無拘束也. 梅冲曰, 逍遙, 廣大自得之意, 遊者, 活潑流行, 惟意所適也. 方勇, 『莊子纂要』, 學苑出版社, 2012, p.8.
37) 瞻彼闋者, 虛室生白, 吉祥止止. 夫且不止, 是之謂坐馳.「人間世」
38) 成玄英疏: 苟不能形同槁木, 心若死灰, 則雖容儀端拱, 而精神馳騖, 可謂形坐而心馳者也. 崔大華, 『莊學研究』, 北京: 人民出版社, 1992, p.150.)
39) 何不樹之於無何有之鄕, 廣莫之野, 彷徨乎無爲其側, 逍遙乎寢臥其下.「逍遙遊」

여기서 소요하고자 하는 장소인 '아무것도 없는 곳[無何有之鄕]'이란 류샤오간의 말처럼 현실 너머 속세의 밖을 의미하는 것이 아니다. 단장취의하지 않고 이 글이 나오는 텍스트의 전체 맥락에서 살펴보면 '無用'을 설명하면서 나오는 말이라는 것을 알 수 있다. 따라서 '무하유지향'이란 무용의 장소에서 노닌다는 것이지 속세를 초월하는 것이 아니고, 한가롭게 돌아다니고 그 아래서 낮잠을 자는 것은 마음만으로 하는 것이 아니라 실제적인 몸의 실천인 것이다. 장자는 물론 '마음으로 노닐기[遊心]'를 말하고 이는 가장 높은 경계로 표현되기도 한다.40) 그러나 Ⅳ장에서 논했듯이 '遊心'은 몸으로부터 독립적인 것이 아니고 소요유의 근본적인 의미도 아니다. 마음이 덕과 합치되거나41) 기에 합치되어야 함을42) 말하는 것이지 마음만이 별도로 독립적 가치를 지니는 것이 아니다. 이종성의 말대로 장자 안에서 수없이 논의되는 정신적 자유의 담론들은 결국 몸과 마음의 소통을 위해 요청되는 비유이지43) 마음만의 자유를 의미하는 것이 아니다. 『장자』에서 정신적 자유가 의미를 갖는다면 그것은 몸의 자유를 동반하기 때문이다. 몸과 분열된 마음은 오히려 자유를 가로막는다. 장자의 소요유는 정좌명상 중에 실현되는 것이 아니라 실생활 속에서 달성되는 것이다. 정화열은 근대의 논리 중심적 경향, 특히 이원론과 자아중심주의, 시각 중심주의, 남근 중심주의에 대한 반론을 제기하고 이

---

40) "일의 흐름에 따라 마음을 자유롭게 노닐게 하고, 어쩔 수 없는 바에 자기를 맡기고 중심을 기르는 것이 최선이다."(夫乘物以遊心, 託不得已以養中, 至矣.「人間世」)

41) "이런 사람은 듣고 보는 것으로 마땅함을 삼지 않고 마음이 덕의 조화 속에서 노닌다."(夫若然者, 且不知耳目之所宜而遊心·乎德之和「德充符」)

42) "너는 마음을 담담한 곳에서 노닐게 하고 기를 막막한 곳에 합치되게 하라. 만물의 자연스러운 이치를 따르고 사사로움을 용납하지 않으면 세상은 다스려질 것이다."(汝遊心於淡, 合氣於漠, 順物自然而無容私焉, 而天下治矣.「應帝王」)

43) 이종성,「소요와 노닒 또는 걸림 없는 자유」, 동서철학연구, Vol.67, 2013, p.45.

를 벗어나고자 하는 탈근대성의 의미를 '몸의 정치'라고 명명하였다.[44] 이를 원용하여 이종성은 몸과 마음의 분열을 일으키는 일체의 허위의식을 반성하는 사유[45]를 '몸의 정치'라고 명명한다. 장자의 소요유가 근본적으로 몸과 마음의 대립이 없다는 점에서 장자의 소요유 또한 몸의 정치라는 형식을 갖는다. 몸의 정치는 모든 이원론의 근간이 되는 육체와 정신의 분열에 대한 반성에서 시작하는 것으로 장자의 소요유는 이러한 분열을 통합하는 의미가 있다.

몸의 미학에서 미적 경험의 즐거움이란 정신적인 것과 감각적인 것으로 분리하거나 혹은 우열로 위계 지을 수 없다. 즐거움은 생리적 욕구에서 오는 즐거움에서부터 고도의 지적 능력에서 오는 정신적인 즐거움까지 다양하다. 생리적·감각적 즐거움은 정신적인 즐거움에 에너지를 부여하고, 정신적 즐거움은 지적 능력으로 감각적 즐거움을 개선할 수 있는 상보적인 관계이다.[46] 마찬가지로 자유 또한 정신적 자유와 육체의 물리적 자유를 분리하고 그중 정신적 자유를 더 고차원적으로 정위하는 것은 자아를 분열시킨다. 몸 미학의 궁극적 목적은 '자기실현' 혹은 '자기완성'이라는 윤리적 활동으로서 완성된다.[47] 소요유의 자유는 자신을 억압하는 현실 세계에 대한 자각과 비판에서부터 시작하여 끊임없는 수양을 통해 자기를 완성하고 도를 체득하는 과정으로 완성된다.

---

44) 정화열 지음, 박현모 옮김, 『몸의 정치』, 서울: 민음사, 1999, p.10.

45) 이종성, 위의 논문, p.44.

46) 허정선, 「리처드 슈스터만의 '몸미학'에서의 '살아있는 아름다움'」, 영남대학교 박사학위논문, 2005, p.55.

47) 허정선, 위의 논문, p.71.

2) 眞君: 탈 중심적 신체 은유

인간의 몸은 인류 역사에서 오랫동안 정치적 사회적 관계들을 표현하는 메타포로 사용되어 왔다. 동아시아 고전에 등장하는 거의 모든 개념이 은유로 구성되어 있다고 할 수 있을 만큼,[48] 고대 중국에서는 신체 은유를 통하여 정치적 주장을 유비적으로 표현하였다. 정치 세계에서 인간의 몸은 하나의 은유(metaphor)이자 기호(sign)이다. 황쥔제(黃俊傑)는 최근 중국 사상에 관한 신체관 연구를 개괄하며 신체를 다음 세 가지로 분류하였다. 즉 사유 방식으로서의 신체, 정신 수양을 나타내는 신체, 정치권력이 전개되는 장소로서의 신체이다.[49] 이 중 정치권력이 전개되는 장소로서의 신체는 다시 두 가지 의미가 있다. 첫째 정치사상이나 국가조직의 원리에 사람의 신체를 은유적으로 사용한다는 점이다. 둘째 추상적 국가 권력은 항상 백성에 대한 신체 지배를 통하여 구체화된다는 점이다. 국가의 신체 지배가 개인 신체의 주체성을 해체하고 국가의 신체로 귀속시킨다는 점에서 신체는 정치권력이 전개되는 장소가 된다.[50] 전자가 정치의 신체 은유라면, 후자의 신체 지배는 고대 중국에서 의례화된 신체로 나타난다. 이 절에서는 우선 정치를 몸으로 어떻게 은유하는지 살펴보고 다음 절에서 의례화된 신체를 살펴보겠다.

몸을 정치에 비유한 것은 비단 동양에서만이 아니다.[51] 서양 근대

---

48) 정석도, 『하늘의 길과 사람의 길』, 서울: 아카넷, 2009, p.17.

49) 黃俊傑, 「中國思想史中'身體觀'研究的新視野」, 中國文哲研究集, 第24期, 2002, p.541.

50) 黃俊傑, 위의 논문, p.556.

51) 서구 사상에서 인간의 몸은 정치제도를 상징하는 오래된 메타포로서 정치 행위를 이론화하는 지배적인 방식이었다. '몸의 정치', '사회적 몸', '국가의 우두머리', '교회의 몸'과 같은 표현이 이를 보여준다. 특히 왕권 이론에서 중요한데, 왕은 물질적인 몸과 공동체의 삶을 상징하는 정

의 홉스의 정치철학서 『리바이던』의 표지 그림은 텍스트 전체가 정치를 신체로 은유하고 있음을 그대로 드러낸다.[52] 수많은 백성의 몸이 모여서 이루어진 '리바이던'의 몸은 이성과 자연법에 근거하여 성립하는 근대의 새로운 정치체제를 은유하는 것으로서, 즉 홉스는 아리스토텔레스식의 조화로운 신체를 뛰어넘는 새로운 정치적 신체로서의 인공 신체를 만들어낸 것이다.[53] 또한 데카르트식의 기계적 인간관을 국가에까지 적용한 것으로 인공 인간으로서의 국가는 기계로 유비되고 따라서 기계의 독특한 메커니즘을 따르게 된다.[54] 한마디로 홉스는 근대의 새로운 정치체를 위해 새로운 신체 은유를 도입한 것이다. 몸을 통해서 정치를 은유하듯 역으로 정치체제를 통해서 몸을 은유하기도 한다. 대표적으로 『황제내경』은 신체의 담론 안에 국가의 관료 체계를 유비함으로써 신체를 국가화한다. 주요 장기를 국가의 기구이자 직책을 뜻하는 용어로 사용하는데 장기마다 관직처럼 주요 담당 기관이 있고, 각 기관과 전체 몸 사이에 위계질서가 있다. 즉 국가 정치체제의 위계질서라는 관념을 여러 장기와 신체 부위의 위계적 기능을 이해하는 유비의 언어로 사용한다.[55] 이렇

신적인 몸이라는 두 개의 몸을 갖는다. 자세한 것은 브라이언 터너(Bryan S Turner), 임인숙 옮김, 『몸과 사회』, 서울: 몸과 마음, 2002, pp.329-330 참조.

52) 표지에서 묘사된 리바이어던은 자연적 신체가 아닌 인공적 신체로서 자연인을 보호할 목적으로 만들어졌기 때문에 사람보다 훨씬 몸이 크고 힘이 세다. 이 인공 신체는 국가를 신체로 유비하기 위해 만들어진 것으로 각 신체 부위가 주권, 장관, 행정 관리, 개인의 부와 재산, 법 등 한 국가 제도에서 필요한 것들을 비유한다. 홉스는 이 리바이던이 어떻게 만들어지고 어떻게 유지되는지를 설명하기 위해 이 책을 썼다. 자세한 것은 김태진, 「홉스의 정치사상에서 '신체'의 문제」, 한국정치학회보, 제51집 제1호, 2017, pp.33-34 참조.

53) 김태진, 위의 논문, p.32.

54) 김태진, 위의 논문, p.35.

55) 김희정, 「『黃帝內經』의 身體觀- 感應的 宇宙와 國家 관료체제 위계관념의 융합을 중심으로」, 道敎文化硏究 第20輯, 2004, pp.255-258.

듯 신체와 정치는 상호 유비되는 관계이다.

중국 고대 정치사상사에서 신체 은유는 대부분 다음 두 가지 방식으로 나타난다.[56] 첫째 心體의 비유로 군주를 마음으로, 신하를 신체의 오관이나 사지에 비유하는 것이다.[57] 마음으로서의 군주는 사지로서의 신하보다 우월하고, 또한 사지가 마음의 지휘를 받듯이 신하는 당연히 군주의 통솔을 받아야 한다. 둘째 元首股肱 비유로 군주를 머리에, 신하를 팔다리에 비유하는 것인데 마찬가지로 머리는 팔다리에 비해 우월하고 팔다리를 지배한다.[58] 즉 고대 정치에서 가장 일반적인 신체 은유는 마음이나 머리(즉 군주)에게 오관이나 사지(즉 신하)에 비해 우월성을 부여함으로써 군신간 상하주종의 정치권력 체제와 국가조직을 세우는 것이다. 이러한 정치의 신체 은유는 권력의 작동에서 마음이 나머지 모든 육체를 제어하듯 하나가 다수를 제어하는 권력 중심적인 사유이다. 그 예시를 찾아보면 원수고굉의 비유보다 심체의 비유가 더 일반적이다. 그 유명한 『孟子』의 대

---

56) 黃俊傑, 「古代儒家政治論中的'身體隱喩思惟'」, 『東亞儒學史的新視野』(修訂一版), 臺北: 國立臺灣大學出版中心, 2015, pp.317-321.

57) 心體의 비유는 『관자』에 집중적으로 나타나며, 『예기』에도 나타난다. "나라에 군주가 있는 것은 신체에 마음이 있는 것과 같다."(君之在國都也, 若心之在身體也. 『管子』「君臣下」); "몸에서의 마음은 군주의 위치이고, 직분이 있는 구규는 관리의 신분이다. 마음은 도에 거하고 구규는 리를 따른다."(心之在體, 君之位也. 九竅之有職, 官之分也. 心處其道, 九竅循理. 『管子』「心術上」); "사지육도는 몸의 체이고 사정오관은 국가의 체이다."(四肢六道, 身之體也. 四正五官, 國之體也. 『管子』「君臣下」); "백성은 군주를 마음으로 삼고 군주는 백성을 몸으로 삼는다. 마음이 튼튼하면 몸이 펴지고 마음이 엄하면 몸가짐이 공경스럽다."(民以君為心, 君以民為體. 心莊則體舒, 心肅則容敬. 『禮記』「緇衣」)

58) 元首股肱의 비유는 주로 『춘추좌전』 및 『상서』에서 많이 보이고, 『순자』에도 등장한다. "신하는 자신의 팔다리의 힘을 최선을 다해 쓴다."(臣竭其股肱之力. 『春秋左傳』「僖公九年」); "신하가 벼슬을 하는 것을 일러 팔다리라 한다."(君之卿佐, 是謂股肱. 『春秋左傳』「昭公九年」); "머리가 현명하면 팔다리도 어질어서 모든 일이 편안할 것이다."(元首明哉, 股肱良哉, 庶事康哉. 『尚書』「益稷」); "신하는 군주에 대하여, 아랫사람이 윗사람에 대하여, 마치 아들이 아버지를 섬기고, 아우가 형을 섬기는 것처럼 하고, 마치 손과 팔이 머리와 눈을 보호하고 가슴과 배를 가려주듯이 한다."(臣之於君也, 下之於上也, 若子之事父, 弟之事兄, 若手臂之扞頭目而覆胸腹也, 詐而襲之, 與先驚而後擊之, 一也. 『荀子』「議兵」)

체와 소체 구분에서 대체는 곧 마음이다.[59] 『순자』에서 마음은 더욱 몸의 중심이자 주인 역할을 한다.[60]

이렇게 마음을 신체의 중심으로 삼는 신체 은유는 군주 중심의 권력으로 유비되면서 정치에서 지배의 정당성과 합법성을 부여해 주는 역할을 한다. 여기서 황쥔제는 신체유기체에서 전체와 부분의 관계 문제를 제기한다. 즉 유기체를 전체론의 입장에서 보면 신체의 부분 즉 눈, 코, 입, 귀, 손, 발의 의미와 기능은 신체 전체 속에 놓여 있어야만 작용할 수 있다. 부분은 어떠한 자주성도 없이 전체를 위해 존재하는 것이다. 반면 개체론의 입장에서 본다면 전체는 무수한 부분의 조합으로 이루어진 것으로, 전체는 허명이고 전체를 구성하는 각각의 부분만이 실체이다. 부분이 없다면 전체도 없는 것이므로 부분은 전체에 우선한다. 이러한 전체론과 개체론의 두 가지 입장에서 황쥔제는 대부분의 전통 중국 사상가가 전체론의 입장이라고 진단한다.[61] 전체론 입장의 신체 은유 정치학에서 국체를 대표하는 것

---

59) "공도자가 물었다. '똑같은 사람인데 어떤 사람은 대인이 되고 어떤 사람은 소인이 되는 까닭은 무엇입니까?' 맹자가 대답하였다. '대체를 따르는 사람은 대인이 되고, 소체를 따르는 사람은 소인이 된다.' 공도자가 묻길, '똑같은 사람인데 어떤 사람은 대체를 따르고 어떤 사람은 소체를 따르는 것은 어째서입니까?' 맹자가 말했다. '귀와 눈의 기능은 생각하지 못하기 때문에 사물에 가려지니, 사물이 사물을 만나면 이끌릴 뿐이다. 마음은 생각하는 것이니 생각하면 이치를 얻고 생각하지 않으면 얻지 못한다. 이러한 기능을 하늘이 내게 주신 것이다. 먼저 큰 것을 세우면 작은 것은 것을 빼앗지 못하니 이것이 대인이 되는 것이다.'"(公都子問曰:「鈞是人也, 或爲大人, 或爲小人, 何也?」, 孟子曰:「從其大體爲大人, 從其小體爲小人」, 曰:「鈞是人也, 或從其大體, 或從其小體, 何也?」 曰:「耳目之官不思, 而蔽於物, 物交物, 則引之而已矣. 心之官則思, 思則得之, 不思則不得也. 此天之所與我者, 先立乎其大者, 則其小者弗能奪也. 此爲大人而已矣.」『孟子』「告子上」)

60) "마음이란 육체의 임금이며 신명의 주인이다. 명령을 내리기는 하지만 아무 곳으로부터도 명령을 받는 일이 없다. 마음은 스스로 금하고, 스스로 부리며, 스스로 빼고, 스스로 가지며, 스스로 행하고, 스스로 멈춘다. 입은 협박하여 침묵을 하거나 말을 하게 할 수 있고, 육체는 협박하여 굽히거나 뻗게 할 수가 있으나, 마음은 협박하여 뜻을 바꾸게 할 수가 없다. 옳다고 생각하는 것이면 받아들이고, 그르다고 생각하는 것이면 물리친다."(心者, 形之君也, 而神明之主也, 出令而無所受令. 自禁也, 自使也, 自奪也, 自取也, 自行也, 自止也. 故口可劫而使墨云, 形可劫而使詘申, 心不可劫而使易意, 是之則受, 非之則辭.『荀子』「解蔽」)

61) 黃俊傑,「古代儒家政治論中的'身體隱喩思惟'」,『東亞儒學史的新視野』(修訂一版), 臺北: 國立臺灣

은 군주로서 '짐이 곧 국가'이다. 여기에는 부분은 전체를 위해 존재하듯이 관리와 백성은 군주를 위해 희생해야만 하는 계층성의 형이상학이 숨어있다.

이러한 전체론의 입장은 전국시대 大一統 국가 신화가 제공하는 형이상학의 기초이다. 중국 문명에서 대일통 제국에 대한 사상은 매우 일찍부터 나타났다. 춘추전국의 오랜 전쟁과 희생은 그들에게 대일통의 정치 공동체를 지향하도록 하였다. 맹자가 양혜왕과의 대화에서 천하 국가에 대한 질문에 대해 "하나로 정해질 것입니다."[62]라고 대답했던 것도 천하국가의 정치적 통일과 권력의 형성을 염두에 둔 것이다. '天下', '中國', '九州'라는 단어는 이러한 중국의 통합왕조에 대한 사고를 표현한 것이며, 전국시대 제자들은 상·주시기와 같은 통일 왕조를 다시 이루는 것을 자신들의 과제로 삼았다.[63] 전체론 형이상학과 대일통 정치론의 결합은 마음이 팔다리를 지배하듯 하나가 다수를 지배하는 권력 중심형 구조를 만들고, 신체 은유가 매개되면서 이는 "도체=신체=국체"[64]라는 삼위일체 유비로 드러나게 된다.

장자는 이러한 전체론 우위, 권력 중심, 동일성 등의 입장을 비판하고 전체의 해체와 차이의 필연성을 주장한다. 이를 위해서는 홉스가 근대 정치체를 위해 새로운 신체 은유를 만들어냈듯이 장자 또한

大學出版中心, 2015, pp.322-323.

62) "맹자가 양혜왕을 보고 나와서 사람들에게 말하였다. '바라보니 임금답지 않고, 나아가니 두려워할 만한 바를 보지 못하였는데 갑자기 '천하가 어떻게 정해지겠습니까?'라고 묻기에 '하나로 정해질 것입니다.'라고 대답하였다."(孟子見梁襄王出語人曰, '望之不似人君, 就之而不見所畏焉. 卒然問曰, 天下惡乎定?' 吾對曰, '定于一'. 『孟子』「梁惠王上」)

63) 천영미, 「전국시대 맹자의 "심(心)"에 대한 일고찰」, 東洋哲學研究, Vol.61, 2010, pp.11-13.

64) 賴錫三, 「≪莊子≫的物化差異·身體隱喩與政治批判」, 臺大中文學報, 第40期, 2013, p.28.

'심체'나 '원수고굉'의 은유가 아닌 다른 신체 은유를 사용할 수밖에 없다.

> 다르다는 점에서 본다면 간과 쓸개도 초나라와 월나라처럼 멀겠지만 같다는 점에서 본다면 만물이 모두 하나이다.[65]

간과 쓸개의 비유는 심체나 원수고굉의 비유와는 완전히 다른 것이다. 중심과 주변이 따로 없이 동등하게 비유될 뿐이다. 또한 만물이 하나라는 동일성과 전체론 우위의 입장만 있는 것이 아니라 간과 쓸개만큼 개별적인 특수성도 존중하고 인정하는 것이다. 장자는 마음이나 머리를 신체의 중심으로 삼은 적이 없고 따라서 마음이나 머리가 나머지 신체 기관이나 사지를 통제한다고 주장한 적이 없다. 「제물론」 편에서도 이러한 마음의 중심성이 없다.

> 백 개의 뼈마디, 아홉 개의 구멍, 여섯 개의 장기를 모두 갖추고 있는데 나는 그중 어느 것을 더 사랑하는가? 너는 모두를 똑같이 좋아할 것인가 아니면 사사로이 더 좋아하는 것이 있는가? 모두 똑같이 좋아한다면 신첩으로 대하는 것인가? 신첩은 서로 명령을 내리기에는 부족하지 않은가? 그들을 서로 번갈아가며 군신으로 삼을 것인가? 거기에 진짜 군주[眞君]가 있는가? 그것의 진실을 알든 모르든 그 참됨은 달라질 것이 없다.[66]

이 글에 따르면 '백 개의 뼈마디, 아홉 개의 구멍, 여섯 개의 장기'를 억지로 구분하여 차등을 둘 필요가 없다. 이들은 신첩 관계도 아

---

65) 自其異者視之, 肝膽楚越也, 自其同者視之, 萬物皆一也. 「德充符」
66) 百骸. 九竅. 六藏. 賅而存焉, 吾誰與爲親? 汝皆說之乎? 其有私焉? 如是皆有爲臣妾乎? 其臣妾不足以相治乎? 其遞相爲君臣乎? 其有眞君存焉? 如求得其情與不得, 無益損乎其眞. 「齊物論」

니고 군신 관계도 아니므로 어떠한 우열이나 상하가 없다. 그렇다면 '眞君'은 어떠한가? 진군이라는 말은 뼈, 구멍, 장기에 비하여 군주의 위치를 갖는다는 것인가? 진군과 진재에 대해서는 역대로 다양한 관점이 있지만 라이시싼은 장자 시대에 마음이 신체의 군주가 된다는 보편적 주장이 있었다는 점을 감안하여 '眞君'은 아마도 '心君'과 관련되었을 것이라고 본다.[67] 즉 장자는 '심군' 은유에 빗대어 '진군'이라는 표현을 쓴 것이다. '진군이 있는가?'라는 질문은 곧 온몸을 관리하고 통제하는 중심으로서의 마음이 있는가 없는가를 질문한 것이다. 그런데 이 글에 이어서 成心[68]을 비판하는 글이 이어진다는 점에서 진군은 마음을 긍정하는 것이 아니다. 즉 온몸을 통제하는 중심으로서의 마음은 없다. 『장자』에서 '成心', '心知', '以心', '蓬心' 등의 마음은 일반적으로 지식, 욕망, 사려하는 마음으로 모두 극복과 비판의 대상이다.[69] '심재'는 이러한 마음을 청소하고 해체하는 수양론이다. 마음은 『장자』의 신체 은유 맥락에서 특별한 중심적 계급이 없고 오히려 비워야할 '虛'의 대상이다.

---

67) 賴錫三,「≪莊子≫的物化差異・身體隱喩與政治批判」, 臺大中文學報, 第40期, 2013, p.36.

68) "성심을 추종하며 그것을 스승으로 삼는다면 누구인들 스승이 없겠는가? 어찌 반드시 감정은 번갈아 나타나는 것이고 마음이 이것을 스스로 취한 것이라는 것을 아는 사람만이 스승이 있겠는가?"(夫隨其成心而師之, 誰獨且無師乎? 奚必知代而心自取者有之?「齊物論」) 성심에 관한 역대 주석은 두 가지 견해로 나뉜다. 즉 성심을 인간의 보편적 현상으로 보는 긍정적 견해(임희일, 석덕청, 마기창, 왕선겸, 장석창 등)와 편견이자 선입견으로서 버려야 할 것으로 보는 부정적 견해(성현영, 왕부지, 고형, 전목, 조초기, 왕숙민, 장경광, 이케다 등)이다. 이 중 본 연구는 후자를 취한다. 곽상은 성심에 대해서 다음과 같이 주석했다. "마음이 한 몸의 쓰임을 제어하는 것을 성심이라고 한다. 사람들이 스스로 자기의 성심을 스승으로 삼게 되면, 사람마다 스승을 갖게 된다. 사람마다 스승을 갖게 되므로 거기에 따라서 스스로 타당하다고 여긴다."(夫心之足以制一身之用者, 謂之成心. 人自師其成心, 則人各自有師矣. 人各自有師, 故付之而自當.) 이에 따르면 성심이 긍정적이든 부정적이든 사람들의 판단은 각자의 성심에 의한 것이다. 성심에 관한 긍정적, 부정적 해석에 대해서는 정세근(2006), 강신주(2000), 조한석(2002)의 연구가 있으며 자세한 것은 정용환,「장자의 제한적 상대주의」, 東洋哲學硏究, Vol.59, 2009, p.439 논문을 참조할 것.

69) "듣고 보는 그대로 받아들이되 마음의 앎에서 벗어나라."(夫徇耳目內通而外於心知.「人間世」)

양루빈에 의하면 『장자』의 진군과 진재는 자기 동일성이 전제되어 있는 자아가 있는지를 질문하는 것이다.[70] 그렇다면 그 대답은, 『장자』의 세계관은 끊임없이 변화하는 세계로서 어떠한 사물도 진정으로 그 자체로 존재하거나 혹은 동일성을 갖는 것은 없다는 것이다. 장자는 자아 동일성에 어떠한 자리도 내주지 않는다. 오히려 한 인간의 정체성은 스스로 구성한 것이 아니라 자신이 살고 있는 사회의 지배적인 담론으로 구성되어질 뿐이라고 보는데, 이것이 성심이다. 결국 진정한 자아란 「제물론」의 '喪我'로서 자신이 알고 있는 나를 부정함으로써만 알 수 있다.

> 귀로 듣지 말고 마음으로 들어라. 마음으로 듣지 말고 기로 들어라. 귀는 감각적인 소리를 듣는 데 그치고, 마음은 지각에 그친다. 하지만 기는 텅 비어있어 무엇이든 기다리는 것이다. 도는 오직 빈 곳에 모인다. 마음을 비우는 것이 심재이다.[71]

'심재'에서 마음은 중심을 차지하고 있는 것이 아니라 오히려 뒤로 쑥 물러난다. 마음은 스스로 깨끗이 비워서 다른 것을 용납하는 빈방의 이미지이다. '기로 듣는다'는 것은 신체가 더 이상 중심과 주변 혹은 우열의 구별이 있는 것이 아니라 중심에서 해방되어 신체의 각 부분이 모두 중심이 되고 전신이 기로 유통하는 것이다. 라이시 싼에 의하면 이러한 장자의 '허심'의 신체관은 군주 통치의 지위에 합법성을 정당화하는 심군 은유의 권력 중심론을 비판하는 것이다.

---

70) 楊儒賓, 「支離與踐形─論先秦思想裏的兩種身體觀」, 『中國古代思想中的氣論及身體觀』, 臺北: 巨流圖書公司, 1993, p.419.

71) 無聽之以耳而聽之以心, 無聽之以心而聽之以氣! 耳止於聽, 心止於符. 氣也者, 虛而待物者也. 唯道集虛. 虛者, 心齋也.」 顔回曰:「回之未始得使, 實有回也. 得使之也, 未始有回也, 可謂虛乎?「人間世」

중국 대일통 사상과 집권식 국가 신화는 동일성 형이상학과 신체 정
치론이란 두 가지 은유 위에 세워진 것인데, 이 두 가지를 버리면 대
일통 신화와 군주 권력 신화는 근거를 잃는다.[72] 따라서 장자의 '허
심'은 단지 개인의 수양적 차원만 있는 것이 아니라 정치에 대한 비
판을 온전히 담고 있는 것이다. 「천하」 편에서 신체와 도술의 은유
를 보자.

> 천하가 크게 어지러워지자 현인과 성인이 모습을 감추었고, 도덕이
> 하나로 통일되지 못해서 천하 사람들이 일부만 알고 스스로 만족하
> 는 경우가 많아졌다. 비유하자면 귀, 눈, 입, 코가 각자 밝게 아는
> 부분이 있지만 서로 소통하지 못하는 것과 같다. 이는 마치 제자백
> 가의 여러 학술이 서로 소통하지 못하는 것과 같다. 모두 나름대로
> 뛰어난 점이 있어 때로 그 기술을 쓸 곳이 있지만 전부를 포괄하거
> 나 두루 미치지 못하여 한쪽에 치우친 사람들이다. 천지의 아름다
> 움을 나누고 만물의 이치를 가르며 고인의 완전함을 산산조각 내었
> 으니, 천지의 아름다움을 갖추어 신명의 모습이라고 부를 만한 사
> 람이 ·적다. 이 때문에 내성외왕의 도는 어두워져 밝아지지 않고 막
> 혀서 드러나지 않는다. 천하 사람들은 각기 자기가 하고 싶은 대로
> 하고 스스로 방술이라 한다. 슬프다. 많은 학자가 가서 돌아올 줄
> 모르니 결코 도와 합하지 못하는구나. 후세 학자들은 불행히도 천
> 지의 순수함과 고인의 大體를 보지 못하고 도술은 장차 천하에 찢
> 어질 것이다.[73]

"귀, 눈, 입, 코가 각자 밝게 아는 부분이 있지만 서로 소통하지
못하는 것과 같다."라고 한 것은 이목구비의 신체 감관 능력이 서로

---

72) 賴錫三, 앞의 논문, p.36.

73) 天下大亂, 賢聖不明, 道德不一, 天下多得一察焉以自好. 譬如耳目口鼻, 皆有所明, 不能相通. 猶百家
衆技也, 皆有所長, 時有所用. 雖然, 不該不徧, 一曲之士也. 判天地之美. 析萬物之理, 察古人之全,
寡能備於天地之美, 稱神明之容. 是故內聖外王之道, 闇而不明, 鬱而不發, 天下之人各爲其所欲焉以
自爲方. 悲夫, 百家往而不反, 必不合矣! 後世之學者, 不幸不見天地之純, 古人之大體, 道術將爲天下
裂. 「天下」

통하지 못하고 각기 자기가 옳다고 주장만 하면 밝게 아는 부분이 있더라도 서로 통할 수 없음을 말하는 것이다. 이는 「제물론」에서 유가와 묵가의 시비에 대한 비판점과 상통한다.[74] 즉 서로 옳다고 시비를 주장하며 상호 협력 능력을 잃어버린 정치에 대한 비판인 것이다. 이것은 감관의 작용을 부정하기 위한 것이 아니라 그들 간에 소통하는 공감 능력을 강조한 것이다. 이 글에서 '고인의 대체'는 천하의 '도술'로 유비되었다. 맹자에게는 이목구비가 소체이고 마음이 곧 대체이므로 이목을 따르는 것이 아니라 마음을 따르는 사람이 대인이지만, 『장자』에서 대체란 이목구비가 어떤 주종 관계나 우열 관계가 없이 감관 능력 간에 서로 협력하고 조화로운 관계를 유지하는 것이다. 이를 정치 계급과 유비해보면 정치 계급 간에 어떠한 우열도 없이 상호 소통 협력하는 관계를 주장하는 것이다. 혼돈의 몸을 보자.

> 남쪽 바다의 임금은 숙이고 북쪽 바다의 임금은 홀이며 중앙의 임금은 혼돈이다. 숙과 홀이 가끔 혼돈의 땅에서 만났는데 그때마다 혼돈은 그들을 극진히 대접했다. 숙과 홀은 혼돈의 은혜에 보답하기 위해 의논하였다. "사람에게는 모두 일곱 개의 구멍이 있어서 이것으로 보고, 듣고, 먹고, 숨을 쉰다. 혼돈에게만 없으니 우리가 한번 구멍을 뚫어주자." 그들은 날마다 하나씩 구멍을 뚫었는데 칠일이 되자 혼돈은 죽고 말았다.[75]

일곱 개의 구멍은 곧 사람의 감각기관을 의미한다. 사람의 감각기

---

74) "이것도 저것이고, 저것도 이것이다. 저것에도 시비가 하나가 되고, 이것에도 시비가 하나가 된다. 과연 저것과 이것의 구분이 있는 것인가? 과연 저것과 이것의 구분이 없는 것인가?"(是亦彼也, 彼亦是也. 彼亦一是非, 此亦一是非. 果且有彼是乎哉? 果且無彼是乎哉? 「齊物論」)

75) 南海之帝爲儵, 北海之帝爲忽, 中央之帝爲混沌. 儵與忽時相與遇於混沌之地, 混沌待之甚善. 儵與忽謀報混沌之德, 曰:「人皆有七竅以視聽食息, 此獨無有, 嘗試鑿之」日鑿一竅, 七日而混沌死「應帝王」

관은 세계를 지각하고 인식하는 기본으로서 감각기관 없이 사람은 살 수 없다. 감각기관은 각기 특수한 작용을 하는데 이것이 원활하게 소통하지 못하고 각자의 욕망에 이끌려 간다면 '고인의 대체'와 '천하의 도술'이 찢어지는 현상과 같은 것이다. 혼돈의 몸은 기의 흐름을 통하여 막힘없이 소통하는 몸이다. 여기에는 중심이 되어 다른 기관을 지배하는 마음이 없다. '좌망', '심재' 등 장자의 수양 공부 방법은 한마디로 '형을 떠나고 마음의 지식을 버리는[離形去知]'것으로76) 形과 心의 양 방면에서 실시되는 것이지 心을 우선으로 하는 것이 아니다. 육체의 감각적 욕망의 청소와 더불어 마음의 지식에 대한 욕망과 성견을 동시에 제거하고 청소하는 것이다. 『장자』에서 마음은 몸에서 특별한 중심적 지위가 없다. 따라서 중국의 전통 사상은 대부분 전체가 부분에 우선하는 전체론의 입장이라는 황쥔제의 주장은 『장자』에는 해당하지 않는다. 장자의 신체 은유는 몸 자체에 대한 반성과 더불어 당시 권력 중심과 전체론 입장의 정치체에 대한 비판과 해체를 동시에 한 것이다.

3) 解衣般礴: 탈 기호적 몸의 해방

앞 절에서 말했듯이 장자는 인간이 命과 義의 세계로부터 도망칠 수 없다는 것을 명확히 인식했다. 그러나 命과 義가 구체적으로 드

---

76) "팔과 다리를 떨어뜨리고 귀와 눈의 작용을 물리쳤습니다. 육체를 떠나고 앎을 버렸습니다. 크게 통하여 만물과 하나가 되었으니 이를 좌망이라고 합니다."(墮肢體, 黜聰明, 離形去知, 同於大通, 此謂坐忘. 「大宗師」); "육신은 마른나무와 같고 마음은 불 꺼진 재와 같다."(形固可使如槁木, 而心固可使如死灰乎. 「齊物論」); "육체는 마른나무 줄기, 마음은 불 꺼진 재"(形若槁骸, 心若死灰. 「知北遊」)

러나는 방식과 내용은 선험적이고 불변하는 본질로부터 오는 것이 아니라 그 시대의 문화적 기호를 통해 형성된다. 서로 다른 문화 기호는 서로 다른 행위 방식으로 형성된다. 즉 자식이 부모를 사랑하는 것은 자연적인 命이지만 이것을 표현하는 형식은 사회구조가 결정하는 것이다. 유가 정치의 기준은 주나라의 전장 제도로서 예치를 통한 왕도 정치의 실현이다. 예는 단지 개인의 행위의 규범일 뿐 아니라 국가조직의 기본 정신이다. 공자가 말하는 빛나는 문채[文][77]는 바로 예를 말하는 것이다.[78] 예의 발현이 바로 文이고, 정치제도는 예를 실현시킨 것이라 할 수 있다. 양루빈에 의하면 유가 신체관의 두 원류는 주나라의 예를 중심으로 하는 威儀적 신체관과 의학을 중심으로 하는 혈기관이다.[79] 위의적 신체관에서 예는 인간의 본질적 요소이므로 예를 갖추지 못한 것은 아직 인간이 덜 된 것이다.[80] 위의적 신체관은 『예기』에 집중적으로 서술되어 있다.

> 군자의 용모는 여유 있고 침착하며, 존경하는 이를 뵐 때는 삼가고 공손해야 한다. 걸을 때는 묵직하게, 손은 공손하게, 시선은 단정하게, 입은 말하지 않는 듯하게, 목소리는 고요하게, 머리는 곧게, 숨은 엄숙하게, 서 있을 때는 덕스럽게, 낯빛은 장중하게, 앉아서는 시(尸)처럼 바로 앉는다.[81]

---

77) "주나라가 하와 은 두 나라를 거울로 삼았으니 빛나는구나. 문채여! 나는 주나라를 따르겠다."(周監於二代, 郁郁乎文哉. 吾從周. 『論語』「八佾」)

78) 監視也, 二代夏商也, 言其視二代之禮而損益之. 郁郁, 文盛貌(성백효 역주, 『현토완역 논어집주』(개정증보판), 서울: 전통문화연구회, 2012, p.93.).

79) 楊儒賓, 『儒家身體觀』(修訂1版), 臺北: 中央研究院中國文哲研究所, 1988, p.8.

80) "예란 몸[體]과 같은 것이다. 몸에 갖추어지지 않으면 군자는 이를 가리켜 인간이 아니라고 한다."(禮也者, 猶體也. 體不備, 君子謂之不成人. 『禮記』「禮器」)

81) 君子之容舒遲, 見所尊者齊遫 足容重, 手容恭, 目容端, 口容止, 聲容靜, 頭容直, 氣容肅, 立容德, 色容莊, 坐如尸. 『禮記』「玉藻」. 여기에 나오는 '아홉 가지 몸의 자세[九容]'는 이후 유가 전통에서 수신의 지침이 되었다.

(군자가) 마음이 조화롭고 밖으로 드러난 외모가 공순하면 백성들
은 그 안색을 보고 훈화되어 서로 다투지 않고, 그 용모를 보고
훈화되어 태만한 생각을 일으키지 않는다. 그러므로 덕의 빛이 군
자의 마음속에서 움직이면 백성은 복종하지 않음이 없으며 도리
를 밖으로 펼친다면 백성은 승복하여 따르게 된다.[82)

　위와 같은 위의적 신체관의 가장 큰 특색은 인격, 사회규범, 신체
가 서로 독특한 연결 관계를 갖는다는 것이다.[83) 즉 개인의 인격과
사회규범이 신체를 통해 연결된다. 가장 이상적인 인격은 신체를 매
개로 사회적 가치를 자신의 몸에 체현하는 자이다.『논어』「향당」
편에서 이러한 예를 가장 잘 구현한 공자의 모습을 볼 수 있다. 공자
는 조정, 집안, 손님 접대, 혹은 조문 행위 등 일상의 상황마다 가장
적합한 행위를 한다. 예를 들어 공무상에서 어떻게 행동하는지,[84)
옷은 어떻게 입는지,[85) 옷의 색깔, 계절별로 입는 옷, 예복과 평상복
입는 법, 관을 쓰는 것, 음식 먹는 법, 문병하는 법, 잠자는 법까지
일상의 모든 행동이 '文에 널리 배우고 예로써 단속하는'[86) 예의 구
현인 것이다. 상황에 맞는 몸짓, 절제되고 예의 바른 몸은 오랜 연마
를 통해 몸에 충분히 체현되어 행위에서 저절로 드러나게 된다.
　이승환은 이러한 유가적 예의 행위를 '기표'와 '기의'로 해석하였

---

82) 內和而外順, 則民瞻其顔色而弗與爭也. 望其容貌, 而民不生易慢焉. 故德輝動於內, 而民莫不承聽. 理
發諸外, 而民莫不承順.『禮記』「樂記」

83) 楊儒賓,「支離與踐形-論先秦思想裏的兩種身體觀」,『中國古代思想中的氣論及身體觀』, 臺北: 巨流
圖書公司, 1993, p.447.

84) "임금이 불러 손님을 접대하게 하면 낯빛을 바꾸며 걸음을 조심하였다. 더불어 서 있는 곳에서
읍하시되 손을 좌우로 하여 옷의 앞뒤가 가지런하였다. 종종걸음으로 나아갈 때는 새가 날개를
편 것 같았다."(君召使擯, 色勃如也, 足躩如也. 揖所與立, 左右手. 衣前後, 襜如也. 趨進, 翼如也.『
論語』「鄕黨」)

85) "공자는 감색과 검붉은 색으로 옷의 가선을 두르지 않았으며, 다홍색과 자주색으로 평상복을 만
들지 않았다."(君子不以紺緅飾. 紅紫不以爲褻服. 當暑, 袗絺綌, 必表而出之.『論語』「鄕黨」)

86) 博學於文, 約之以禮, 亦可以弗畔矣夫.『論語』「顔淵」

다. 즉 언어가 공동체의 문법에 의해 규정되듯이 유가의 예의 형식도 공동체의 약호 체제(code system)에 의해 규정된다. 내면의 의식은 몸을 통해 기호화되어서 밖으로 드러나므로 몸은 공동체의 독해를 기다리는 기표이고, 내면의 덕과 감정은 이에 상응하는 기의라는 것이다.[87] 따라서 눈빛, 낯빛, 몸짓 등 예에 의해서 규정된 유가의 행위는 내면을 드러내는 기호로서 발화 행위와 마찬가지로 의사소통의 매체가 된다.[88] 예에 벗어난 사적 행위는 아무런 의미도 갖지 못한다. 기표가 없이는 기의도 없듯이 몸이 없이는 내면의 마음을 드러낼 수 없고, 타자의 마음 또한 이해할 수 없다.

푸코가 『감시와 처벌』을 통하여 권력이 어떻게 작용하고 어떤 효과를 만드는지를 몸과의 관계를 통해 밝혔듯이[89] 몸은 권력이 직접 행사되는 작용점이다. 따라서 몸은 정치 영역에서 지배와 복종의 역학 관계를 나타내는 표지판이 된다. 지배자는 지배자대로 복종하는 자는 복종하는 자대로 각각의 행위 표준이 정해져 있다. 이승환에 의하면 사회적 약호가 갖는 주요 기능은 수평 관계 안에서는 교감적 기능 혹은 의사소통 기능이지만 수직 관계 안에서는 사회통제 기능이다.[90] 즉 지배와 복종의 역학 관계에서는 행위와 복장과 언어가 모두 역학 관계를 드러내는 부호가 된다. 지배하는 자와 복종하는 자가 각기 그에 맞는 행위, 언어, 의복을 통하여 권위와 위엄, 혹은

---

87) 이승환, 「'몸'의 기호학적 고찰: 유가 전통을 중심으로」, 기호학연구, Vol.3 No.1, 1997, p.49.

88) 이승환, 위의 논문, p.54.

89) 『감시와 처벌』은 18세기에 새롭게 만들어진 감옥, 군대, 학교, 공장 등 근대의 공간에 배치된 몸들이 효율적인 감시와 통제를 통하여 어떻게 분해되고 재조립되는지 생생하게 묘사한 책이다. 이에 의하면 몸을 면밀하게 통제하여 지속적으로 순종을 강제하도록 하는 기술이 '규율(discipline)'이다. 이를 통해 권력의 역학, 또는 정치 해부학이 탄생한다. 이에 대한 자세한 해설은 강미라, 『몸 주체 권력: 메를로퐁티와 푸코의 몸 개념』, 서울: 이학사, 2011을 참조할 것.

90) 이승환, 앞의 논문, pp.56-57.

복종을 드러내야 하는 것이다. 이런 관점에서 예는 의사소통일 뿐 아니라 사회통제의 권력 기능으로 작동하는 것이다. 공자는 예가 아닌 것은 보지도, 듣지도, 말하지도, 행하지도 말라고 하였다.[91] 이러한 예는 순자에게서 더욱 강화되었다. 순자에게서 사람의 신체란 곧 사회화된 신체, 더 확실하게는 의례화된 신체로서 사회화 이전의 신체는 단지 자연의 생물체일 뿐 인체가 아니다. 사람의 몸은 단순히 생물학적인 기초로는 불충분하고 실질적인 요소로서 예라는 문화적 가치가 내장되어야만 비로소 사람으로서 가치가 있게 된다. 이러한 신체관은 신체가 문화와 역사적 담지체가 되어 문화적 의미를 창출한다는 긍정적 의미도 있지만, 한편으로 몸을 규율하고 억압하는 권력의 도구가 된다.[92]

장자가 보기에 유가의 의례화된 신체는 권력에 의해서 인위적으로 조작된 신체이자 자연적인 신체를 지배하고 억압하는 권력의 도구이다.[93] 장자에게 가장 아름다운 몸은 문채가 나는 몸이라기보다 자연적인 몸이다. 따라서 『장자』에 등장하는 주인공들의 몸에서는 사회적 계급, 명예, 교육 수준 등 다른 문헌에서 보편적으로 신체와

---

91) "예가 아니면 보지도 말고, 예가 아니면 듣지도 말며, 예가 아니면 말하지 말고, 예가 아니면 행하지 말라."(非禮勿視。非禮勿聽。非禮勿言, 非禮勿動。『論語』「顏淵」)

92) 예의 신체관은 푸코의 '권력-지식 연계론'을 떠올리게 한다. 푸코는 이미 권력이 몸을 중심으로 구성된다는 점과 아울러 지식이 권력의 기술임을 밝힌 바 있다. 푸코에게 권력관계를 상정하지 않는 지식은 존재하지 않는다. "인식하는 주체, 인식되어야 하는 대상, 인식의 양태는 모두가 권력-지식의 기본적인 관계와 그것들의 역사적 변화의 결과들이다. 요컨대, 권력에 유익한 지식이든 불복종하는 지식이든 간에 하나의 지식을 창출하는 것은 인식 주체의 활동이 아니라 권력과 지식 간의 상관관계이고, 그것을 가로지르고, 그것이 조성되고, 본래의 인식 형태와 가능한 인식 영역을 규정하는 그 과정과 싸움이다."(미셸 푸코(Michel Foucault), 오생근 옮김, 『감시와 처벌』(재판), 서울: 나남출판, 2003, p.59.) 푸코의 '권력-지식 연계론'의 관점에서 권력이란 몸을 근거로 삼는 것이라는 점을 감안하면, 지식 또한 권력과의 관계 속에서 몸을 둘러싸고서 생겨나고 아울러 그 정당성 여부를 획득하는 것임을 알 수 있다.

93) 장자에 앞서 노자도 예를 비판하였다. "예라는 것은 진실하고 신실한 마음이 얇막해진 것이며 혼란의 원인이다"(夫禮者, 忠信之薄, 而亂之首。『道德經』38)

상관된 표지들이 등장하지 않는다. 온백설자와 공자가 만나는 우화
를 보자.

> 온백설자가 제나라로 가는 길에 노나라에서 하룻밤 묵게 되었는
> 데 어떤 노나라 사람이 그를 만나고 싶어 했다. 온백설자가 말하
> 길, "아니다. 중국의 군자는 예의에는 밝으나 사람의 마음을 아는
> 데는 서툴다고 들었다. 내 그를 만나고 싶지 않다." 제나라에 갔다
> 가 돌아오는 길에 다시 노나라에 묵게 되었는데 그 사람이 또 만
> 남을 청했다. 온백설자가 말하길, "지난번에도 만나고 싶다 하고
> 오늘 또 그러니 뭔가 내가 거둘 만한 것이 있을 것 같다." 온백설
> 자가 나가 그를 만나고 들어와서 한숨을 짓고 다음 날 다시 그를
> 만나고 들어와 또 한숨을 지었다. 그의 종이 물었다. "만나고 들어
> 오실 때마다 한숨을 지으시니 왜 그러십니까?" 답하길, "내 말 하
> 지 않았더냐. 중국의 사람들은 예의에는 밝으나 사람의 마음을 아
> 는 데는 서툴다고. 내가 만난 사람도 나아가고 물러서는 것이 꼭
> 자로 잰 것 같았다. 동작이 한 번은 용 같고 한 번은 호랑이 같았
> 다. 나를 나무랄 때는 자식이 아버지한테 하듯 하고, 나를 가르칠
> 때는 아버지가 아들한테 하듯 하더구나. 그래서 한숨이 나온다."
> 　한편, 중니는 온백설자를 만나보고 나서 아무 말도 하지 않았
> 다. 자로가 묻길 "선생님께서 온백설자를 만나고 싶어 하신 지가
> 오래되었는데 지금 그를 만나보고 아무 말도 하지 않으시니 무슨
> 까닭입니까?" 중니가 대답하길 "그런 사람은 한번 보기만 해도 도
> 가 있는 사람임을 알 수 있다. 말로 형용할 수가 없다."94)

유가에서는 일생 동안의 관혼상제가 모두 예로 규정되어 있을 뿐
만 아니라 모든 행위에 표준이 되는 지침이 규정되어 있고, 이를 몸
에 익혀 거의 자동적으로 실행해야 한다. 공자의 '나아가고 물러서

---

94) 溫伯雪子適齊, 舍於魯. 魯人有請見之者, 溫伯雪子曰.「不可. 吾聞中國之君子, 明乎禮義而陋於知人
心, 吾不欲見也」至於齊, 反舍於魯, 是人也又請見. 溫伯雪子曰.「往也蘄見我, 今也又蘄見我. 是必
有以振我也」出而見客, 入而歎. 明日見客, 又入而歎. 其僕曰.「每見之客也, 必入而歎, 何耶?」曰.
「吾固告子矣.『中國之民, 明乎禮義而陋乎知人心.』昔之見我者, 進退一成規一成矩, 從容一若龍一若
虎, 其諫我也似子, 其道我也似父, 是以歎也」仲尼見之而不言. 子路曰.「吾子欲見溫伯雪子久矣, 見
之而不言, 何邪?」仲尼曰.「若夫人者, 目擊而道存矣, 亦不可以容聲矣」「田子方」

는 것이 꼭 자로 잰 것' 같은 행동은 이렇게 유가의 의례화된 신체를 말한 것이다. 장자는 이러한 의례화된 신체를 몸의 형식에만 밝을 뿐 사람의 진정한 본심에 대해서는 아무것도 모른다고 비판한다. 유가는 사람의 마음이 몸을 통해 그대로 드러난다고 보았지만, 장자에게서 '덕은 드러나지 않는[德不形]' 것이고, 오히려 부족해 보이는 것이다.[95] 공자는 온백설자를 보자마자 도가 있음은 알았지만 그것은 몸의 형식으로 나타나는 것이 아니었기 때문에 "말로 형용할 수가 없다."라고 말한다. 도는 몸의 형식에 있는 것이 아니기 때문이다. 장자는 예로 훈육된 신체를 심지어 도둑으로 비유하기까지 한다.

> 사성기는 뒤로 물러나 노자의 그림자를 밟지 않으려고 천천히 다가가며 물었다. "수신은 어떻게 합니까?" 노자가 대답했다. "그대의 얼굴은 근엄하고, 눈빛은 쏘는 듯하며, 이마는 널찍하고, 입은 크게 벌어져 있으며, 풍채는 위엄이 있어 마치 달리려는 말을 매어 놓은 것 같다. 움직이고 싶은 것을 버티고 있지만 일단 움직이면 쇠뇌같이 빠르고, 자세히 살피며, 교묘한 지식으로 교만한 태도를 보일 것이다. 이 모든 것은 모두 믿을 것이 못 된다. 변두리 국경에도 그런 사람이 있었지만 그 이름이 도둑이었다."[96]

'修身'은 유가와 도가가 모두 사용하는 말이지만 그 내용이 다르다. 예로 다듬어진 수신은 장자가 보기에 인위적 연출이자 허위의식이다. 예는 문화적 가치를 습득하고 계승하는 역할을 하지만 순식간에 신체에 대한 고정관념을 형성하여 몸을 고정시키고 경직시킨다.

---

95) "정말 깨끗한 사람은 오히려 때 묻은 듯 보이고, 덕이 가득 찬 사람은 뭔가 부족한 듯 보인다." (大白若辱, 盛德若不足. 「寓言」)

96) 士成綺雁行避影, 履行遂進而問:「修身若何?」老子曰:「而容崖然, 而目衝然, 而顙頯然, 而口闞然, 而狀義然, 似繫馬而止也. 動而持, 發也機, 察而審, 知巧而覩於泰, 凡以為不信. 邊竟有人焉, 其名為竊.」「天道」

사성기의 모습은 전형적이고 상투적인 예의적 신체 풍모를 보여준다. 장자는 이러한 의례화된 신체가 당시 정치에서 권력의 욕망을 은폐하는 역할을 하는 것으로 보고 도둑이라는 말을 한 것이다. 이런 관점에서 본다면 이승환의 말처럼 장자의 기호학은 유가의 상투화된 코드와 위장된 코드에 대한 비판의 기호학이라고 할 수 있다.[97] 즉 예의 허구성을 폭로하고 이에 대한 대항 담론의 의미를 갖는 것이다. 문명이 발달할수록 문화적 기호로서의 예는 더욱 세분화되고 몸은 끊임없이 사회적으로 인정된 표준에 맞추어 나가고자 노력하게 된다. 의례화된 신체는 예의 자발적 기제가 됨으로써 스스로 통제하고 검열하는 데 이른다.

> 소인이 홀로 거처할 때에 불선한 짓을 하되 이르지 못하는 바가 없다가 군자를 본 뒤에 겸연쩍게 그 불선함을 가리고 선함을 드러낸다. 남들이 자기를 보기를 자신의 폐부를 보듯이 하는데 무슨 소용 있겠는가. 이것을 일러 '마음이 성실하면 외면에 나타난다'고 하는 것이다. 그러므로 군자는 반드시 그 홀로를 삼가는 것이다. 증자가 말하였다. "열 눈이 보는 바이며 열 손가락이 가리키는 바이니 무섭구나!"[98]

푸코는 인간이 따르는 규율이란 자율적인 이성의 명령에 바탕을 둔 것이 아니라 사회적 권력과 권력을 정당화하는 무수한 담론들에 의해서 타율적으로 주입된 것으로 보았다. 정신도 실체가 아니라 '몸에서 권력의 여러 기술에 의해 만들어지면서 실재

---

97) 이승환, 「'몸'의 기호학적 고찰: 유가 전통을 중심으로」, 기호학연구, Vol.3 No.1, 1997, p.63.
98) 小人閑居爲不善, 無所不至, 見君子而後厭然, 掩其不善, 而著其善. 人之視己, 如見其肺肝然, 則何益矣! 此謂誠於中, 形於外, 故君子必愼其獨也. 曾子曰:「十目所視, 十手所指, 其嚴乎!」富潤屋, 德潤身, 心廣體胖, 故君子必誠其意. 「大學」

성을 띠는 것', 혹은 '몸에 행사되는 권력의 지배력의 한 부품'[99] 이라고 한다. 즉 정신이란 권력에 의해 몸에서 형성되어 몸에 부과되는 일종의 권력의 대체물이라는 것이다. 앞의 인용문에서 예는 본래 사회적 관계를 위한 기능이었는데 이제 홀로 있는 사적인 공간에서조차 열 눈이 보고 열 손가락이 가리킨다고 끊임없이 자기 점검을 하게 된다. 여기서 벤담이 만든 '원형감옥(panopticon)'의 죄수를 떠올리는 것은 무리한 비약일까? 어쨌든 권력이 예를 통해 완벽하고 자발적인 방식으로 개인을 통제하기에 이른 것이다. 몸이 권력을 각인시키는 유순하고 순응적인 지대라는 점을 각성하는 것은 몸의 미학의 정치적 가치이다. 지배 이데올로기는 몸의 규범 속에 약호화되어 암암리에 보존되지만, 이것은 너무나 당연한 것으로 간주되어 비판적 의식을 갖기 어렵게 한다.[100] 장자의 몸의 미학은 이러한 비판 의식을 일깨우는 것이다.

장자가 보여주는 몸들은 의례화된 신체, 혹은 경직된 신체에서 가장 멀리 떨어진 몸으로 대부분 권력에서 소외되거나, 형벌을 받거나, 혹은 비정상적이고 누추한 몸들이다. 한마디로 규범에서 벗어났지만 그만큼 자연적이고 자유로운 신체이다. 라이시싼에 의하면 노장의 신체의 원형은 고대 신화 속의 유동하고 변형하는 신체이다. 상고시대 암벽화의 강렬한 리듬감을 가진 역동적인 신체, 그리고 고대 신

---

99) 푸코는 정신을 환영이나 관념이 아니라 권력 작용에 의해 끊임없이 만들어지고 행사되는 실재적인 것으로 본다. 그것은 권력과 권력이 만들어낸 지식이 유기적으로 결합되어 만들어진다. 푸코에게 영혼이란 권력이 몸에 행사하도록 하는 지배력의 한 부품이다. 따라서 그는 영혼이 몸의 감옥인 것이 아니라 반대로 영혼이 몸의 감옥이라고 말한다. 이에 대한 자세한 설명은 미셸 푸코(Michel Foucault), 오생근 옮김, 『감시와 처벌』(재판), 서울: 나남출판, 2003, pp.61-62를 참조할 것.

100) 리처드 슈스터만(Richard Shusterman), 허정선·김진엽 옮김, 『삶의 미학』, 서울: 이학사, 2012, pp.201-202.

화를 모은 『산해경』에서 보여주는 신, 인간, 동물, 식물의 형체가 다종다양하게 섞인 신체이다.[101] 이들은 「소요유」에서 물고기가 새로 변화하듯이 하나의 몸으로 정체성이 고정되어 있지 않고 다른 몸들과 자유롭게 융합하고 변형하는 몸이다. 엉뚱하고도 황당한 형상들을 만들어내기도 하는 생기와 활력이 넘치는 몸이다. 「달생」 편에서 공자와 노자가 만났을 때 신체를 보자.

> 공자가 노담을 만나러 갔을 때 노담은 머리를 감고 풀어 헤친 채 햇빛에 말리느라 꼼짝도 않고 있어서 사람 같지가 않았다. 공자는 잠시 기다렸다가 노담에게 말했다. "제 눈이 잘못 본 걸까요? 아니면 눈으로 본 것이 사실일까요? 조금 전에 선생님의 몸은 마른 나무가 꼼짝 않고 우뚝 서 있는 것 같았습니다. 마치 외물을 버리고 인간 세상을 떠나 홀로 서 있는 듯했습니다." 노담이 대답했다. "내 마음은 만물의 처음에서 노닐고 있었습니다."[102]

유가에게서 머리를 풀어 헤치고 손님을 맞는 것은 상상할 수 없는 모습이다. 이는 사회적 규범과 문화적 기호에서 완전히 이탈한 신체이다. 규격화된 유가적 신체감각에 익숙한 공자는 큰 충격과 당혹감을 느낀다. 노담의 몸은 단순히 외면적인 모습만이 아니라 내면 또한 완전히 예에서 벗어난 모습이다. 공자는 그 모습을 마른나무 같고, 외물을 버린 듯, 인간 세상을 떠난 듯, 홀로 있는 듯하다고 표현한다. 이는 인위적인 예가 몸에 가해지기 이전의, 몸의 본래적인 진실한 모습, 자연적인 신체의 모습을 부각시킨다. 몸의 자유[遊]는 마음의 자유[遊]로 연결된다. 사회와 문화의 인위적 가치에서 벗어나

---

101) 賴錫三, 「≪莊子≫身體觀的三維辯證: 符號解構・技藝融入・氣化交換」, 淸華學報, 42卷1期, 2012, p.4.
102) 孔子見老聃, 老聃新沐, 方將被髮而乾, 慹然似非人. 孔子便而待之, 少焉見, 曰:「丘也眩與, 其信然與? 向者先生形體掘若槁木, 似遺物離人而立於獨也.」老聃曰:「吾遊心於物之初.」「田子方」

야만 몸이 자연에 완전히 개방되어 만물과 공명할 수 있다. 따라서 노담은 "내 마음은 만물의 처음에서 노닐고 있었습니다."라고 표현한다.103) 몸이 모든 문화 기호의 프레임으로부터 벗어났을 때 마음 또한 자유롭게 되고, 몸과 마음이 모두 자유로운 상태가 되어야만 자연 만물과 소통할 수 있게 되는 것이다. 고정된 기호가 해체된 이후 몸은 고도의 유동성을 회복한다. 유동적이고 자유로운 몸은 『장자』의 여러 군데에서 볼 수 있다.

> 공자가 여량에서 큰 폭포를 구경하고 있었다. 폭포가 어찌나 크던 지 떨어지는 물줄기는 삼십 길이나 되고, 빠른 물살은 사십 리나 흘렀다. 물고기나 자라도 헤엄칠 수 없는 곳이었다. 그런데 한 사나이가 헤엄을 치고 있었다. 공자는 사나이가 뭔가 괴로움이 있어 죽으려는 줄 알고 제자들에게 물길을 따라가 그를 건져주라고 했다. 몇백 걸음 따라가 보니 사나이는 뚝방 아래에서 머리를 풀어 헤친 채 노래하며 거닐고 있었다.104)

> 운장이 동쪽을 여행하다가 부요 나뭇가지 아래를 지나는데 마침 홍몽을 만났다. 홍몽은 넓적다리를 두드리며 껑충껑충 뛰어놀고 있었다.105)

> 장자의 아내가 죽어 혜자가 문상을 갔다. 장자는 다리를 뻗고 앉아 동이를 두드리며 노래를 부르고 있었다.106)

몸의 미학에서는 어떠한 몸이 훌륭한지에 대하여 고정된 외적 표

---

103) 이것은 다음과 의미가 같다. 「제물론」에서 "천지는 나와 함께 살고 만물은 나와 하나가 된다." (天地與我竝生, 而萬物與我爲一.「齊物論」);「소요유」에서 "천지의 바름과 하나가 되어 육기의 변화에 따라 끝없이 노닌다."(若夫乘天地之正, 而御六氣之辯, 以遊無窮者.「逍遙遊」);「대종사」에서 "천지의 한 흐름에서 노닌다."(遊乎天地之一氣.「大宗師」)

104) 孔子觀於呂梁, 縣水三十仞, 流沫四十里, 黿鼉魚鱉之所不能游也, 見一丈夫游之, 以爲有苦而欲死也, 使弟子竝流而拯之. 數百步而出, 被髮行歌而游於塘下.「達生」

105) 雲將東遊, 過扶搖之枝而適遭鴻蒙. 鴻蒙方將拊脾雀躍而遊.「在宥」

106) 莊子妻死, 惠子弔之, 莊子則方箕踞鼓盆而歌.「至樂」

준이나 판에 박힌 듯한 표상은 존재할 수 없다.[107] '머리를 풀어 헤친 채 노래하며 걷고', '넓적다리를 두드리며 껑충껑충 뛰어놀며', '다리를 쭉 뻗고 앉아 노래를 부르는' 모습들은 어떤 인위적인 규율에 얽매이지 않는 자유로운 몸을 함축한다. 그림 그리는 것과 활쏘기도 마찬가지이다.

> 송나라 원군이 그림을 그리게 하자 여러 화공이 모여들었다. 그들은 화판을 받는 자리를 잡고 붓에 침을 바르고 먹을 갈았다. 문밖에 있는 사람이 절반이었다. 한 화공이 늦게 와서 느긋하게 걸어 들어가 화판을 받더니 자리도 잡지 않고 그냥 집으로 가버렸다. 원군이 사람을 시켜 가보게 했더니 그는 윗저고리를 풀고 두 다리를 쭉 뻗고 앉아있었다. 원군이 말했다. "좋구나. 그가 진짜 화공이다."[108]

> 열어구가 백혼무인에게 활쏘기를 보여주었다. 활을 힘껏 당길 때 그 자세가 얼마나 곧은지 팔에 물 잔도 올려놓을 수 있을 것 같았다. 화살이 시위를 떠나는 순간 다음 화살이 메워지는 모습은 화살과 화살이 꼬리를 문 듯했다. 열어구의 활 쏘는 모습은 나무 인형 같았다. 백혼무인이 말했다. "활쏘기 선수들이 하는 활쏘기이지 진짜 활쏘기가 아니다. 높은 산에 올라 튀어나온 바위를 밟고 백 길 심연이 내려다보이는 곳에서 쏴도 잘 쏠 수 있을까?"[109]

'윗저고리를 풀고 두 다리를 쭉 뻗은[解衣般礴]' 신체 형상은 장자의 자유로운 예술 정신을 상징하는 성어가 되었다. 몸이 어떠한 가치에도 구속받지 않고, 어떠한 규율로도 억압받지 않아야 예술도 가

---

107) 리처드 슈스터만(Richard Shusterman), 허정선·김진엽 옮김, 『삶의 미학』, 서울: 이학사, 2012, p.223.

108) 宋元君將畵圖, 衆史皆至, 受揖而立, 舐筆和墨, 在外者半. 有一史後至者, 儃儃然不趨, 受揖不立, 因之舍. 公使人視之, 則解衣般礴臝. 君曰: 「可矣, 是眞畵者也」「田子方」

109) 列禦寇爲伯昏無人射, 引之盈貫, 措杯水其肘上, 發之, 適矢復沓, 方矢復寓. 當是時, 猶象人也. 伯昏無人曰: 「是射之射, 非不射之射也. 嘗與汝登高山, 履危石, 臨百仞之淵, 若能射乎?」「田子方」

능하다. 스포츠에서도 올바른 자세와 동작이 중요하지만 그것만으로 완성되는 것이 아니다. 열어구의 활쏘기는 자로 잰 듯한 바른 자세지만 백혼무인은 열어구의 이러한 모습을 나무 인형 같다고 비판한다. 나무 인형은 몸의 경직성, 고정성, 상투성을 의미한다. 열어구는 높은 산 위에 올라가자 활을 쏘기는커녕 온몸에 식은땀을 흘리며 두려워한다. 경직된 것은 변화에 적응할 수 없음을 보여준다.

예는 몸에 행사되는 미세 권력이다. 예가 몸을 통해 드러나는 문화 기호는 사회적 가치의 표상이자 문화 계승의 역할을 하지만 신체에 대한 경직되고 고정된 관점으로 전환될 수 있으며 이렇게 규범에 갇힌 신체는 몸의 경직만큼이나 사고의 경직을 유발한다. 문화 기호는 몸의 행위 방식을 통제함으로써 사회질서를 통제하는 집단 폭력의 성격을 배후에 감추고 있다. 장자는 기호화된 신체, 의례화된 신체를 비판하고 이를 해체시킴으로써 권력에 대한 비판을 행한다. 그러나 장자의 문화 비판을 반드시 문명을 완전히 거부하고 원시시대로 돌아가고자 하는 것으로 생각하면 오해이다. 쉬푸관(徐復觀)은 장자가 통치 수단으로서의 문화를 반대하면서 대신에 사람들 각자가 자유롭고 평등한 문화를 제시했다고 말한다.110) 이승환은 유학이 문화의 세계 안으로의 同化를 말한다면 장자는 대자연으로 비상하려는 異化의 길을 제시한다고 본다.111) 동화가 방종한 이화를 바로잡는 역할을 한다면, 이화는 동화에 내재된 기만과 허위를 들추어내는 역할을 한다. 이화와 동화는 양자택일의 문제가 아니라 상호 공존을 모색해야 하

110) 쉬푸관(徐復觀), 유일환 옮김, 『中國人性論史: 先秦篇』, 서울: 을유문화사, 1995, pp.160-161.
111) 이승환, 「눈빛 낯빛 몸짓-유가 전통에서 덕의 감성적 표현에 관하여」, 정대현 외 지음, 『감성의 철학』, 서울: 민음사, 1999, pp.160-161.

는 문제이다. 라이시싼 또한 유가 신체에 대한 도가의 비판을 반문화라고 이해할 필요가 없고, 문화 비판과 문화 치료로 보는 것이 마땅하다고 본다.112) 즉 장자의 문화 비판은 모든 문화를 부정하고 원시 사회로 돌아가자는 것이 아니라 문화를 끊임없이 살아있게 만들고 갱생시키는 좋은 약이라 할 수 있다. 생명이 끊임없이 변화하듯이 문화에 대한 비판과 해체가 가져온 문화 파괴도 다시 새로운 문화 창조를 이끄는 원동력으로 작용하게 될 것이다.

---

112) 賴錫三, 「≪莊子≫身體觀的三維辯證: 符號解構·技藝融入·氣化交換」, 淸華學報, 42卷1期, 2012, p.20.

2. 삶의 미학의 체현

최근 인지과학 이론에 의하면 정서와 느낌은 몸과 독립된 별도의 감정이 아니라 몸이 세계와 접촉하고 기능할 수 있게 하는 수단으로서 유기체의 생명의 보존과 성장에 결정적 역할을 한다. 즉 정서란 뇌가 자신이 처한 환경과 조화를 이루기 위해서 몸의 내부 상태를 평가하고 조정하는 과정이다. 그러나 이 과정은 일부분만이 의식적으로 경험될 뿐 대부분 의식의 층위 아래에서 작동한다.[113] 다시 말해 정서, 느낌, 혹은 감정이란 몸에 대한 관념으로서 몸이 세계와 접촉하면서, 혹은 세계 안에서 온전히 기능하기 위한 몸의 기제이며, 의식, 정신, 마음, 이성은 이로부터 부수적으로 도출되는 것이다. 따라서 몸을 초월하는 순수한 의식이나 마음, 몸과 별개의 진정한 영

---

113) 안토니오 다마지오(Antonio R. Damasio), 임지원 역, 『스피노자의 뇌』, 서울: 사이언스북스, 2007. 다마지오는 정서를 생명체의 항상성 시스템으로 설명한다. 생명체의 항상성은 크게 자동적 항상성 시스템(즉 신경회로 수준)과 확장된 항상성 시스템(즉 심적 수준)으로 나눌 수 있다. 자동적 항상성 시스템은 면역반응, 대사조절, 기본 반사 등 세포 단위 단계, 통증과 쾌락의 단계, 충동과 동기의 단계, 협의의 정서(감정)의 단계로 이루어진다. 이 협의의 정서는 다시 배경 정서, 일차 정서(분노, 슬픔, 기쁨 등), 사회적 정서(명예, 수치, 협동 등)로 구분된다. 자동적 항상성 시스템의 입력은 거의 표준화되어 있고 무의식의 95%이다. 확장된 항상성 시스템은 '몸을 통한 느낌'이 핵심이다. 생명체가 확장된 항상성 시스템을 만드는 이유는 불확실한 입력에 있다. 예기치 않은 입력, 비표준화된 입력이 있을 때 인간은 불안하기 때문에 신피질을 광범위하게 쓰면서 상상, 기억, 추론을 조합하여 새롭고 독특한 출력을 하게 되는데 이것이 창의성이다. 이때 '느낌'은 몸 전체를 모니터링하면서 중요한 포인트에 주의 도장을 찍어주는 역할을 한다. 다마지오는 느낌과 정서를 구분했지만 둘 다 몸의 항상성 시스템이라는 점은 같다.

혼이나 자아가 있다고 생각하는 것은 착각이다. 레이코프와 존슨은 이러한 인지과학의 발견을 적극적으로 수렴하여 철학의 중심을 정신에서 몸으로 전환시켰다.[114] 몸을 중심으로 하는 철학은 전통철학의 '객관주의'와 대립되는 의미로 체험을 위주로 하는 '체험주의(experientialism)' 철학이다. 체험주의란 말 그대로 몸이 직접 경험하는 것, 인간의 인식 활동에서 몸을 가장 기본적인 토대로 삼는 것이다. 『장자』에서 도의 실천은 몸으로 인식되고, 몸의 체험을 통해 이루어진다. 그 구체적인 사례가 「양생주」의 포정을 비롯해서 「천도」편의 '수레바퀴 깎는 윤편[輪扁斲輪]', 「산목」편의 '종 만드는 북궁사[北宮奢爲鐘]', 「지북유」편의 '띠쇠 만드는 장인[大馬之捶鉤者]' 그리고 「달생」편의 '매미 잡는 곱추 노인[痀僂承蜩]', '악기걸이를 만드는 재경[梓慶削木爲鐻]', '손이 자처럼 정확한 공수[工倕旋規矩]', '여량에서 헤엄치는 사람[呂梁游人]', '상심 연못의 뱃사공[觴深津人]' 등이다. 이들은 군자의 위의적 혹은 예의적인 몸에서 완전히 배제된 몸들이자 역사에 아무런 이름도 남기지 못하는 익명적 존재들이다. 자신의 고유한 이름조차 없이 백정, 장인, 목수, 공인, 뱃사공 등 자신이 하는 일의 보통명사로 지칭되는 서민 백공들로서 때로는 헤엄치기나 매미 잡기 등 하찮은 재주의 소유자이기도 하다. 장자는 이들을 통해 작업 과정 중에 일어나는 생생한 몸의 체험을 서술한다. 이는 장자의 사상이 엘리트주의에 기반한 권력 지향형 학문

---

114) G. 레이코프 · M. 존슨(George Lakoff & Mark Johnson), 임지룡 외 옮김, 『몸의 철학』, 서울: 박이정, 2002. pp25-31. 몸과 마음의 이원론에 근거한 서구 전통의 사변적 철학적 방법에 대립하는 '몸의 철학'을 말한다. 몸의 철학은 마음은 신체화되어 있고, 인지는 무의식적이며, 추상적 사고는 대체로 은유에 기초한다는 최근 인지과학의 발견을 적극적으로 수렴하여 몸을 철학의 중심으로 삼는 것이다. 이에 의하면 서양철학의 기본 개념인 시간, 사건, 원인, 마음, 자아, 도덕성도 모두 독립된 개념들이 아니라 인간의 일상적 신체 활동을 통해서 발생하고, 은유적으로 확장된 신체화된 개념들이다.

과는 정반대의 입장에 서 있다는 것, 그리고 정신주의가 아닌 구체적인 삶과 밀접한 연결 고리를 갖고 있음을 방증한다. 슈스터만의 몸 미학이 기존의 고급 예술만이 아니라 대중음악, 영화, 심신 치료, 대중 예술 등 폭넓은 활동과 경험을 포괄한다면, 장자의 몸 미학 또한 군자의 교양을 위한 詩·文·書·畵만이 아니라, 기술로 천시되었던 일반 민중의 삶 속에서 펼쳐지는 다양한 활동을 포괄한다. 장인들이 하는 일에 따라 접하는 물질 환경은 다르지만, 기술을 숙련하는 과정에서 몸의 변화는 예술, 나아가 도를 실천하는 몸으로 승화된다. 소 잡는 포정, 수레바퀴 만드는 윤편, 악기걸이 만드는 재경을 대표로 하여 최고의 기술을 연마하는 과정과 도의 실천 과정에서의 몸이 서로 상통할 수 있음을 살펴보겠다.

1) 遊刀: 온전한 삶

앞서 지적했듯이 기술에 관한 입장에는 도가와 유가 간에 뚜렷한 차이가 존재한다. 유가에서는 어떤 학자도 손으로 하는 작업으로 자신을 더럽히려고 하지 않았던 반면 도가에서는 손으로 하는 작업이 도를 추구하는 일부분을 이룬다. 유가의 입장이 권력의 거대 담론을 중시하고 일상생활이나 몸을 움직이는 노동을 천시하는 엘리트 의식을 대변한다면, 장자의 입장은 실제 현실 생활과 일반 민중을 중심으로 하며 그 대표적인 인물이 푸줏간의 포정이다. 맹자는 군자라면 푸줏간을 멀리해야 한다고 했지만[115] 장자는 오히려 백정을 주인

---

115) "군자가 금수에 대해서 살아있는 것은 보지만 차마 죽은 것은 보지 못하며, 죽어가는 소리를 듣고는 차마 그 고기를 먹지 못한다. 고로 군자는 푸줏간을 멀리한다."(君子之於禽獸也, 見其生,

공으로 삼아 푸줏간의 도살 과정을 생생하게 묘사한다. 소의 도살에 관한 소재는『맹자』「양혜왕」편에도 있다.[116] 그러나 맹자의 관심이 소를 잡는 사람이 아니라 도축되기 위해 끌려가는 소를 바라보는 양혜왕에게 집중되어 있다면, 장자의 관심은 소를 잡는 포정의 행위에 집중되어 있고 문혜군은 단순 참관자이거나 오히려 포정의 행위를 보고 감탄하는 조연으로서 등장한다. 즉『맹자』에서는 권력을 가진 제선왕이 주인공이라면『장자』에서는 무명의 소 잡는 백정이 주인공이다. 맹자가 소를 통해 왕의 '차마 어쩌지 못하는 마음[不忍之心]'을 말한다면 장자는 왕이 포정을 통해 '양생의 도'를 배우도록 연출하였다. 여기서 유가와 도가의 상반된 관점의 한 단면이 드러난다고 할 수 있다. 장자는 작업하는 포정의 몸을 다음과 같이 자세히 묘사한다.

> 포정이 문혜군을 위해 소를 잡았다. 손으로 잡고, 어깨로 받치고, 발로 밟고, 무릎으로 누르면서 소를 잡는데 그 소리가 모두 음률에 맞았다. 상림의 춤과도 맞고 경수의 음악과도 박자가 맞았다. 문혜군이 말했다. "아 훌륭하도다. 기술이 어찌 이럴 수가 있을까?"[117]

고대 그리스에서 '테크네(Techne)'라는 용어가 기술과 예술을 모

不忍見其死, 聞其聲, 不忍食其肉. 是以君子遠庖廚也.『孟子』「梁惠王」上)

116) "왕께서 당상에 앉아 계시는데, 소를 끌고 당하로 지나가는 자가 있었습니다. 왕께서 이를 보시고 '소가 어디로 가는가?' 하고 물으시자, 대답하기를 '장차 종의 틈에 바르는 데 쓰려고 해서입니다.' 왕께서 '놓아주어라, 내가 그 두려워 벌벌 떨며 죄 없이 사지에 나아감을 차마 볼 수 없다.' 하시자 대답하기를 '그렇다면 흔종을 폐지하오리까?' 하니 왕께서 '어찌 폐지할 수 있겠는가? 양으로 바꾸어 쓰라.'"(王坐於堂上, 有牽牛而過堂下者, 王見之, 曰:「牛何之?」對曰:「將以釁鐘」王曰:「舍之! 吾不忍其觳觫, 若無罪而就死地」 對曰:「然則廢釁鐘與?」曰:「何可廢也? 以羊易之!」『孟子』「梁惠王」上)

117) 庖丁爲文惠君解牛, 手之所觸, 肩之所倚, 足之所履, 膝之所踦, 砉然嚮然, 奏刀騞然, 莫不中音. 合於桑林之舞, 乃中經首之會. 文惠君曰:「譆, 善哉! 技蓋至此乎?」「養生主」

두 포괄하는 의미였듯이 서양에서도 기술과 예술은 분리된 것이 아니고 상호 영향을 미치면서 동행하는 것이었다.[118] 하이데거는 기술의 본질은 감추어져 있는 것을 드러내는 '탈은폐'이며 이는 진리의 영역이라고 보았다. 즉 기술은 탈은폐로서 안에 내재되어 있는 것을 밖으로 끌어내어 앞에 내어놓는 것으로 이는 포이에시스(Poiesis)이며 시적인 것인데 이러한 기술의 탈은폐 방식을 가장 잘 드러내는 것이 예술이라고 하였다.[119] 특히 수공업이 지배적이던 시대의 장인에게서 예술가와 기술가는 따로 분리되지 않았다. 예술은 반복과 힘겨운 노력, 단조로움과 고역으로 느낄 만한 기술적 측면을 다분히 내포하고 있지만 이러한 기술적 숙련도는 예술을 가능하게 하는 기본 전제이다. 이 포정해우의 고사는 이후 중국 예술론에 지대한 영향을 끼쳤는데 이는 포정이 단순히 백정의 기술에만 숙달된 사람이 아님을 방증한다. 고대 중국에서 기술은 예술 개념의 기원이 되는 것이자 도와 밀접한 관련을 지니면서 그 의미를 형성해 왔는데 이는 『장자』에 등장하는 이 포정을 비롯한 여러 장인에서 비롯된다. 그러나 예술이 기술에서 비롯된다고 해서 모든 기술이 저절로 예술이 될 수 있는 것은 아니다. 기술이 외부 세계에 대한 조작 능력을 강조한다면 예술은 인간 내면의 표현에 더 방점이 있다. 기술의 본질이 단순한 반복성, 표준화, 획일성이라면, 예술의 본질은 자유, 변화, 창조성, 자발성 등을 특징으로 한다. 쉬푸관(徐復觀)에 의하면 포정해우

---

118) 기술과 예술의 관계에 관해서는 루이스 멈퍼드(Lewis Mumford), 김문환 옮김, 『예술과 기술』, 서울: 민음사, 1999를 참고할 것. 멈퍼드는 현대의 인간성 위기를 거대한 기계 시대로 인하여 기술과 예술이 조화로운 균형을 이루지 못하고 심각하게 분열된 것이라고 진단하고 예술과 기술의 관계를 활성적으로 맺어야 한다고 주장한다.

119) 마르틴 하이데거(Martin Heidegger), 이기상 역, 『기술과 전향』, 서광사, 1993, pp.33-45.

의 고사는 기술로부터 예술 창조로 나아가는 과정을 설명한 것으로서 기술과 예술의 차이는 효용성과 정신성이다. 즉 기술이 효용과 실용의 효과만을 의미한다면 예술은 기술로부터 얻은 정신상의 향수로서 포정의 해우 과정은 기술을 넘어선 정신적 유희이자 정신상의 소요유를 실천하는 예라는 것이다.[120] 그러나 포정이 기술로부터 예술 창조로 나아간다는 것에는 동의하지만, 그것이 정신적 만족과 유희만으로 다 설명되지는 않는다고 생각한다. 앞의 인용문에서 포정이 작업하고 있는 손, 어깨, 발, 무릎 등은 마치 신성한 제사 의식 중 우아한 음률에 맞추어 춤추는 巫師의 몸으로 표현된다. 작업 과정에서 나는 소리와 동작 등은 포정의 신체 리듬과 완벽한 조화를 이루어 마치 신과 인간이 교통하는 듯한 고고한 아우라를 뿜어내기 때문에 문혜군은 이러한 분위기에 도취되어 "기술이 어찌 이럴 수가 있을까?"라며 감탄사를 자아내게 되는 것이다. 즉 포정해우의 과정에는 기술적 숙련과 더불어 예술을 가능하게 하는 신체의 리듬과 구조가 있다.

> 포정이 칼을 내려놓고 대답했다. "제가 좋아하는 것은 도입니다. 기술을 넘어선 것입니다. 제가 처음 소를 잡을 때는 소밖에 보이지 않았습니다. 삼 년이 지나자 소를 보지 않게 되었습니다. 지금은 신으로 대할 뿐[神遇] 눈으로 보지 않습니다. 감각과 지식을 멈추고 신이 하고자 하는 대로[神欲] 움직입니다. 자연의 결에 따라 큰 틈새에 칼을 밀어 넣고 큰 구멍에서 칼을 움직이며 본래 생긴 그대로를 따를 뿐입니다. 그래서 경락이나 힘줄이 뭉쳐있는 긍경도 전혀 장해가 되지 않는데 하물며 큰 뼈야 말할 나위 있겠습니까?"[121]

120) 쉬푸관(徐復觀), 유일환 옮김, 『中國人性論史: 先秦篇』, 서울: 을유문화사, 1995, pp.83-84.

121) 庖丁釋刀對曰:「臣之所好者道也, 進乎技矣. 始臣之解牛之時, 所見無非全牛者. 三年之後, 未嘗見全牛也. 方今之時, 臣以神遇而不以目視. 官知止而神欲行. 依乎天理, 批大郤 導大窾因其固然, 技

기술은 실용성과 공리성을 우선으로 하지만, 예랑이 지적하였듯이 기술이 고도의 자유에 도달하게 되면 실용적이고 공리적인 경계를 초월하여 심미적 경계에 들어가게 된다.[122] 즉 기술과 예술은 매우 근접하지만 예술은 기술의 실용성과 공리성을 초월할 것이 요구된다. 예술은 기술 조작의 정확성과 확실성을 넘어서 의미와 가치의 세계를 창조하고자 하는 인간적 욕구를 반영하는 자율적이고 창의적이 활동이다. 포정은 우선 자신의 작업 과정을 주도적으로 행사하고 실용이나 공리를 떠나 그 작업을 통해 크나큰 만족을 맛본다는 점에서 단순히 기술자가 아닌 예술가의 면모를 지녔다고 할 수 있다. 더 나아가 포정은 문혜군에게 자신이 추구하는 것은 기술을 넘어선 도라고 말하며 그 과정을 설명하기 시작한다. 이 설명은 기술이 숙련되는 과정에서 심신 상태의 변화를 밝힘으로써 기술을 통해 도를 체득할 수 있는 몸의 구조를 드러낸다. 기술이란 결국 사람의 몸과 대상이 되는 물질, 그리고 이 둘을 중개하는 도구가 만나 실현되는 것으로 우리 몸이 외재적 대상 물질과 관계하는 과정에 대한 이해이다. 한마디로 인간과 물질의 관계이고 더 자세히는 인간의 육체와 마음, 그리고 대상 물질 즉 形・心・物의 관계이다. 포정의 설명에 의하면 그가 해우의 기술을 습득하여 숙련하는 과정은 세 단계로 구분된다. 첫 번째 단계는 소만 보이는 단계, 둘째 소만 보는 것은 아닌 단계, 셋째, '神遇'와 '神欲'으로 행하는 단계이다.

먼저 첫 단계에서는 소밖에 보이지 않는다. 이 단계에서 포정은

經肯綮之未嘗微礙, 而況大軱乎!「養生主」

122) 葉朗,『中國美學史大綱』, 上海人民出版社, 1985, p.106; 리쩌허우(李澤厚)・류강지(劉綱紀) 주편, 권덕주・김승심 공역,『중국미학사』, 대학교과서주식회사, 1992, p.317.

도살의 주체이고 소는 도살의 대상으로서 주체는 소를 순전히 대상화하여 시각적으로만 보고 있다. 이런 상태에서 사람과 칼과 소는 엄격히 구분되어 있을 뿐만 아니라 사람의 몸과 마음도 분열되어 있다. 이는 마음으로 몸을 제어하고, 몸으로 칼을 제어하고, 칼로 소를 제어하는 폭력적 논리 구조이다.[123] 마음과 육체와 대상 물질 간에 대립과 폭력이 있을 뿐 어떠한 소통도 없는 상태이다. 形·心은 분열되고 物·我는 대립되어 있다. 삼 년 후 포정은 한 단계 발전하여 소를 보지 않아도 작업할 수 있는 단계에 이른다. 3년의 기간은 구체적인 실천과 반복을 통해 기술이 몸에 완전히 체화되었음을 의미한다. 이제 눈으로 소를 보거나 의식으로 '인식'하는 것이 아니라 몸으로 아는 '체지'의 상태에 이르렀다. 시각이 아니라 몸이 이미 자연스럽게 소 몸의 구조를 모두 파악하고 있다. 이때 포정의 마음은 모든 고정관념이 해소되어 마음으로 몸을 제어하려는 것이 아니라 몸과 마음이 상호 소통하게 된다. 몸과 마음이 별도가 아니라 마음이 신체화하여 몸으로 드러나는 것이다.

마지막 단계로 포정은 "지금은 神으로 대할 뿐 눈으로 보지 않습니다. 감각으로 아는 것을 멈추고 神이 가는 대로 움직입니다."라고 한다. 중요한 것은 여기서 '神遇'와 '神欲'의 '神'이 순수한 마음을 가리키는 것도 아니고, 그렇다고 '의식이 배제된 상태'[124]만을 말하는 것도 아니라는 점이다. '官知止'에서 '官'은 육체의 감관을, '知'는 마음의 지식을 가리키는 것으로 육체와 마음, 혹은 形과 心의 양 방면을 모두 가리키는 것으로 좌망의 '離形去知'와 같은 것

---

123) 賴錫三, 「≪莊子≫身體觀的三維結構: 符號解構·技藝融入·氣化交換」, 淸華學報, 42卷1期, 2012, p.24.
124) 김갑수, 「장자철학에서의 자연과 인간에 관한 연구」, 성균관대학교 박사학위논문, 1994, p.121.

이다. 즉 形·心의 분열이 해소되고 원활하게 소통하는 것이 神의 상태이다. 따라서 神은 마음이나 주체 의식이 아니라 형심이 완전히 소통하는 몸의 자발적인 운동 상태에 가깝다. 몸이 곧 마음이고 마음이 곧 몸이 되는, 몸과 마음이 완전히 계합하는 상태이다. 마음이 주객 대립의 유대 상태라면 神은 주객이 통일되고 물아가 합일하는 무대의 상태이다. 포정이 기술에서 도로 나아가는 것은 기술을 더욱 연마하거나 특별한 비법이 있는 것이 아니라 나카지마 다카히로(中島隆博)의 말처럼 이렇게 "몸의 존재 방식이 근본적으로 변용되는 사태"125)인 것이다. 전신에 기가 고루 유통됨으로써 마치 춤을 추듯 유연하고 소의 '천리'를 체득함으로써 억지로 하지 않고 생긴 그대로를 따를 뿐이다. 이런 상태에서 포정의 몸놀림은 마치 음악에 맞추어 춤을 추듯 조화로워 자신을 상하게 하지도, 칼을 상하게 하지도 않으면서 자신의 몸을 완벽하게 조절할 수 있다. 이어서 포정은 자신의 칼 쓰는 방법에 대해서 말한다.

> 솜씨 좋다는 백정이 해마다 칼을 바꾸는 것은 베기[割] 때문입니다. 일반 백정이 달마다 칼을 바꾸는 것은 자르기[折] 때문입니다. 저는 이 칼로 십구 년 동안 수천 마리의 소를 잡았지만, 칼날이 방금 숫돌에 간 것 같습니다. 뼈마디에 틈이 있지만, 이 칼날에는 두께가 없습니다. 두께가 없는 칼날을 틈이 있는 뼈마디에 넣으니 칼날이 마음껏 움직여도[遊刃] 아주 여유가 있습니다. 그래서 십구 년이나 된 칼날인데도 이제 막 숫돌에 간 것 같습니다. 그러나 뼈와 근육이 엉긴 곳에 이를 때마다 저는 이 일의 어려움을 알고 두려워하면서 경계합니다. 시선을 집중하고 손을 천천히 써서 칼을 아주 조금씩 움직입니다. 흙덩이가 땅에 떨어지듯 훅 하고 뼈

---

125) 나카지마 다카히로(中島隆博), 조영렬 옮김, 『장자, 닭이 되어 때를 알려라』, 파주: 글항아리, 2010, p.182.

와 살이 분리됩니다. 저는 칼을 들고 일어나 사방을 돌아보다가 스스로 만족해져 칼을 닦아 보관합니다. 문혜군이 말하였다. "훌륭하다. 내 포정의 말을 듣고 양생의 도를 알았다."126)

인간은 생물로서 운동하면서 태어난다. 생명은 곧 운동이요, 운동의 부재는 곧 죽음을 의미한다. 운동, 즉 몸의 움직임은 세계와 자신을 인식할 수 있는 조건으로서, 이를 통해 세계와 접촉하고 의미를 만들어낸다.127) 또한 삶은 움직임이기 때문에 자신의 움직임에 대한 특징과 이해가 개선된다면 삶에 대한 특징과 이해도 당연히 개선된다.128) 앞의 인용문까지가 形·心의 완벽한 일치로서의 神을 말하였다면, 이제 포정은 이 神을 통해 칼을 어떻게 움직여 사용하는지를 설명한다. 神으로 칼을 움직이는 방식은 바로 '遊刀'의 형식이다. 그런데 문혜군이 처음에 포정이 작업하는 모습을 보았을 때는 "훌륭하다. 기술이 어찌 이럴 수가 있을까?"라고 했지만 포정이 자신의 작업에 대한 설명을 들은 후에는 "훌륭하다. 내 포정의 말을 듣고 양생의 도를 알았다."라고 말한다. 여기에서 포정의 해우의 기술은 기술적 차원에서 사회적 차원으로 확대된다. 따라서 왕보(王博)는 소를 잡는 기술은 바로 사회에서 양생할 수 있는 처세의 기술로서 포정, 칼, 소는 각각 사람, 생명, 사회를 대표한다고 보았다.129) 이때 소 잡는 기술의 관건이 칼을 상하지 않게 쓰는 것이라면, 사회적 삶의 차원에서

---

126) 良庖歲更刀, 割也, 族庖月更刀, 折也. 今臣之刀十九年矣, 所解數千牛矣, 而刀刃若新發於硎. 彼節者有閒, 而刀刃者無厚, 以無厚入有閒, 恢恢乎其於遊刃必有餘地矣. 是以十九年而刀刃若新發於硎. 雖然, 每至於族, 吾見其難爲, 怵然爲戒, 視爲止, 行爲遲. 動刀甚微, 謋然已解, 如土委地. 提刀而立, 爲之四顧, 爲之躊躇滿志, 善刀而藏之」文惠君曰: 「善哉! 吾聞庖丁之言, 得養生焉.」「養生主」

127) 마크 존슨(Mark Johnson), 김동환·최영호 옮김, 『몸의 의미』, 서울: 東文選, 2012, p.53.

128) 리처드 슈스터만(Richard Shusterman), 허정선·김진엽 옮김, 『삶의 미학』, 서울: 이학사, 2012, p.255.

129) 왕보(王博), 김갑수 옮김, 『장자를 읽다』, 서울: 바다출판사, 2007, p.144.

는 생명을 다치지 않고 '몸을 보전[保身]'하고 '온전한 삶[全生]'을 사는 것이다. 소의 몸은 사회를 은유하므로 소의 몸에서 '뼈와 근육이 엉긴 곳'은 복잡한 사회생활 속에서의 충돌과 위험 상황을 의미한다. 어떤 방법으로 칼을 움직여야 뼈와 근육이 엉긴 곳에서도 칼을 손상하지 않고 항상 금방 숫돌에 칼을 간 것 같은 예리함을 유지할 수 있는가. 이는 당시 목숨을 부지하기조차 어려웠던 사회 현실 속에서 어떠한 활동 방식으로 생명을 보존할 것인가의 절박한 문제이다.

포정의 칼은 19년이나 되었지만 방금 숫돌에 간 것처럼 예리하게 유지될 수 있는 이유는 그가 '遊'의 방식으로 칼을 사용했기 때문이다. 포정은 칼의 사용 방법을 소를 잡는 사람에 따라 세 가지로 제시한다. 주인공 포정이 '遊刀'라면, '좋은 백정[良庖]'은 '베기[割]', 일반 백정[族庖]'은 '자르기[折]'의 방식으로 칼을 쓴다. 일반 백정들은 칼의 예리함으로 소의 살을 베거나 뼈를 자름으로써 작업하기 때문에 칼의 손상을 막을 수 없다. 그러나 포정은 자신의 칼이 '두께가 없는 칼날'이라고 한다. 두께 없는 칼날이란 즉 '離形去知'를 통해 도달한 '神遇'와 '神欲'의 상태로서 소요유의 '無己'이자 제물론의 '喪我'와 같은 의미이다. 形·心이 하나가 된 神의 상태에서 소의 몸의 결, 즉 천리를 터득했기 때문에 살이나 뼈가 아닌, 살과 뼈 사이의 틈을 이용한다. 따라서 아무리 칼날이 마음껏 움직여도 여유가 있는 '遊刃有餘'의 상태가 되므로 칼날이 손상되지 않는 것이다. 빌레터(Jean François Billeter)는 의식이 모든 실천적 생각이나 의도를 버리고 나서, 고요해진 신체 고유의 지각에 따라 몸이 저절로 움직이는 것이 '遊'의 형식이라고 했다.[130] 여기서 신체 고유의 지각을 따른다는 것

---

130) 畢來德(Jean François Billeter) 著, 宋剛 譯, 『莊子四講』, 臺北:聯經, 2011, p.71.

은 오랜 훈련으로 몸속 깊이 새겨진 기술이 形·心의 완전히 합치인 神의 상태가 되어서 드러나는 것이다. 즉 '遊'의 방법으로 움직인다는 것은 몸과 마음이 완전히 하나가 되어 나라는 주체가 없이 무위의 상태로 자연스럽게 움직이는 것이고, 이것은 해우의 작업에서는 칼의 예리함을 유지하는 방법이지만 인간의 세속 사회에서는 자신의 생명과 몸을 온전히 보존하는 삶이 방법이 된다.131)

2) 得手應心: 심수일체의 삶

포정과 문혜군 대화, 즉 이름 없는 무명의 기술자와 제후라는 신분 상하를 뛰어넘는, 혹은 신분 상하를 전복하는 대화는 몇 차례 더 변주된다. 우선 목수 윤편과 환공의 대화를 보자. 어느 날 당상에서 환공이 책을 읽고 있는데 목수 윤편이 당하에서 수레바퀴를 깎고 있다가 환공에게 묻는다.

윤편	감히 여쭙니다. 공께서 읽고 계신 책은 누구의 말입니까?
환공	성인의 말씀이다.
윤편	성인은 살아 계십니까?
환공	이미 돌아가셨다.
윤편	그렇다면 군께서 읽고 계신 것은 고인의 찌꺼기일 뿐입니다.
환공	과인이 책을 읽고 있는데 어찌 바퀴 만드는 자 따위가 시비를 거는가. 이치에 맞는 설명을 하면 용서하겠지만 그렇지 못하면 죽음을 면치 못할 것이다.

131) 포정의 '神' 개념은 이후 중국 예술론에서 중요한 위치를 차지하게 된다. 위진남북조시대 고개지는 인물화의 요체를 그 인물의 신을 전달하는 것이라며 그 방법으로 '傳神'과 '以形寫神'을 제시하였고, 종병은 산수화의 핵심을 산수에 깃든 신을 표현하는 것이라며 산수화론에 '暢神', '應會感神'등을 제시하였다. 이후 '神'은 '形'과 더불어 중국 예술론에서 '形神'이라는 중요한 미학 범주를 이룬다.

윤편	제가 하는 일을 보건대, 바퀴를 깎을 때 너무 깎으면 헐렁해서 고정할 수 없고, 덜 깎으면 뻑뻑해서 들어가지 않습니다. 더 깎지도 덜 깎지도 않는 것은 손의 감각으로 터득하고 마음으로 응할 뿐 말로 설명할 수 없습니다. 거기에 비결이 있지만 제가 제 자식에게 깨우쳐 줄 수 없고, 제 자식도 저한테 전해 받을 수 없습니다. 그래서 제 나이 칠십이 되었는데도 아직도 수레바퀴를 깎고 있습니다. 고인도 전해줄 수 없는 것과 함께 돌아가셨습니다. 그러니 군께서 읽고 있는 것은 고인의 찌꺼기일 뿐입니다.132)

이 글에는 두 가지 대립 상황이 존재한다. 목수 윤편과 제후 환공의 정치사회적 계급이 대립하고, 책에 기록된 이론적 지식과 수레바퀴를 깎는 실천적 지식이 대립한다. 장자는 일반 민중의 입장과 실천적인 지식의 편에 서 있다. 천구잉은 이 윤편고사를 해석하며 장자는 외적인 객관 세계가 아니라 주체의 정신적 영역을 추구하고, 경험적인 지식보다 내관적 지식을 중시하였으므로 언어 문자 개념을 무시하였다고 하였다.133) 쉬푸관 또한 윤편고사가 의미하는 바는 인생의 숭고한 정신과 경지는 스스로 깨달을 수 있을 뿐 객관적인 법칙의 전수에 의존할 수 없으므로 각자 스스로 노력을 통해 자신의 숭고한 정신을 성취해야 함을 말하는 것이라고 하였다.134) 양자 모두 윤편의 기술을 정신적 경지의 관점에서만 해석하고 신체적 기술이라는 점을 간과하고 있다.

---

132) 曰:「敢問, 公之所讀者何言邪?」公曰:「聖人之言也」曰:「聖人在乎?」公曰:「已死矣」曰:「然則君之所讀者, 故人之糟魄已夫!」桓公曰:「寡人讀書, 輪人安得議乎! 有說則可, 無說則死」輪扁曰:「臣也以臣之事觀之. 斲輪, 徐則甘而不入. 不徐不疾, 得之於手而應於心, 口不能言, 有數存焉於其間. 臣不能以喩臣之子, 臣之子亦不能受之於臣, 是以行年七十而老斲輪. 古之人與其不可傳也死矣. 然則君之所讀者, 故人之糟魄已夫!」.「天道」

133) 천구잉(陳鼓應), 최진석 옮김, 『老莊新論』(제2판), 서울: 소나무, 2013, pp.378-380.

134) 쉬푸관(徐復觀), 유일환 옮김, 『中國人性論史: 先秦篇』, 서울: 을유문화사, 1995, p.154.

김성동은 장자의 인식론이 사유적 인식에서 그치는 것이 아니라 신체적 인식으로까지 이행된다는 특징을 지적한다.135) 이에 따르면 초보자에서 전문가에 이르는 과정은 한마디로 습득한 사실적 지식을 경험과 숙련을 통해 신체적 지식으로 바꾸는 것이다. 메를로 퐁티는 몸 주체로서의 인간을 '세계에의-존재(être-au-monde)'라 표현하고,136) 몸이 세계를 구조화하는 방법을 '신체 도식(schema corporel)'137)으로 설명한다. 즉 몸은 세계 속에 거주하기 때문에 몸과 세계는 서로를 주고받으면서 세계가 몸을 구조화하는 것이다. 이러한 신체 도식은 불변하는 것이 아니라 주어진 세계에서 목표를 달성하고 환경에 효과적으로 대처하는 능력을 발휘하기 위하여 다양하게 변형될 수 있다. 습관을 획득하는 것은 몸을 새롭게 구조화하는 몸의 능력이다. 기계와 달리 혹은 다른 어떤 동물의 몸보다 인간의 몸은 역동적인 가소성을 갖는다. 습관에 의해 신체 도식이 형성되면 몸은 의식을 하든 안 하든 감각하고 운동을 할 수 있도록 몸이 구조화되고, 이 구조에

---

135) 김성동,「장자의 인식론에 나타난 그의 기술철학」, 중국학연구, Vol.16, 1999, pp.213-216. 김성동은 휴버트 드레이퍼스(Hubert L. Dreyfus)의 이론을 통하여 이를 논증한다. 즉 지식을 규칙 인도적인 사실적 지식과 경험 기초적인 방법적 지식으로 구분하고, 지식의 획득 과정을 초보자, 면초보자, 능력자, 숙달자, 전문가라는 다섯 단계로 구분한다. 초보자란 원칙, 특징 등 사실적 지식을 배우는 과정이고 여기에 경험을 통하여 원칙보다 상황적 요소를 고려할 수 있게 되면 면초보자가 된다. 능력자는 자신의 안목에 의지하여 새로운 원칙을 세우고 목표와 목표 달성 방식을 의식적으로 결정할 수 있으며, 숙달자는 의식적 결정 없이 직관적으로 목표를 제시할 수 있다. 마지막으로 전문가는 목표뿐 아니라 목표 달성 방식까지 직관적으로 하며 자신이 하고 있는 일을 거의 의식하지 않고도 수행하게 된다.

136) 모리스 메를로-퐁티(Maurice Merleau-Ponty), 류의근 옮김,『지각의 현상학』, 서울: 문학과지성사, 2002, p.143. 퐁티의 '세계에의-존재(être-au-monde)'는 하이데거의 '세계-내-존재(IN-der-Welt-sein)'을 원용한 것으로, 몸이 세계 속에 있으면서 세계와 하나가 되기 위해 세계를 향해 나아가는 방식으로 존재한다는 것을 의미한다(조광제,『몸의 세계, 세계의 몸』, 서울: 이학사, 2004, p.94.).

137) 신체 도식이란 자신의 신체에 대해서 지닌 표상 혹은 공간상이라 할 수 있다. 이는 몸 전체를 관통하고 있는 통일적 원리로서 이것이 있어 몸을 항상 통일적인 전체로 느낄 수 있게 된다. 또한 공간적인 것과 시간적인 것 간의 통일성, 보고 듣는 등의 감각적인 통일성, 몸의 감각과 운동 간의 통일성을 가능케 한다(조광제,『몸의 세계, 세계의 몸』, 서울: 이학사, 2004, p.135.).

따라 지각하고 행동한다. 전문가라고 불리는 사람들은 결국 그 분야에 최적화된 구조로 신체 도식이 형성되어 있는 것이다. 운전, 자전거 타기, 피아노 연주 등은 매뉴얼을 아무리 읽는다고 해도 획득할 수 있는 것이 아니라 결국 내 몸이 직접 습득해서 신체를 구조화시켜야 한다. 신체 도식이 형성되면 운전한다는 의식 없이, 혹은 어떤 이론적인 매뉴얼을 전혀 떠올리지 않아도 몸이 자동으로 운전을 수행할 수 있게 된다. 윤편의 기술은 몸의 기술이자, 이 기술에 의한 신체 도식의 형성이라 볼 수 있다.

환공이 성인의 말씀을 책으로 읽는 단계가 아직 사실과 원칙 등을 배우는 초보자를 의미한다면, 윤편처럼 '손의 감각으로 터득하고 마음으로 응한다[得之於手而應於心]'는 것은 이미 기술이나 지식을 몸으로 체화한 전문가를 의미한다고 할 수 있다. 환공이 읽는 책은 아마도 그의 신분으로 짐작건대 정치를 잘하는 방법에 관한 책이었을 것이다. 책과 이론만으로는 정치의 전문가가 될 수 없고 직접적인 경험과 숙달을 통해서 몸으로 그 지식을 체화해야 한다. 그렇다고 사실적 지식과 몸의 지식이 완전히 분리되거나 독립적으로 존재하는 것은 아니다. 따라서 문자와 언어를 완전히 무시하여 환공이 성인의 찌꺼기 같은 책을 읽을 필요가 없다고 말하는 것은 이 고사의 핵심을 벗어난 것이다. 관건은 텍스트의 문제가 아니라 체화된 삶의 실천적 문제로서 이론적 지식을 몸의 지식으로 바꾸어야 한다는 것이다.

이론적 지식, 즉 언어화된 지식은 체화되어 몸의 지식이 되지만 몸의 지식은 다시 언어로 완전히 복원되지 않는 특징이 있다. 이 때문에 윤편은 자신이 오랜 세월에 걸쳐 수레바퀴 깎는 기술을 터득했지만, 이것을 말이나 이론으로 전해 줄 수 없다고 말한다. 이는 현대 인지과학에서 몸의 은폐성으로 설명된다. 몸의 은폐성이란 어떤 지각이 발생할 수 있도록 하는 신체적 조건과 과정은 숨어있다는 것이다. 몸은 감각 운동 능력인 신체 도식(body schema)을 통하여 대상을 지각하고 몸을 움직이지만, 이 과정은 우리의 의식에 드러나는 것이 아니라 숨어있을 뿐이고, 문제가 있거나 손상이 되었을 때만 의식된다는 것이다. 몸이 이렇게 숨어서 일하므로 우리는 바깥 세계를 향하여 주의와 초점을 맞출 수 있다. 하지만 이 때문에 마치 사고와 느낌이 몸과 독립적이라는 착각, 마음은 순수하다는 착각, 몸으로부터 자유로울 수 있다는 착각을 불러일으킨다.[138] 몸의 직접적 체험의 특징은 언어로 표현할 수 없는 육체적 느낌을 내포한다. 사고하지 않아도, 지적인 이해 이전에 몸의 감각에 의해 본능적으로 이해하는 것이다. 미적 경험은 이러한 비언어적 경험의 중요성을 터득하는 것이 중요하다. 슈스터만은 세계에 대한 이해가 전적으로 해석학 방법론의 언어적 해석에 기초한다는 해석학적 보편론에 반대한다. 언어에 의해 해석되는 이해가 반성적·추론적인 간접적 이해라면, 전반성적·비추론적인 직접적인 이해는 언어로 해석되지 않는 몸의 직접적 체험에 의한 이해이다.[139] 몸의 미학이 회생시키고자 하는 것은 언어적 해석이나 분석이 아니라 언어로는 표현할 수 없고 해석될 수도 없는 육체의 경험인 것이다. 윤편의 기술은 오랜 세월에 걸쳐 몸에 체화되어 있고, 완벽하게 체화된 기술은 의식으로부터

---

138) 마크 존슨(Mark Johnson), 김동환·최영호 옮김, 『몸의 의미』, 서울: 東文選, 2012, pp.33-37.
139) 허정선, 「리처드 슈스터만의 '몸미학'에서의 '살아있는 아름다움'」, 영남대학교 박사학위논문, 2005, pp.45-51.

은폐되어 있으므로 언어로 기술되거나 분석되지 않는다. 기술의 일부만이 의식화될 뿐 정확하고 온전한 기술은 의식에서 숨어있다. 윤편이 수레바퀴를 헐렁하지도 뻑뻑하지도 않게 딱 맞게 깎는 기술은 근육이나 살과 뼈를 통해 미세하게 느끼는 감각이지 개념적인 언어로 설명할 수 없고, 아무리 말을 해봤자 이를 배울 수도 없는 것이다. 말이나 글로는 원리 원칙이나 사실들만을 나열할 수 있을 뿐 몸속에 축적된 경험은 언어화되지 않으므로 자식에게조차 가르쳐 줄수가 없는 것이다. 몸은 침묵하고 있다. 따라서 말할 수 있는 도는 도가 아니듯이, 진정한 앎은 오히려 말할 수 없고, 모른다는 것이 오히려 진정으로 아는 것이다.[140] 공자가 여량의 큰 폭포에서 귀신처럼 수영을 잘하는 사람을 보고 그 비결을 물었을 때 그가 "어떻게 헤엄치는지 모르면서 그렇게 한다(不知吾所以然而然「達生」)."라고 대답하는 이유도 바로 이것이다.

윤편이 "손의 감각으로 터득하고 마음으로 응한다."라고 말하는 것은 의식적인 의도나 원칙을 가지고 작업을 하는 것이 아니라 손의 감각에 체화된 숨어있는 몸이 무심의 상태로 자발적으로 운동하는 것이고, 이를 마음의 욕망이나 의지가 방해하지 않는 것이다. 앞서

---

140) 「지북유」 편에 태청이 무궁과 무위에게 각각 도를 아는지에 관해 묻고 이 대답을 다시 무시에게 묻는 장면이 있다. "무시가 대답하길 '모른다는 것은 깊고, 안다는 것은 얕습니다. 모른다는 것은 도의 안이고, 안다는 것은 도의 밖입니다.' 태청이 탄식하며 말하였다. '모르는 것이 아는 것인가, 아는 것이 모르는 것인가? 누가 모른다는 것이 아는 것이라는 것을 알까?' 무시가 말하였다. '도는 귀로 들을 수 없으므로 들었다면 도가 아니다. 도는 볼 수 없으므로 보았다면 도가 아니다. 도는 말할 수 없으므로 말했다면 도가 아니다. 만물을 형체로 드러나게 하는 것은 보이지 않는다는 것을 아는가? 도는 딱 들어맞는 이름이 없다.'"(無始曰:「不知深矣, 知之淺矣, 弗知內矣, 知之外矣.」於是泰淸中而歎曰:「弗知乃知乎! 知乃不知乎! 孰知不知之知?」無始曰:「道不可聞, 聞而非也, 道不可見, 見而非也, 道不可言, 言而非也. 知形形之不形乎! 道不當名.」無始曰:「有問道而應之者, 不知道也. 雖問道者, 亦未聞道. 道無問, 問無應. 無問問之, 是問窮也, 無應應之, 是無內也. 以無內待問窮, 若是者, 外不觀乎宇宙, 內不知乎大初, 是以不過乎崑崙, 不遊乎太虛.」「知北遊」)

말한 것처럼 신체의 고유한 지각에 따라 몸이 저절로 움직이는 것이다. 이는 손이 곧 形을 대변한다는 점에서 形과 心의 조화 즉 神을 의미한다. 최고의 기술은 항상 神을 고도로 응집할 필요가 있다. 공자가 매미를 마치 주워 담듯이 잡고 있는 한 곱추 노인에게 그 비결을 물었을 때도 다음과 같이 '神'으로 대답한다.

> 몸을 나무 그루터기처럼 웅크리고, 팔은 마른 나뭇가지처럼 있습니다. 천지가 드넓고 만물이 다양해도 나는 아랑곳하지 않습니다. 오직 매미 날개만 알 뿐입니다. 다른 것에는 조금도 마음 쓰지 않고 매미 날개에만 집중하니 어찌 매미를 잡지 못하겠습니까? 공자가 제자들을 돌아보며 말했다. "뜻을 흩어지지 않아야 (온몸이) 神으로 된다[用志不分, 乃凝於神]. 곱추 노인이 이를 말하고 있구나."141)

"몸을 나무 그루터기처럼 웅크리고, 팔은 마른 나뭇가지처럼 하고 있다."라는 말은 육체와 마음의 모든 욕망이 모두 제거되어 神의 상태가 된 것을 의미한다. 여기서 마음의 앎은 생략되어 있고 육신의 상태만 기술하고 있지만 우리는 '離形去知'의 양 방면을 추론할 수 있다. 세계는 매미 날개 한 점에 농축되고 노인은 오로지 여기에 고도로 집중하여 몸과 마음이 하나로 관통되고, 나아가 주객으로 격절되어 있던 사람과 物이 하나가 된다. 공자는 이를 "신으로 응축된다[凝於神]."라고 말한다. 이에 안연이 공자에게 수영을 잘하는 사람은

---

141) 「吾處身也, 若厥株拘, 吾執臂也, 若槁木之枝, 雖天地之大, 萬物之多, 而唯蜩翼之知. 吾不反不側, 不以萬物易蜩之翼, 何爲而不得!」孔子顧謂弟子曰:「用志不分, 乃凝於神, 其痀僂丈人之謂乎」「達生」 이 밖에 신을 갖추었을 때의 능력에 대한 우화는 다음과 같은 것이 있다. "지인은 위로 푸른 하늘 끝까지 보고 아래로 황천 바닥까지 잠기며 천지팔방을 돌아다닌다 해도 神氣가 변하지 않는다."(夫至人者, 上闚青天, 下潛黃泉, 揮斥八極, 神氣不變.「田子方」); "술에 취한 사람은 빨리 달리는 수레에서 떨어지더라도 죽지 않는다. 남들처럼 뼈와 관절이 있지만 남들처럼 해를 입지 않는 것은 神이 온전하기 때문이다."(夫醉者之墜車, 雖疾不死. 骨節與人同而犯害與人異, 其神全也.「達生」)

몇 번만 해봐도 금방 배울 수 있다고 하는데 그 이유가 무엇인지 묻는다. 이에 대해 공자는 대답한다.

> 수영 잘하는 사람이 몇 번만 해봐도 금방 배를 잘 몰 수 있는 것
> 은 물을 잊었기 때문이다.[142]

여기서 神의 상태는 '잊음[忘]'으로 연결된다. 물을 잊었다는 것은 물의 본성과 합치되었다는 것이다. 이 뱃사공은 이미 수영을 통하여 물의 원리를 잘 파악하고 있으므로 자신의 몸과 배와 물이 완전히 융합하여 하나가 되게 됨으로써 배를 잘 몰 수 있는데, 이것이 곧 '망'이다. 뱃사공과 배가 육체와 마음을 은유한다면 물은 자연 대상을 은유한다. 몸과 마음이 합치된 후에 몸이 자연의 일부가 됨으로써 사람과 자연이 어떠한 대립이나 모순도 만들지 않는 것이다. 최고의 망은 '망적지적'이다.

> 공수가 원을 그리면 마치 그림쇠로 그린 것 같이 정확하다. 손가
> 락이 대상과 하나가 되어[物化] 그릴 뿐 마음으로 계산하여 그리
> 는 것이 아니다. 그 마음도 (손, 대상과) 하나가 되어 그리므로 막
> 힐 것이 없다. 발을 잊는 것은 신발이 발에 적당하기 때문이고 허
> 리를 잊는 것은 허리띠가 허리에 적당하기 때문이며 시비를 잊는
> 것은 마음이 적당하기 때문이다. 마음이 안으로 변하지 않고 밖으
> 로 외물을 좇지 않으니 일과 적당하게 만나는 것이다. 적당한 데
> 서 시작하지만 적당한 것도 못 느끼게 되니 '적당하다는 것도 잊
> 은 적당함[忘適之適]'이다.[143]

---

142) 善游者數能, 忘水也.「達生」

143) 工倕旋而蓋規矩, 指與物化而不以心稽, 故其靈臺一而不桎. 忘足, 屨之適也, 忘要, 帶之適也, 忘是非,
心之適也, 不內變, 不外從, 事會之適也. 始乎適而未嘗不適者, 忘適之適也.「達生」

공수가 맨손으로 선을 그어도 마치 자를 대고 그은 것처럼 정확한 이유는 손가락 즉 육체와 마음과 그리는 대상이 하나가 되었기 때문이다. 形·心이 합일된 것이 神이라면 神의 상태에서 대상과 일체가 됨으로써 몸과 마음의 구별, 주체와 객체의 구별이 와해하는 것이 곧 망이다. 따라서 "물고기는 강과 호수에서 서로를 잊고, 사람은 도술에서 서로를 잊는다."[144]라고 하였듯이 최고의 경계는 서로를 의식하지 못하고 잊는 것이다.

그러나 망의 상태가 무의식의 상태를 말하는 것은 아니다. 김갑수는 문명과 기술, 인위를 부정한 장자가 오히려 전문 기술자들을 찬미한 것이 아이러니컬하다고 하면서 장자가 기술자들의 작업 과정에서 그들의 '무의식 상태'를 찬미하였다고 본다.[145] 일단 장자가 문명과 기술을 부정했다는 점에도 동의하지 않거니와 '잊음[忘]'의 상태가 단지 무의식 상태라고만은 생각지 않는다. 우선 장자가 반기계적이자 반문명적이라는 평가는 흔히 다음 우화에 근거한다.

> 자공이 남쪽 초나라를 여행하고 진나라로 돌아오는 길에 한수의 남쪽을 지나다 한 노인이 밭에서 일하고 있는 것을 보았다. 노인은 우물을 파고 들어가 항아리로 물을 길어다 밭에 물을 주는데, 힘만 들었지 효과가 별로 없었다. 자공이 말했다.
> 자공   이럴 때 쓰는 기계가 있는데 하루에 백 이랑이나 물을 댈 수 있는 기계입니다. 힘을 조금만 써도 효과가 큰데 선생께서 그걸 써보실 생각이 없으신지요?
> 밭일하던 노인이 올려다보며 물었다. "어떻게 하는 거요?"
> 자공   나무에 구멍을 뚫어 만든 기계인데 뒤쪽은 무겁고 앞쪽은 가볍습니다. 물을 뽑아 끌어올리는데 마치 끓어

---

144) 魚相忘乎江湖, 人相忘乎道術. 「大宗師」
145) 김갑수, 「장자철학에서의 자연과 인간에 관한 연구」, 성균관대학교 박사학위논문, 1994, p.121.

넘치는 물처럼 빠릅니다. 용두레라고 합니다.

밭일하던 노인은 불끈 낯빛을 붉히더니 이내 웃으며 말했다.

노인   나도 내 스승께 들은 바가 있소. 기계가 있으면 기계를 쓸 일이 생기고, 기계를 쓰다 보면 반드시 기계의 마음[機心]이 생기게 마련이오, 마음속에 기심이 있으면 순백의 마음이 없어지고, 순백의 마음이 없어지면 정신과 본성이 안정되지 않을 것이오, 정신과 본성이 안정되지 않는 사람에게는 도가 깃들지 않는다오. 내가 그것을 모르지는 않지만 부끄러워 쓰지 않을 뿐이오.146)

모든 기계는 어떻게 사용하는가에 따라 약이 될 수도 독이 될 수도 있는 양면성이 있다. 일찍이 도가 사상이 중국의 과학과 기술의 기초가 된다는 점을 지적했던 조셉 니담에 의하면, 봉건제 권력은 청동 세공이나 관개공학 등 특수 기계 및 기술에 의존해 있었으며, 따라서 기술의 발명은 계급의 분화와 밀접한 관계가 있다.147) 즉 기계는 단순히 기계가 아니라 항상 권력에 독점당하면서 민중에 대한 착취의 수단이기도 했던 것이다. 기계를 권력관계의 관점으로 본다면, 자공과 대화하는 노인은 기계 자체에 대한 무조건적인 거부라기보다는 권력에 대한 비판으로 읽을 수 있다. 장자가 지배자나 권력을 대변하기보다 민중의 편에 있다는 점을 상기한다면, 기계에

---

146) 子貢南遊於楚, 反於晉, 過漢陰見一丈人方將爲圃畦, 鑿隧而入井, 抱甕而出灌, 滑滑然用力甚多而見功寡. 子貢曰:「有械於此, 一日浸百畦, 用力甚寡而見功多, 夫子不欲乎?」爲圃者仰而視之曰:「奈何?」曰:「鑿木爲機, 後重前輕, 挈水若抽, 數如泆湯, 其名爲槔」爲圃者忿然作色而笑曰:「吾聞之吾師, 有機械者必有機事, 有機事者必有機心. 機心存於胸中, 則純白不備, 純白不備, 則神生不定, 神生不定者, 道之所不載也. 吾非不知, 羞而不爲也.「天地」

147) 조셉 니담(Joseph Needham), 이석호·이철주·임정대 공역,『중국의 과학과 문명 Ⅱ』, 서울: 을유문화사, 1985, pp.180-181. 이에 대해 조셉 니담은 '械' 자를 파자하여 논증한다. 즉 '械' 자에서 음이 되는 '戒'는 두 손과 도끼의 조합으로 본래 족쇄나 수갑을 의미하고 '木'은 경고자를 암시하는 것으로서, 기계의 최초 의미는 국가의 명령에 복종하지 않는 백성을 구속하는 족쇄의 의미라는 것이다. '誡' 자에서는 경고의 의미가 더욱 강화되고, '馬' 부수가 붙으면 두려움과 공포를 의미하게 된다. 따라서 기계는 대체로 농부의 정당한 비율의 몫을 속여 빼앗는 저울, 혹은 피압박자들을 징벌하는 고문 도구 등으로 여겨졌다.

대한 태도도 이들의 정치적 지위에 대한 고려 없이 액면 그대로 반기계적·반기술적이라고 단언할 수 없는 것이다.

'잊음'의 대상은 주체성[己], 공명심[功], 명예[名]로 요약되는,[148] 形·心 양 방면에 고착된 욕망, 지식, 규범, 세속적 가치 등 인위적인 것들이다. 이를 '비움[虛]'으로써 "텅 빈 방에 오히려 눈부신 햇살이 빛나도록[虛室生白]" 만드는 것이다. 라이시싼은 단지 '잊음'의 경지에만 있고 '알아차림[覺]'이 없다면 장자가 기술자들에 대해 이렇게 깊은 이해와 설명을 할 수 없을 것이라고 하면서 '잊음'과 더불어 '깨어있음[覺]'이야말로 장자의 통찰이 드러나는 부분이라고 지적한다.[149] 즉 망과 각은 동시에 존재한다. 비록 몸속에 은폐되어 숨어있는 지식은 무심의 경지와 무위의 방식으로 드러나지만, 이는 고도의 집중과 전념을 통해서 발현된다. 이러한 고도의 집중 상태이자 무의식 상태, 망이자 각인 상태는 '몰입(flow)'[150] 현상과 유사하다. 몰입 연구자 미하이 칙센트미하이(Mihaly Csikszentmihalyi)는 고대 사상에서 장자의 '遊' 개념이야말로 완전히 자기 목적적인 경험을 의미하는 것으로 몰입 현상과 가장 유사하다고 하면서 구체적인 예로 포정을 든다.[151] 포정도 "뼈와 근육이 엉긴 곳에 이를 때마다 저

---

148) 至人無己, 神人無功, 聖人無名. 「逍遙遊」

149) 賴錫三, 「≪莊子≫身體觀的三維辯證: 符號解構·技藝融入·氣化交換」, 淸華學報, 42卷1期, 2012, pp.24-25.

150) '몰입'은 삶이 고조되는 순간에 물 흐르듯 행동이 자연스럽게 이루어지는 느낌을 표현하는 말이다. 그것은 운동선수가 말하는 '물아일체의 상태', 신비주의자가 말하는 '무아경', 화가와 음악가가 말하는 미적 황홀경에 다름 아니다(미하이 칙센트미하이(Mihaly Csikszentmihalyi), 이희재 옮김, 『몰입의 즐거움』, 서울: 해냄, 1999, p.45.).

151) 미하이 칙센트미하이(Mihaly Csikszentmihalyi), 최인수 옮김, 『몰입: 미치도록 행복한 나를 만난다』, 서울: 한울림, 2004, p.275. 몰입 현상에 나타나는 일반적인 특징을 '포정해우'와 비교한 연구는 다음 논문을 참조할 것. 도원찬, 「장자(莊子) "포정해우"의 플로우 현상 연구」, 동양예술, Vol.16, 2011.

는 이 일의 어려움을 알고 두려워하면서 경계합니다. 시선을 집중하고 손을 천천히 써서 칼을 아주 조금씩 움직입니다."라고 말한다. 19년간 숙달되어 온 작업이지만 무의식적으로 칼을 마음대로 휘두르기만 하면 되는 것이 아니다. '遊刀'의 자유로운 칼 놀림의 방식 아래에는 고도의 긴장과 집중이 있다. 인위적인 의지와 욕망은 없지만, 그리고 기술은 몸에 체화되어 의식 아래 있지만, 이것이 드러나는 것은 고도의 집중을 통해서이다. 매미 잡는 곱추 노인의 "뜻이 흩어지지 않는다[用志不分].", 재경의 "오직 기술에만 전념한다[其巧專]." 등은 모두 고도의 집중 상태를 나타낸다.

망의 상태에서 몸과 외물은 상호 전화되는데 이것이 '物化'이다. "손가락과 하나가 된다[指與物化]."라는 것은 공수가 그리고 있는 원, 혹은 그리는 일 자체가 손가락으로 대표되는 그의 몸과 일체가 되어 구별되지 않는다는 것이다. 소식이 문동의 대나무 그림을 보고, "우두커니 자신을 잊고, 몸과 대나무가 하나가 되었다."[152]라고 말한 것은 공수의 '指與物化'에 정확히 상응하는 것이다. "자신을 잃다[遺其身]."라는 것이 바로 忘이며 망을 통해 소식의 몸과 대나무가 하나가 되는 체험이 바로 물화이다. 몸과 마음이 천지 만물에 융합하여 물아불분의 경지가 되는 것이 물화의 체험이다. 양루빈은 물과 주체가 섞여서[物我渾化] 통하여 일체가 되는 경지는 주체 의식에서는 '소요'이고, 존재의 입장에서 보면 '물화'이며, 주체가 물에 통하여 하나의 구체적 화해의 경지를 이룬 것으로 말하면 遊의 정신이라고 하였다.[153] 소요, 물화, 遊는 몸으로 말하면 자연에 대하여 일체

---

152) 嗒然遺其身, 其身與竹化.「書晁補之所藏與可畫竹三首」『蘇軾詩集』

153) 楊儒賓,「支離與踐形─論先秦思想裏的兩種身體觀」,『中國古代思想中的氣論及身體觀』, 臺北: 巨流

의 장애가 없이 완전히 개방된 몸이다. 神의 상태에서 망아에 이르러 물화를 실현하고 최후로 자연 본성에 합하는 과정을 다음 목수 재경을 통해 보겠다.

3) 以天合天: 본성을 회복하는 삶

악기걸이 거를 만드는 재경은 비법을 묻는 노나라 임금에게 다음과 같이 대답한다.

> 저는 목수일 뿐 무슨 비법이 있겠습니까? 한 가지 있다면, 제가 거를 만들기 위해서는 기운을 소모한 적이 없고 반드시 재계하여 마음을 깨끗이 합니다. 사흘을 재계하면 상이나 벼슬에 관한 생각이 없어집니다. 닷새를 재계하면 제 솜씨에 대한 칭찬이나 비난을 생각하지 않게 됩니다. 이레를 재계하면 문득 제게 팔다리와 몸뚱이가 있다는 것도 잊게 됩니다. 이때는 조정에 관한 생각도 없어지고, 오직 기술에만 집중하여서 외부의 어지러움이 모두 사라집니다. 그런 후에 숲속에 들어가 나무의 자연스러운 성질[天性]을 살피고 가장 좋은 모양을 고른 다음 이것으로 거가 완성된 모습을 그려봅니다. 그런 다음에 손을 댑니다. 만약 이와 같지 않으면 그만둡니다. 즉 이것은 '나무의 천과 나의 천이 만나는 것[以天合天]'입니다. 제가 만든 것이 귀신이 만든 것 같다고 하는 이유가 여기에 있습니다.154)

재경은 자신의 작업 방식을 노나라 임금에게 세 단계로 설명한다. 첫째, 기운을 소모하지 않는다. 기는 形과 心의 공통 기원이자 形·

圖書公司, 1993, p.421.

154) 臣工人, 何術之有! 雖然, 有一焉. 臣將爲鐻, 未嘗敢以耗氣也, 必齊以靜心. 齊三日, 而不敢懷慶賞爵祿, 齊五日, 不敢懷非譽巧拙, 齊七日, 輒然忘吾有四枝形體也. 當是時也, 無公朝, 其巧專而而滑消, 然後入山林, 觀天性, 形軀至矣, 然後成見鐻, 然後加手焉, 不然則已. 則以天合天, 器之所以疑神者, 其由是與! 「達生」

心을 유통시킬 수 있는 근거이므로 기를 소모하면 몸과 마음이 움직이고 神을 형성하지 못하여 집중력을 모을 수 없다. 둘째, 마음을 깨끗이 재계함으로써[齊以靜心] 상이나 벼슬, 그리고 비난이나 칭찬 등 작업과 관계없는 모든 잡념을 서서히 제거한다. 이것이 마음속에서 완전히 제거되었을 때 마지막으로 사지육체가 있다는 것조차 잊게 된다[忘吾有四枝形體]. 이 상태에서 오랫동안 숙련된 몸의 감각이 왜곡이나 방해 없이 그대로 드러나게 된다. 여기서도 마음과 육체가 모두 청소되는 '離形去知'의 수행이 핵심으로서, 세속적 표준과 경쟁의식, 권력이나 명예 등 외적인 요소에 의해 동요되지 않을 때 자신의 몸마저 잊음으로써 形·心 합일을 하여 작업에 완전히 집중할 수 있게 된다. 재경은 그때서야 거를 만들 나무를 고른 다음 손을 대는데[加手焉], 이때의 손은 윤편이 말하는 '손의 감각으로 터득하고 마음으로 응한다[得之於手而應於心]'의 손과 정확히 상통한다. 즉 이 손은 形·心 합일의 神을 구현하는 손이자 고요해진 신체 고유의 지각에 따라 무심히 움직이는 손이며, 무위의 방식으로 움직이는 손이다. 무위란 몸의 입장에서 말하자면 몸과 마음의 완전한 통합을 의미한다.

에드워드 슬링거랜드(Edward Slingerland)에 의하면 인간의 인지 체계는 뜨거운 인지와 차가운 인지라는 두 체계로 구성되는데 무위의 상태란 뜨거운 인지 체계와 차가운 인지 체계가 완전히 통합하여 환경에 완전히 부합하는 자발성을 가지게 되는 것을 말한다.[155] 즉

---

155) 에드워드 슬링거랜드(Edward Slingerland), 김동환 옮김, 『애쓰지 않기 위해 노력하기』, 파주: 고반, 2018, p.68. 무언의 뜨거운 인지 체계는 빠르고 자동적이고 대체로 무의식적인 것으로서 몸으로 간주된다. 명시적인 차가운 인지 체계는 느리고 계획적이고 의식적이며, 언어적 자아인 마음으로 간주된다. 인간의 의식적 자각과 자아감이 차가운 인지와 동일시되는 경향이 있다. 전

무위란 머리를 쓰지 않는 행동이 아니라 "신체화된 사고로부터 직접 나오는 행동"을 일컫는다.156) 슬링거랜드는 도가의 '무위'와 칙센트미하이의 '몰입'을 비교하였다. 이 둘의 공통점은, 깊지만 힘들이지 않은 집중, 환경에 대한 높은 반응성, 높은 효율성, 매우 큰 기쁨, 자아감의 소실, 바뀐 시간관념 등이다. 그러나 몰입과 무위의 구별점은 몰입이 도전과 복잡성을 강조하는 데 있으며, 이는 몰입 연구자들이 서양 개인주의자라는 한계로부터 비롯된다고 지적했다.157) 그에 따르면 무위란 '더 크고 귀중한 전체'와 연결되는 것으로 하늘과 도에 대한 신념을 바탕으로 하는 가치 체제와 관련된다. 따라서 무위란 개인이 혼자서 단순히 암벽을 타거나 철인 삼종 경기에 나가고, 혹은 게임의 숙달을 통해서 이르는 몰입을 넘어서는 것으로 '더 큰 무언가로 자아를 몰입시키는 것'이다.158) 더 큰 무언가는 바로 天이자 자연이자 道이다. 재경은 이를 "나의 천과 나무의 천이 만난다[以天合天]."라고 하였으며, 이는 사람의 본성과 나무의 본성이 합일하는 것을 의미한다. '이천합천'은 몰입과 무위의 가장 큰 구별점이라 할 수 있다.

장자는 양생은 양형만으로는 부족하므로159) 자연이 부여한 인간의 본성[性]을160) 회복하여 몸이 '다시 생명을 얻는 것[與彼更生「達

세계 종교 대부분은 뜨거운 인지에 뿌리를 둔 몸을 장애로 생각하고 마음만이 몸을 억제하는 유일한 방법이라고 믿고 있다. 순자의 '心君' 개념도 이를 잘 나타낸다.

156) 에드워드 슬링거랜드(Edward Slingerland), 앞의 책, p.359.

157) 에드워드 슬링거랜드(Edward Slingerland), 위의 책, pp.93-98.

158) 에드워드 슬링거랜드(Edward Slingerland), 위의 책, pp.99-106.

159) "세상 사람들은 육체만 잘 기르면 생명을 보존할 수 있다고 여기지만 육체를 기르는 것만으로 생명을 보존하기는 부족하니 어떻게 충분하다고 하겠는가."(世之人以爲養形足以存生, 而養形果不足以存生, 則世奚足爲哉!「達生」)

160) 쉬푸관(徐復觀), 유일환 옮김, 『中國人性論史: 先秦篇』, 서울: 을유문화사, 1995, p.118. 『장자』

生」」'이야말로 진정한 양생이라고 보았다. 性은 생명의 본질[性者, 生之質也「庚桑楚」]이다. 즉 양생의 몸은 形・性・生의 합체이다. 슈스터만의 '몸 미학'이 말하는 몸이 삶과 감각이 빠진 단지 물리적인 몸이 아니라 살아있는, 느끼고 감각하며 움직이는 몸이라면,[161] 장자가 말하는 몸 또한 형체가 중요한 것이 아니라 그 안에 본성과 생명을 내재해야 진정한 몸이다. 본성은 자연이 부여한 인간의 천성이므로 본성을 회복한다는 것은 자연의 천성으로 회귀하는 것이다. 자연의 질서와 리듬은 진화를 통해 인간의 몸속에 깊이 새겨져 있지만, 자연의 질서에 위배되는 문화와 욕망에 의해 억압되고 뒤틀리게 된다. 목수 경은 더 큰 하늘에 몰입하기 위해 자신의 몸과 마음을 모두 잊는다. 이는 의식적 마음의 통제를 무언의 몸으로 전환시키는 것이다. 몸으로 다시 자연의 질서와 리듬을 회복하는 것이 본성을 회복하고 생명을 얻는 것이다. 재경은 일찍이 기술을 숙련했지만 새로운 거를 만들 때마다 매번 재계를 반복하여 '以天合天'을 실천한다. 즉 재경이 거를 만드는 과정은 단순히 노련한 장인의 숙련된 작업만으로 끝나는 것이 아니라 자신의 본성을 찾고 생명을 얻는 과정으로 승화되는 것이다.

서양 전통에서 신성이란 영혼, 정신, 신과 관련한 개념으로서 항상 이 세계와 몸을 초월하는 것이라고 여겨졌다. 그러나 레이코프와 존슨에 의하면 마치 몸을 벗어난 것과 같은 영적 경험, 혹은 초월적 경험은 주로 인간의 상상, 감정 이입적인 투사로서 이는 몸이 가지

내편에서 '性'이라는 글자는 한 번도 나오지 않고 외편과 잡편에만 출현하는데, 쉬푸관이 밝혔듯이 내편의 德이 곧 性이다. 아울러 『장자』에서 '身'과 '生'은 '德(性)'과 '形'을 겸한 것이지만 德(性)에 더 무게 중심이 있으므로 全身, 혹은 全生은 全德과 같다고 본다(같은 책 p.126.).

161) 리처드 슈스터만(Richard Shusterman), 이혜진 옮김, 『몸의 미학』(재판), 서울: 북코리아, 2013, p.33.

고 있는 핵심적인 인지적 능력이다.162) 따라서 체험주의에서 신성은 초세속성에 있는 것이 아니라 인간 세계와의 관계에 바탕을 두고, 영원히 발전하는 자연 과정에서 스스로 변형 가능한 인간의 능력을 의미한다.163) 즉 인간의 신성이나 영적 경험도 모두 신체화되어 있다는 것이다. 영혼의 순수성은 그대로 주어지는 직접적인 것이 아니라 몸이라는 수단을 통해 깨달아야 할 과업과 같은 것이다.164) 서양의 신성 개념을 동아시아 단어로 환원하면 바로 도이다. 장자의 도는 세계 만물의 존재 원리이자 근거이지만 초월적으로 존재하는 것이 아니라 구체적인 사물 속에 갖추어져 있다. 땅강아지, 개미, 기왓장, 벽돌, 똥이나 오줌 등 비천한 사물들 속에도 모두 존재한다.165) 나카지마 다카히로는 이를 도가 "사물에 대해 내재하며 또한 초월해 있다."라고 표현하였다.166) 인간은 세계 속에서 살며 세계의 사물과의 관계 속에서 존재하는 것이지 고립된 상태로 존재할 수 없다. 따라서 도는 홀로 고고하게 이룩하는 것이 아니라 다른 사물과의 관계 속에서 이루어진다.

「대종사」에서 여우는 도를 이루는 과정을 다음 여섯 단계로 제시

---

162) G. 레이코프 · M. 존슨(George Lakoff & Mark Johnson), 임지룡 외 옮김, 『몸의 철학』, 서울: 박이정, 2002, p.815.

163) 마크 존슨(Mark Johnson), 김동환 · 최영호 옮김, 『몸의 의미』, 서울: 東文選, 2012, pp.48-49.

164) 리처드 슈스터만(Richard Shusterman), 앞의 책, p.211.

165) "동곽자가 물었다. '도는 어디에 있습니까?' 장자가 대답하길 '없는 곳이 없다.' 동곽자가 다시 묻길 '구체적으로 말씀해 주십시오.' 장자가 대답하길 '땅강아지와 개미에 있다.', '어찌 그렇게 하찮은 것에 있습니까?', '돌피나 피에 있다.', '어찌 그렇게 더 하찮은 것에 있습니까?', '기와와 벽돌에도 있다.', '어찌 그렇게 더 심해집니까?', '똥이나 오줌에도 있다.'"(東郭子問 於莊子曰:「所謂道, 惡乎在?」莊子曰:「無所不在」東郭子曰:「期而後可」莊子曰:「在螻蟻」曰:「何其下邪」曰:「在稊稗」曰:「何其愈下邪?」曰:「在瓦甓」曰:「何其愈甚邪?」曰:「在屎溺」「知北遊」)

166) 나카지마 다카히로(中島隆博), 조영렬 옮김, 『장자, 닭이 되어 때를 알려라』, 파주: 글항아리, 2010, p.187.

한다.167) 즉 세상을 잊다[外天下]-사물을 잊다[外物]-삶을 잊다[外生]-아침 해와 같이 밝은 통찰 [朝徹-하나를 봄[見獨]-얽히어 편안함[攖寧]. 도를 이루는 최종의 단계인 '攖寧' 즉 '서로 얽힌 후에야 이루어진다[攖而後成者也]'는 의미는 인간이 세계와 독립되어 존재하는 것이 아니라 몸이 접하는 사물과 처한 공간 속에서 관계로서 존재한다는 의미일 것이다. 나카지마 다카히로는 도의 최종 단계인 '攖寧'이 의미하는 것은 사물과 관계 맺는 상태라고 말한다.168) 따라서 자연으로부터 받은 인간 본성으로의 회귀는 홀로 이루는 것이 아니라 이 세계 타물과의 관계 속에서 이루어진다. 즉 '이천합천'의 과정이 필요하다. 도란 초월적인 그 무엇으로 존재하는 것이 아니라 자신의 몸으로 도와 관계 맺으며 다른 사물을 포용하는 운동이라 할 수 있다. 이 과정에서 몸은 도를 실현할 수 있는 조건이자 도를 이루는 중심으로 격상된다. 공자가 여량의 큰 폭포에서 귀신처럼 수영을 잘하는 사람을 보았다. 그에게 비결을 물으니 다음과 같이 대답하였다.

> 저는 어떤 비결도 없습니다. 연고[故]에 의해 태어나서 본성[性]에 의해 자라고 운명[命]으로 이룰 뿐입니다. 물의 흐름에 따라 들어갔다가 물의 흐름과 같이 올라오며 물의 길을 따를 뿐 마음대로 하지 않습니다. 이것이 제가 수영하는 방법입니다. (…) 제가 육지에서 태어났으니 육지를 편안해하는 것이 연고이고, 물에서 자랐으니 물을 편안해하는 것이 본성이며, 어떻게 하는지도 모르면서

---

167) 吾猶告而守之, 三日而候能外天下, 已外天下矣, 吾又守之, 七日而後能外物, 已外物矣, 吾又守之, 九日而後能外生, 已外生矣, 而後能朝徹, 朝徹, 而後能見獨, 見獨, 而後能無古今, 無古今, 而後能入於不死不生. 殺生者不死, 生生者不生. 其爲物, 無不將也, 無不迎也, 無不毀也, 無不成也. 其名爲攖寧. 攖寧也者, 攖而後成者也. 「大宗師」

168) 나카지마 다카히로(中島隆博), 앞의 책, p.184.

그렇게 하는 것이 운명입니다.[169]

여기서 연고[故], 본성[性], 운명[命]이 의미하는 바는 모두 인간이
억지로 의식하여 추구하는 것이 아니라 내 몸이 처한 자연 공간의
변화에 따라 변화를 따르는 것을 의미한다. 인간의 몸에는 이미 자
신이 태어나서 살아가는 공간의 지리와 풍토에 대한 정보가 살과 뼛
속에 깊이 스며들어 있다. 기술은 인간이 억지로 자연에 복종하는
것도 아니고, 그렇다고 인간의 욕망에 맞게 환경을 변화시키는 것도
아니며, 내가 원하는 답을 받아내기 위해서 '닦달(Ge-stell)'하는 것도
아니다.[170] 최고의 기술을 펼칠 수 있는 능력은 우리 몸에, 자연으로
부터 받은 본성에 이미 내재되어 있되 아직 발현되지 않았을 뿐이
다. 자연의 본성과 상호 융통하면 몸 안에 잠재되어 있던 능력이 격
발되기 시작하며 몸의 역량이 최대화된다. 물고기도 헤엄칠 수 없을
만큼 격렬한 물살에서도 마치 귀신처럼 헤엄을 칠 수 있는 것은 자
신의 몸을 완벽하게 제어할 뿐 아니라 일반적으로는 지각할 수 없는
물의 흐름을 지각하고 이를 따름으로써, 자신의 몸과 물의 흐름을
하나로 일치시키는 것이다. 이것이 바로 사람의 본성과 물의 본성이
만나는 '이천합천'이다.

'이천합천'은 나의 몸을 통해서 자연의 본성을 체험하는 것이다.
이런 의미에서 장자의 몸의 미학은 자연의 질서에 부합하는 몸의 체
험이라고 할 수 있다. 길은 본래부터 주어진 것이 아니라 두 발로 걸

---

169) 亡, 吾無道. 吾始乎故, 長乎性, 成乎命. 與齊俱入, 與汨偕出, 從水之道而不爲私焉. 此吾所以蹈之
也. (…) 吾生於陵而安於陵, 故也, 長於水而安於水, 性也, 不知吾所以然而然, 命也. 「達生」

170) 하이데거는 현대의 기술이 포에시스로서의 탈은폐가 아니라, '도발적 요청(Herausforderung)'이
라는 의미의 '닦아세움(das Ge-stell)'의 성격을 띠고 있다고 비판하였다(마르틴 하이데거
(Martin Heidegger), 이기상 역, 『기술과 전향』, 서광사, 1993, pp.41-45.).

어갔기 때문에 만들어진 것처럼(道行之而成 「齊物論」), 도는 초월적 존재로 제시되는 것이 아니라 몸의 실천과 행위를 통하여 이루어가는 것이자 그러한 실천의 과정 그 자체이다. 포정을 비롯한 목수 윤편, 재경, 뱃사공, 매미 잡는 사람, 수영하는 사람 등 여러 장인은 삶의 현장에서 머리가 아니라 직접 몸을 부딪치며, 몸을 토대로 자신을 인식하고 몸을 토대로 삶을 완성하는 삶의 미학의 체현자들이다. 이종성은 동양 고전 중 『장자』야말로 현대 대중문화와 예술에 가장 큰 영향력을 미친 텍스트라고 한다.[171] 평범한 서민들을 주인공으로 내세워 민중의 삶의 모습을 현실감 있게 묘사하였을 뿐 아니라 상상력을 촉발하는 수많은 비유와 수사가 넘치기 때문이다. 장자는 철학의 주된 관심을 왕에서 일반 서민으로, 엘리트에서 대중으로, 이론에서 실천으로, 관념에서 삶으로 전환한 것이라 할 수 있다. 이러한 전환은 예술 자체를 위한 예술이 아니라 삶과 예술을 통합하는 것이자 삶 자체를 예술적 기획으로 삼아 스스로 창조해 나가도록 하는 삶의 예술이자 몸의 예술이라고 할 수 있다.

이상 Ⅴ장은 소요유를 삶의 미학의 관점에서 살펴보았다. 정리해 보면, 장자의 자유정신을 대표하는 소요유는 단지 정신적 유희가 아니라 육체와 정신 간 분리가 없는 심신합일의 자유이며, 또한 소극적인 자유가 아니라 구체적인 사회 현실과 정치 현실에 대한 비판정신으로부터 도출된 것이다. 그 예로 유가 정치에서 신체의 은유가

---

171) 이종성, 「장자의 상상력과 대중문화의 소통」, 동서철학연구, Vol.66, 2012, p.116. 이종성은 특히 한국의 대중가요에서 장자의 상상력과 모티프를 수용한 것으로 클릭비의 <소요유>, 푸른 새벽의 <호접지몽>, 김도향의 <벽오동>, 정광태와 이태원의 <도요새의 비밀>, 안치환의 <알바트로스>와 <똥파리와 인간> 등을 꼽으면서 장자의 상상력이 대중문화와 매우 친숙하고, 문화적 소통에 매우 개방적이라는 점을 강조한다.

마음 중심으로서 군신 간의 상하주종 권력관계를 세우는 권력 중심형 은유라면, 장자는 전체론 우위, 권력 중심, 동일성 등을 비판하기 위한 '眞君'의 은유로 이에 대항한다. 또한 권력의 표지로 작동하고 있는 유가의 의례화된 몸의 허구성을 비판 폭로하면서 인위적 가치로부터 해방된 자유로운 몸들을 제시한다. 따라서 삶의 미학을 체현하는 자는 예로 규범 지어진 군자가 아니라 다양한 기술을 갖고 생계를 엮어가고 있는 장인이자 일반 민중들이다. 이들 포정, 윤편, 재경 등은 각기 '遊刀', '得手應心', '以天合天' 등의 방법을 통해 일상생활에서 생생한 몸의 감각으로 몸의 미학, 삶의 미학을 구현하는 체현자들이다.

제6장

결론

몸은 생명의 담지체이자 세계를 경험하는 원매체로서 인간의 모든 사유와 행동은 몸을 바탕으로 전개된다. 몸은 모든 의미를 만들어내는 핵심으로, 나는 나의 몸을 가지고 있는 것이 아니라 몸이 곧 나이다. 그러나 심신이원론의 역사에서 몸은 고귀한 정신에 대비하여 욕망, 타락, 죄, 동물, 감옥, 기계 등의 부정적 이미지로 투사되어 왔다. 근대성에 대한 비판적 성찰은 그동안 부정적인 것으로 간주되어 철학의 주변부로 밀려나 있던 몸을 중심으로 불러왔고 이는 미학의 영역에서도 마찬가지이다. 따라서 몸의 미학은 근대의 정신주의 미학에 대한 뒤집기에서 비롯한 것으로, 더는 순수한 정신의 즐거움으로만 한정되는 것이 아니라 몸의 직접적인 경험을 통해 실제적인 만족을 산출하는 것으로 확장된다. 본 논문은 이 같은 배경 아래 장자의 몸의 미학을 양생, 제물, 소요유를 매개로 하여 생명미학, 생태미학, 삶의 미학으로 구성하였고 다음과 같은 결론을 도출하였다.

중국 고대철학에서 몸은 물리적 층위에서부터 정신적 층위까지 모두를 총합하는 개념으로서 학습, 경험 등의 사회적 행위를 통해 축적된 가치로서의 몸이자 한 개인의 인격적 실체를 의미한다. 몸을 통해 인격적 수양을 하는 수신 개념은 심신유기체로서의 몸의 미학을 그대로 구현한다고 할 수 있다. 그러나 유가의 수신은 자연적인 몸 자체보다는 정치적인 몸, 도덕화된 몸, 의례화된 몸 등 인위적 가치를 부여하고 또한 정신성을 우위에 두는 경향이 있다. 반면 장자는 인위적인 가치를 탈각시킨 보다 자연적인 몸을 중시한다. 장자가 形에 관해 집중적으로 논하는 것은 形이야말로 생명의 제1차 담지체로 어떤 인위적 가치가 주입되기 전의 자연적 생명에 해당하기 때문이다. 그러나 形은 생명의 담지체라는 긍정적 요소와 더불어 욕망의 담지체라는 부정적 요소를 동시에 갖는다. 장자는 形으로 대변되는 몸을 무조건 부정하지도, 혹은 그 자체로 찬미하지도 않는다. 形은 그 자체로는 자연 본성에서 온 것이지만 동시에 욕망에 가장 쉽게 노출될 수 있다는 양면성을 경고한다. 이러한 이중적 속성은 心도 마찬가지이다. 장자의 몸 개념에 분열이 없다는 것을 증명하는 것은 氣와 神이다. 기는 육체와 마음을 하나로 통일시켜 주는 근거이고, 神은 기가 形과 心 사이를 완전히 유통하면서 활발한 생명 활동을 하는 것이다. 따라서 神은 形·心이 완전히 하나가 되어야만 몸이 도달할 수 있는 최고의 생명 활동 상태이다. 장자가 말하는 이상적인 몸은 形·氣·心이 하나가 된 神의 상태이다. 이는 물리적·생리적인 육체에서부터 감정·사유·정서·느낌 등을 모두 포함하는 심신유기체의 몸으로서 활발하게 생명 활동하는 살아있는 몸이다.

몸은 곧 생명이므로 몸을 완전하게 하는 것이 양생이다. 장자의 양생 개념은 육체와 마음을 분리하지 않는 장자의 몸 개념을 더욱 명확하게 드러낸다. 장자가 養形을 비판한다고 해서 양형과 양생을 대립 관계로 설정한 것이 아니다. 形은 생명의 기본 토대이자 기초 에너지이므로 양형은 양생을 이루기 위한 필수 조건이다. 따라서 장자는 신체 단련을 배제하지 않는다. 그러나 온전한 생명은 단지 육체적 생명만이 아니라 정신적·사회적 생명을 모두 포괄해야 한다. 따라서 養生은 곧 養身으로서 養形에서부터 養神까지 모두 포괄하는 전 인격체의 성숙과 완성을 상징한다. 이러한 생명의 근원이자 본질은 도와 덕이다. 유가에서의 도가 인간의 질서에 무게를 둔다면, 장자에서는 스스로 생성하고 소멸하며 변화하는 천지자연의 질서 자체가 곧 도이다. 또한 유가의 덕이 노력과 수양에 의해 후천적으로 얻어지는 경향이 강하다면, 장자의 덕은 자연적인 본성이라는 의미가 강하다. 장자의 덕은 얻으려고 할수록 얻을 수 없고, 겉으로 드러내려고 할수록 멀어진다. 따라서 덕은 별도의 무언가를 추구하는 수양을 통해 성취되는 것이 아니라 자연 전체의 생성·변화하는 생명의 장에 접속함으로써 그 기운을 충전하는 것이다. 자연은 모든 생명의 근원이자 공급처이다. 생명력은 자연의 질서와 리듬이 몸 안에 충만함으로써 성취된다. 양생은 장자의 몸의 미학의 자연적 토대를 설명한다.

양생의 구체적 방법인 좌망과 심재도 별도의 생명이나 덕을 얻으려고 노력하는 것이 아니라 자연의 생명력에의 접속을 방해하는 몸의 요소를 제거함으로써 달성된다. 방해 요인은 形과 心에 모두 상존하므로 육체와 마음의 양 방면에서 동시에 시행된다. 形과 心 양방면에서 자연적 본성이 아닌 모든 인위적인 가치와 욕망, 지식 등을 떨쳐버렸을 때 우주 생명의 기가 충전되고 形과 心도 일체로 유통된다. 양생이 양형과 양신을 모두 포괄하듯이 좌망과 심재 또한 形과 心 양 방면으로 진행됨으로써 몸이 자연의 질서에 완전히 동화된다. 몸 미학에서 아름다움의 기준은 바로 자연에 있으며 진리의 기준도 자연에 있다. 자연은 미와 진리의 공동 토대이다.

진인과 기인은 외모상으로는 극단적으로 상반되지만 모두 생명미학의 체현자들이다. 진인이 완벽한 도를 육체적으로 이상화한 것이라면, 기인은 현실적 조건에 살아갈 수밖에 없는 인간의 덕을 체현한다. 진인이 완전하고 아름다운 육체로 형상화된다면 기인은 불완전하고 기형적인 몸으로 등장한다. 진인은 도의 완벽성을 상징하는 몸으로서 자연의 기와 완벽하게 소통하는 기화의 몸이자 우주적인 몸이다. 그러나 기인은 불구, 추함, 장애 등 몸에 대한 인간 사회의 온갖 편견의 원천을 보여준다. 이들의 핵심은 추한 외모 속에 내재하는 덕이자 생명력이다. 온갖 육체적인 불완전함과 추함을 지녔지만, 내재된 덕성의 완전함으로 인해 오히려 강한 생명미를 드러낸다. 기인들을 통한 몸의 미학은 서구에서 현대에 이르러서야 언급되는 추의 미학, 지배와 억압의 구조를 폭로하는 현대 미학이나 그로테스크미학 등과 비교할 때 매우 선구적이다. 몸의 해방을 부르짖는 현대에도 젊고 건강하고 날씬하고 깨끗한 몸만 찬양받는다. 그러나 영화와 광고 속의 매끈하고 순수한 몸은 일상의 몸이 아니다. 몸은 질병, 노화, 죽음을 포함하는 매우 취약한 것이다. 기인들은 현실 세계에서 살아가는 몸의 취약성을 적나라하게 드러내지만 동시에 몸 안에 내재한 덕을 통하여 강한 생명미를 체현한다. 이들은 살아있는 몸으로 덕을 통하여 최고의 도를 구현하는 생명미학의 진정한 체현자이다.

『장자』의 철학과 미학의 기본 토대는 자연으로서, 중국 고대의 어떠한 문헌보다 자연에 대한 많은 정보를 담고 있을 뿐 아니라 자연에 대한 심미적 감상을 담고 있다. '遊'는 장자의 자연에 대한 심미적 체험방식으로서 몸의 미학적 관점을 잘 드러낸다. 『장자』의 우화에 등장하는 많은 여행 모티프는 모두 '遊'의 형식을 띤다. '遊'는 직접적인 몸의 움직임을 전제로 하며 궁극적으로는 마음의 遊까지 이르러 완성되는 최고의 심미 활동 방식이다. 다시 말해 '遊心'는 몸의 자유로운 활동 방식에 근거하여 확대된 개념으로 단순한 유희가 아니라 物과 접촉하면서 몸·마음·대상이 고도로 통일되고 상호 교감하는 매우 실천적인 개념이다. 자연에서의 '遊'는 자연 속에 완전히 흡수되어 몸으로 직접 자연을 체험하는 것으로서, 궁극적으로 자연의 조화로운 생명력을 체험하는 것이다. 따라서 '遊'는 심재·좌망과 마찬가지로 形과 心 양 방면이 동시에 시행된다. 즉 '遊'는 자연 속에서의 자유로운 몸의 동작에서 도의 체득까지 形·心의 전 범위를 아우른다. '천뢰'와 '이명'은 자연의 체험을 통해 체득한 도의 경지를 은유한다. 천뢰는 소리 없는 소리요, 이명은 빛나지 않는 빛으로서 모두 언어로 표현할 수 없는 도를 시청각적 요소로 은유한 것이다. '천뢰'란 귀가 아니라 자신이 사라졌을 때라야 비로소 들리는 소리, 즉 도를 체득한 몸으로 듣는 자연의 소리이고, '이명'이란 진정한 앎으로서 외부의 빛이 아니라 고요함과 텅 빈 곳에 저절로 찾아오는, 몸 안에 본래 존재하는 빛이다.

장자의 제물적 사유는 존재하는 모든 것에 대한 평등관을 제시한다. 따라서 유가 문헌에 비하여 동물에 대한 비하보다는 긍정적인 은유가 매우 풍부하다. 그러나 장자의 생태 사유의 특징은 단지 자연에서만 그치는 것이 아니라 인간이 살고 있는 사회의 문제를 다루는 사회 속에서 더욱 부각된다. 『장자』에는 인간의 귀천을 구별하는 용어, 즉 귀족과 천민, 지배자와 피지배자를 구분하는 용어가 없으며 오히려 장자의 주인공들은 유가식 용어로 말하자면 모두 民이자 천민, 피지배자들이다. 장자의 만물제동의 사유에는 자연에 대한 지배와 착취의 조건이 사회적 위계에서 비롯된다는 사회생태론적 개념을 충분히 드러낸다. 또한 몸의 부정성을 가장 크게 드러내는 죽음을 지구 전체 생명의 순환적 입장에서 사유함으로써 인간에 대한 어떤 우월 의식 없이 모든 생명들의 평등한 생태 순환을 말한다. 따라서 장자의 생태미학은 단순히 원시 자연으로 돌아가라는 자연주의 구호에서만 그치는 것이 아니라 사회의 지배 구조에 대한 비판을 담은 사회생태적 함의를 포괄한다.

몸은 자연에 뿌리를 두고 있지만 사회와 문화 속에서 변형된다. 몸은 나 자신의 구체적인 정체성일 뿐만 아니라 사회·역사 속에 개방되어 있으며, 사회적 존재로서의 나와 타자를 연결한다. 장자의 자연에 대한 찬미와 감상은 사회 속에 존재할 수밖에 없는 인간이 사회 속에서 잘 살기 위해 제시된 것이지 사회를 등지고 자연으로 돌아가고자 한 것이 아니다. 장자의 몸의 미학은 사회적 실천 속에서 완성되며 이를 나타내는 개념이 소요유이다. 소요유를 단지 마음의 자유 혹은 정신적 즐거움으로만 한정하는 것은 결국 몸과 마음, 자연과 사회, 삶과 예술을 분리하는 모든 이원론을 초래하는 것이다. 소요유가 장자의 자유정신을 상징한다면 이 자유는 정신에만 국한된 것이 아니다. 현실 세계에서 몸을 가진 인간에게 절대적 자유란 존재하지 않으며 인간 세상의 현실을 명확히 알고 이를 극복하기 위해 노력하면서 인생의 가치를 실현해 나가는 과정에서 자유가 성취된다. 소요유는 形과 心을 통일하고 미와 윤리, 삶과 예술을 통일시키는 삶의 예술이다.

장자의 현실 참여는 정치의 신체 은유를 통해 나타나는 정치에 대한 비판 의식에서 더욱 명확하게 드러난다. 정치 영역에서 유가의 마음 중심의 신체 은유가 권력 중심 및 전체론 우위를 은유한다면 장자는 이를 해체하는 은유로 대응한다. 장자의 신체 은유에서 마음은 중심도 아니고 우월적 지위도 없다. 마음을 비롯한 육체의 모든 기관은 동등한 지위를 부여받고 있다. 이러한 은유는 모든 육체 기관에 대한 통솔을 마음에 부여하는 心 위주의 신체관에 대한 비판이자, 동시에 권력 중심과 전체론 우위의 유가 정치체제에 대한 비판을 담고 있다.

『장자』에 등장하는 포정을 비롯한 수많은 장인은 일상생활 속에서 행위와 실천을 통하여 삶의 미학을 체현한다. 이들은 예로 규범 지어진 군자나 귀족이 아니라 다양한 기술을 갖고 생계를 엮어가는 일반 민중들이다. 장인들은 우선 자신의 몸에서 形·心이 일치되는 완전한 神의 상태를 만들고, 여기에 다시 작업 도구 혹은 대상과 합일하는 방식으로 形·心·物 간의 완전한 합일을 이룸으로써 뛰어난 작업 능력을 보여준다. 장자가 이들을 통하여 제시하고자 하는 것은 단지 훌륭한 기술을 찬미하려는 것이 아니라, 사회 속에서 좋은 삶을 살아가는 방법을 비유적으로 설명하기 위한 것이다. 장인들은 자기 몸속의 내재한 자연의 도로써 외재 사물을 포용한다. 즉 物과의 상호 교감을 통하여 자기 몸을 세계 속에 포함시킨다. 궁극적으로 사물의 본성과 접촉함으로써 온몸으로 자연의 질서와 리듬을 회복한다. 몸의 미학이 근대의 엘리트주의와 예술을 위한 예술을 비판하는 데서 출발한다면, 장자의 미학은 이를 통합하는 삶의 예술이라는 점에서 몸의 미학을 가장 잘 구현한다. 따라서 현대 인문학의 위기가 실제 삶과 괴리된 정신주의와 엘리트주의의 보수성에서 기인한다면, 장자의 미학은 이에 대한 비판적 계기를 마련해준다. 도는 몸속에 있고, 몸의 행위와 실천을 통하여 실현된다. 장인들은 도의 체험이 정신의 추상적 사변이 아니라 반드시 구체적이고 생생한 몸의 감각을 통하여 체현된다는 점을 보여준다. 이러한 의미에서 이들의 몸은 곧 도를 체현하는 道身이라 할 수 있다.

이상의 양생, 제물, 소요유는 장자가 무엇보다 생명을 중시하고, 그 생명이 살아가는 자연 및 사회환경을 생각했으며, 그 안에서 인간 삶의 자유를 추구했음을 보여주는 핵심 주제이다. 이는 장자의 사상이 곧 인간이 몸으로 존재할 수밖에 없고, 몸을 가지고 세계와 접촉하며, 몸을 통해서 자기를 완성할 수밖에 없다는, 철저한 몸 중심의 사고에 기반하고 있음을 방증한다. 양생, 제물, 소요유로 구체화된 생명, 생태, 삶의 미학이란 종합하여 몸의 미학으로 귀결되는 것이다.

마지막으로 인간은 자신에게 존재 의미를 부여하는 몸과 분리될 수 없으며, 이러한 몸을 어떻게 인식하는가는 인간 개인의 구체적인 삶, 나아가 공동체성에도 큰 영향을 미친다. 오늘날 몸은 억압의 시대를 지나 사회적 담론의 주인공이 되면서 엄청난 특권을 누리고 있다. 그러나 이러한 몸에 대한 열광이 곧 몸의 이원론적 패러다임의 폐기를 의미하는 것은 아니다. 자본과 대중매체의 영향 아래에서 몸에 관한 탐닉은 권력을 재생산하는 메커니즘의 역할을 할 뿐이고, 일상생활과 단절된 방식으로 외형 관리에 치중한 몸 관리는 몸이 해방되었다는 착각만 줄 뿐이다. 이원론은 사회와 역사 속에 생각보다 깊이 뿌리내리고 있으며, 이를 자각하지 못하고 몸의 해방을 부르짖는 것은 또 다른 오류를 생산할 뿐이다. 장자의 몸의 미학은 우리 안에 존재하는 뿌리 깊은 이원론에 대한 반성과 자각의 계기가 된다. 아울러 장자의 몸의 미학은 미란 예술 작품뿐만 아니라 살아있는 아름다움 그 자체이고 이는 몸을 바탕으로 행위하고 실천하며 끊임없는 자기완성을 추구함으로써 실현되는 것이라는 새로운 미학적 관점을 보여준다. 장자의 몸의 미학이 개인의 구체적인 삶, 나아가 자연과 사회를 아우르는 지구 공동체의 삶의 향상과 개선에 조금이나마 기여할 수 있길 기대한다.

참고문헌

1. 원전, 주석서 및 사전

陳鼓應 注釋, 『莊子今注今譯』上・中・下, 北京: 中華書局, 1983.
[淸]王先謙・劉武 撰, 沈嘯寰 點校, 『莊子集解・莊子集解內篇補正』, 北京: 中華書局, 1987.
[淸]郭慶藩 撰, 王孝魚 點校, 『莊子集釋』(第3板)上・中・下, 北京: 中華書局, 2012.
方勇, 『莊子纂要』, 學苑出版社, 2012.
崔大華, 『莊子岐解』, 河南: 中州古籍出版社, 1988.

성백효 역주, 『현토완역 논어집주』(개정증보판), 서울: 전통문화연구회, 2012.
성백효 역주, 『현토완역 대학・중용집주』, 서울: 전통문화연구회, 2005.
안동림 역주, 『莊子』(개정2판), 서울: 현암사, 2013.
안병주・전호근 공역, 『역주 장자』(총4편), 서울: 전통문화연구회, 2001.
조현숙 옮김, 『莊子』, 서울: 책세상, 2016.

국립국어원 표준국어대사전(https://stdict.korean.go.kr/main/main.do).
기다 겐(木田 元) 외 3인, 이신철 역, 『현상학 사전』, 서울: 도서출판b, 2011.
조영언, 『한국어 어원사전』, 부산: 다솜출판사, 2004.
漢語大字典編輯委員會, 『漢語大字典』(第二版), 武漢: 崇文書局・四川辭書出版社, 2010.
呂叔湘・丁聲樹, 『現代漢語詞典』(第六版), 北京商務印書館, 2012.
許愼 撰, 段玉裁 注, 『說文解字注』, 上海古籍出版社, 2008.
李學勤, 『字源』, 天津: 天津古籍出版社, 2012.
竇文字・竇勇, 『漢字字源: 當代新說文解字』, 長春: 吉林文史出版社, 2005.

2. 연구서 단행본

강미라, 『몸 주체 권력: 메를로퐁티와 푸코의 몸 개념』, 서울: 이학사, 2011.

강신익, 『몸의 역사, 몸의 문화』, 서울: 휴머니스트, 2007.

구승회, 『생태철학과 환경윤리』, 서울: 동국대학교 출판부, 2001.

김교빈·이현구·김시천, 『기학의 모험 1』, 서울: 들녘, 2004.

박이문, 『문명의 위기와 문화의 전환』, 서울: 민음사, 1996.

박정진, 『빛의 철학 소리철학』, 고양: 소나무, 2013.

박정호·조광제·양운덕·이봉재, 『현대철학의 흐름』, 서울: 동녘, 1996.

백문식, 『우리말의 뿌리를 찾아서』, 서울: 삼광출판사, 1998.

송기원, 『생명』, 서울: 로도스, 2014.

신동원·김남일·여인석 공저, 『한권으로 읽는 동의보감』, 서울: 들녘, 1999.

신정근, 『동양철학의 유혹』, 서울: 이학사, 2002.

우리사상연구소 엮음, 『우리말 철학사전 2: 생명·상징·예술』, 서울: 지식산업사, 2002.

이강수, 『노자와 장자: 무위와 소요의 철학』, 서울: 길, 1997.

이동일 외 지음, 『기학의 모험 2』, 서울: 들녘, 2004.

이성희, 『장자의 심미적 실재관』, 파주: 한국학술정보, 2008.

정대현 외 지음, 『감성의 철학』, 서울: 민음사, 1999.

정석도, 『하늘의 길과 사람의 길』, 서울: 아카넷, 2009.

정용선, 『장자의 해체적 사유』, 서울: 사회평론, 2009.

조광제, 『몸의 세계, 세계의 몸』, 서울: 이학사, 2004.

조민환, 『중국철학과 예술정신』, 서울: 예문서원, 1997.

최진석, 『저것을 버리고 이것을』, 고양: 소나무, 2014.

라오스꽝(勞思光), 정인재 역, 『중국철학사 고대편』, 서울: 탐구당, 1995.

위젠화(兪劍華), 김대원 역, 『중국고대화론유편: 산수1』(제4편), 서울: 소명, 2010.

류샤오간(劉笑敢), 최진석 옮김, 『莊子哲學』(개정2판), 서울: 소나무, 2015.

리쩌허우(李澤厚)·류강지(劉綱紀) 주편, 권덕주·김승심 공역, 『중국미학사』, 서울: 대학교과서주식회사, 1992.

멍페이위안(夢培元), 김용섭 옮김, 『중국철학과 중국인의 사유방식』, 서울: 철학과현실사, 2005.

쉬푸관(徐復觀), 권덕주 외 옮김, 『중국예술정신』, 서울: 東文選, 1990.

_____, 유일환 옮김, 『中國人性論史: 先秦篇』, 서울: 을유문화사, 1995.

우광밍(吳光明), 김용섭 옮김, 『장자철학』, 대구한의대학교출판부, 2009.

왕보(王博), 김갑수 옮김, 『장자를 읽다』, 서울: 바다출판사, 2007.

왕카이(王凱), 신정근 책임번역, 강효석·김선창 옮김, 『소요유 장자의 미학』, 서울: 성균관대학교출판부, 2013.

리쩌허우(李澤厚), 윤수영 옮김,『미의 역정』, 서울: 동문선, 1991.

천구잉(陳鼓應), 최진석 옮김,『老莊新論』(제2판), 서울: 소나무, 2013.

펑유란(馮友蘭), 박성규 옮김,『중국철학사 상』, 서울: 까치, 1999.

구리야마 시게히사(栗山茂久), 정우진・권상옥 옮김,『몸의 노래: 동양의 몸과
    서양의 몸』, 서울: 이음, 2013.

기다 겐(木田 元), 이수정 역,『현상학의 흐름』, 대구: 이문출판사, 1989.

나카지마 다카히로(中島隆博), 조영렬 옮김,『장자, 닭이 되어 때를 알려라』, 파
    주: 글항아리, 2010.

니체(Friedrich Wilhelm Nietzsche), 최승자 역,『짜라투스트라는 이렇게 말했다』,
    서울: 청하, 1997.

루이스 멈퍼드(Lewis Mumford), 김문환 옮김,『예술과 기술』, 서울: 민음사, 1999.

_____, 박홍규 옮김,『인간의 전환』, 서울: 텍스트, 2011.

레이첼 카슨(Rachel Carson), 김은령 옮김,『침묵의 봄』, 서울: 에코리브르, 2011.

리처드 슈스터만(Richard Shusterman), 이혜진 옮김,『몸의 미학』(재판), 서울:
    북코리아, 2013.

_____, 허정선・김진엽 옮김,『삶의 미학』, 서울: 이학사, 2012.

_____, 김광명・김진엽 옮김,『프라그마티즘 미학: 살아있는 아름다움,
    다시 생각해보는 예술』, 서울: 북코리아, 2009.

마크 존슨(Mark Johnson), 김동환・최영호 옮김,『몸의 의미』, 서울: 東文選, 2012.

머레이 북친(Murray Bookchin), 문순홍 옮김,『사회 생태론의 철학』, 서울: 솔
    출판사, 1997.

_____, 박홍규 옮김,『사회생태주의란 무엇인가』, 서울: 민음사, 1998.

모리스 메를로-퐁티(Maurice Merleau-Ponty), 류의근 옮김,『지각의 현상학』, 서울:
    문학과지성사, 2002.

_____, 남수인・최의영 역,『보이는 것과 보이지 않는 것』, 서울: 東文選, 2004.

미셸 푸코(Michel Foucault), 오생근 옮김,『감시와 처벌』(재판), 서울: 나남출판, 2003.

미하이 칙센트미하이(Mihaly Csikszentmihalyi), 최인수 옮김,『몰입: 미치도록
    행복한 나를 만난다』, 서울: 한울림, 2004.

_____, 이희재 옮김,『몰입의 즐거움』, 서울: 해냄, 1999.

볼프강 벨슈(Wolfgang Welsch), 심혜련 옮김,『미학의 경계를 넘어』, 서울: 향연, 2005.

벤자민 슈워츠(Benjamin Schwartz), 나성 옮김,『중국 고대 사상의 세계』
    (개정판), 서울: 살림, 2004.

브라이언 터너(Bryan S. Turner), 임인숙 옮김,『몸과 사회』, 서울: 몸과 마음, 2002.

사라 알란(Sarah Allan), 오만종 옮김, 『공자와 노자, 그들은 물에서 무엇을 보았는가』, 서울: 예문서원, 1999.

수잔 랭거(Susanne K. Langer), 박용숙 역, 『예술이란 무엇인가』(제2판), 서울: 文藝出版社, 2009.

스티븐 제이 굴드(Stephen Jay Gould), 김동광 옮김, 『생명, 그 경이로움에 대하여』, 서울: 경문사, 2004.

아르네 네스(Arne Naess) 외 3인, 이한중 옮김, 『산처럼 생각하라』, 서울: 소동, 2012.

에드워드 슬링거랜드(Edward Slingerland), 김동환 옮김, 『애쓰지 않기 위해 노력하기』, 파주: 고반, 2018.

에드워드 윌슨(Edward O. Wilson), 이병훈·박시룡 옮김, 『사회생물학』, 서울: 민음사, 1992.

엘렌 디사나야케(Ellen Dissanayake), 김한영 옮김, 『미학적 인간: 호모 에스테티쿠스』, 고양: 연암서가, 2016.

앤거스 그레이엄(Angus C. Graham), 나성 옮김, 『도의 논쟁자들』(제2판), 서울: 새물결, 2015.

앤드루 돕슨(Andrew Dobson), 정용화 옮김, 『녹색정치사상』, 서울: 民音社, 1993.

유아사 야스오(湯淺泰雄), 이정배·이한영 옮김, 『몸의 우주성』, 서울: 모시는 사람들, 2013.

정화열, 박현모 옮김, 『몸의 정치』, 서울: 민음사, 1999.

정화열, 이동수·김주환·박현모·이병택 옮김, 『몸의 정치와 예술, 그리고 생태학』, 서울: 아카넷, 2005.

조셉 니덤(Joseph Needham), 콜린 로넌(Colin A. Ronan) 축약, 김영식·김제란 옮김, 『중국의 과학과 문명: 사상적 배경』, 서울: 까치, 1998.

_____, 이석호·이철주·임정대 공역, 『중국의 과학과 문명 II』, 서울: 을유문화사, 1985.

조제프 R. 데자르댕(Joseph R. DesJardins), 김명식·김완구 옮김, 『환경윤리』, 고양: 연암서가, 2017.

G. 레이코프·M. 존슨(George Lakoff & Mark Johnson), 노양진·나익주 옮김, 『삶으로서의 은유』, 서광사, 1995.

_____, 임지룡 외 옮김, 『몸의 철학』, 서울: 박이정, 2002.

줄리언 제인스(Julian Jaynes), 김득룡 역, 『의식의 기원』, 서울: 한길사, 2005.

카를 로젠크란츠(Karl F. Rosenkranz), 조경식 옮김, 『추의 미학』, 파주: 나남, 2008.

프랑수아 줄리앙(François Jullien), 박희영 옮김, 『장자, 삶의 도를 묻다』, 파주: 한울, 2014.

_____, 김설아 옮김, 『풍경에 대하여』, 서울: 아모르문디, 2016.

피터 싱어(Peter Singer), 김성한 옮김, 『동물 해방』, 고양: 인간사랑, 1999.

후쿠나가 미쓰지(福永光司), 이동철·임헌규 옮김, 『莊子: 고대중국의 실존주의』, 서울: 청계, 1999.

徐復觀, 『中國藝術精神』, 臺灣學生書局, 1979.

劉綱紀 著, 『周易美學』(新版), 武漢: 武漢大學出版社, 2006.

封孝倫 主編, 『生命美學與生態美學的對話』, 廣西: 廣西師範大學出版社, 2013.

楊儒賓, 『儒家身體觀』(修訂1版), 臺北: 中央研究院中國文哲研究所, 1988.

楊儒賓 編, 『中國古代思想中的氣論及身體觀』, 臺北: 巨流圖書公司, 1993.

葉朗, 『中國美學史大綱』, 上海: 上海人民出版社, 1985.

張再林, 『作爲身體哲學的中國古代哲學』, 北京: 中國社會科學出版社, 2008.

周與沉, 『身體: 思想與修行－以中國經典為中心的跨文化觀照』, 北京: 中國社會科學出版社, 2005.

陳鼓應, 『老莊新論』, 北京: 中華書局, 1991.

_____, 『老子注釋及平價』(修訂增補本), 北京: 中華書局, 2009.

陳望衡, 『中國古典美學史 上』, 武漢: 武漢大學出版社, 2007.

_____, 『中國古典美學二十一講』, 長沙: 湖南教育出版社, 2007.

崔大華, 『莊學研究』, 北京: 人民出版社, 1992.

崔宜明, 『生存與智慧: 莊子哲學的現代闡釋』, 上海: 上海人民出版社, 1996.

黃俊傑, 『東亞儒學史的新視野』(修訂一版), 臺北: 國立臺灣大學出版中心, 2015.

畢來德(Jean François Billeter) 著, 宋剛 譯, 『莊子四講』, 臺北: 聯經, 2011.

3. 논문

강신주, 「망(忘) 혹은 잊음에 대한 철학적 성찰」, 인문학연구, Vol.10, 2006.

권현주, 「몸」, 현대사상, Vol.1, 2007.

곡본령, 「『莊子』의 '明'에 대한 고찰」, 철학·사상·문화, Vol.20, 2015.

김경수, 「장자(莊子)의 생명사상」, 생명연구, Vol.38, 2015.

김광기, 「정상과 비정상, 그리고 이방인」, 사회이론, No.33, 2008.

김도일, 「莊子的氣槪念」, 儒敎文化硏究(中文版), Vol.24, 2015.

김명석, 「『논어(論語)』의 정(情) 개념을 어떻게 이해할 것인가」, 동양철학, Vol.29, 2008.

김성동, 「윤리의 기원에 관한 한 연구」, 대동철학, Vol.35, 2006.

김성태, 「몸: 주체성의 표현 형식」, 哲學, Vol.43, 1995.

김재숙, 「형·기·신: 심신 대립을 넘어선 도가적 정신 해방」, 철학연구, Vol.98, 2006. (재수록: 손병석 외 공저, 『동서 철학 심신관계론의 가치론적 조명』, 파주: 한국학술정보, 2013.)

김태진, 「홉스의 정치사상에서 '신체'의 문제」, 한국정치학회보, 제51집 제1호, 2017.

김형중, 「『논어』의 '덕' 개념 고찰」, 中國學論叢, Vol.32, 2011.

김희정, 「『黃帝內經』의 身體觀- 感應的 宇宙와 國家 관료체제 위계관념의 융합을 중심으로」, 道敎文化研究, 第20輯, 2004.

도원찬, 「『장자(莊子)』 "포정해우"의 플로우 현상 연구」, 동양예술, Vol.16, 2011.

맹제영, 「장자의 <逍遙遊>라는 행위에 대한 의미분석」, 인간연구, Vol.- No.1, 2000.

민주식, 「추의 미학, 예술학적 의의; 美와 醜, 雅와 俗」, 美學·藝術學研究, Vol.27, 2008.

박병석, 「중국 고대 유가의 '민' 관념」, 한국동양정치사상사연구, 제13권 제2호, 2014.

박상선, 「아도르노 미학에 있어서 추(das Häßliche)의 문제」, 현대미술연구소논문집, Vol.7, 2004.

박상환, 「인문학의 "위기"와 문화연구를 위한 시론 -분과학문의 배타성을 넘어 공존의 학문으로-」, 大東文化研究, Vol.57, 2007.

박소정, 「듀이와 장자의 '자연' 개념」, 철학연구, Vol.0 No.76, 2007.

_____, 「A Comparative study of the Aesthetic viewpoint in John Dewey and Zhuangzi」, 동아연구, No.54, 2008.

손태호, 「『장자』「제물론」의 '天籟' 해석 고찰」, 동서철학연구, No.51, 2009.

송영배, 「심층생태학의 관점에서 접근하는 장자의 상관적 사유와 유기체적 생명관」, 성균관대 유교문화연구소 국제 학술대회, 2016.

안종수, 「『시경』의 자연관」, 철학연구, 제81집, 2002.

오진탁, 「『장자』에 있어서 삼뢰의 문제」, 중국철학, Vol.3, 1992.

윤지원, 「道家의 自然解釋: 老莊의 自然을 中心으로」, 철학과 문화 28집, 2014.

윤지원, 「『莊子』에 나타난 마음(心)과 몸(身)에 대한 고찰」, 中國學研究, Vol.60, 2012.

이강수, 「노장의 생명사상」, 우리사상연구소 편, 『생명과 더불어 철학하기』, 서울: 철학과현실사, 2000.

_____, 「장자의 철학정신」, 철학연구, Vol.18 No.1, 1996.

이동철, 「고대 중국의 인간동물 관계에 대한 인식」, 퇴계학논집, Vol.19, 2016.

이승환, 「'몸'의 기호학적 고찰: 유가 전통을 중심으로」, 기호학연구, Vol.3 No.1, 1997.

_____, 「자본주의 신체미학과 자아정체성: '미적실존'에서 '감성적 실존'으로」, 철학연구, Vol.36, 2008.

이재봉, 「『장자』의 양신(養神)에 대한 고찰」, 동양문화연구, Vol.9, 2012.

_____, 「『장자(莊子)』의 형신론에 대한 고찰」, 동양문화연구, Vol.6, 2010.

이종선, 「『장자(莊子)』 예술론에 대한 반성적 시론」, 東洋哲學研究, Vol.74, 2013.

이종성, 「선진도가의 자연관을 통해 본 현대문명의 비판적 대안」, 哲學論叢, Vol.22, 2000.

_____, 「장자의 참된 지식과 '밝음에 의거함'의 특질」, 大同哲學, Vol.35, 2006.

_____, 「장자의 상상력과 대중문화의 소통」, 동서철학연구, Vol.66, 2012.

_____, 「소요와 노닒 또는 걸림 없는 자유」, 동서철학연구, Vol.67, 2013.

이지은, 「문화학적 장애학을 위한 시론」, 뷔히너와 현대문학, Vol.43, 2014.

이진용, 「『莊子』「徐無鬼」편에 드러난 聖人의 德에 대한 이해」, 中國學報, Vol.73, 2015.

임명규, 「로젠크란츠와 보들레르의 '추의 미'와 캐리커처」, 인문학연구, Vol.54, 2017.

임태규, 「장자(莊子) "덕(德)" 개념의 미학적 해석: 예술 주체의 관점을 중심으로」, 美學·藝術學研究, Vol.31, 2010.

임태승, 「이물비덕(以物比德)관의 내재원리 분석」, 東洋哲學研究, Vol.28, 2002.

임헌규, 「『논어』에서 道·德의 의미」, 동양고전연구, Vol.63, 2016.

정륜, 「90년대 이후 한국의 도가 연구 -박사논문을 중심으로-」, 동서철학연구, Vol.0 No.37, 2005.

정세근, 「미학과 동양의 현대」, 동양예술, Vol.1, 2000.

_____, 「장자의 정신론」, 동서철학연구, Vol.64, 2012.

정용환, 「장자의 제한적 상대주의」, 東洋哲學研究, Vol.59, 2009.

정우진, 「『장자』에서 읽어낸 양생론과 생명관의 변화」, 범한철학, Vol.74, 2014.

정인재, 「중국사상에서의 사회적 不平等: 荀子의 禮論을 중심으로」, 人文研究論集, Vol.21, 1992.

정종모, 「장자의 소요유(逍遙遊)와 정치적 자유」, 철학논집, Vol.16, 2008.

정창록, 「생명 윤리론에서 피터 싱어의 코페르니쿠스적 혁명에 대한 비판적 고찰」, 생명윤리, Vol.12 No.2, 2012.

조민환, 「유가미학에서 바라본 몸」, 東洋哲學研究, Vol.18, 1998.

조송식, 「도(道)의 체득과 회화적 실천, 그리고 자득」, 美學·藝術學研究, Vol.38, 2013.

천영미, 「전국시대 맹자의 "심(心)"에 대한 일고찰」, 東洋哲學研究, Vol.61, 2010.

최일범, 「유교사상의 환경윤리학적 해석」, 東洋哲學研究, Vol.53, 2008.

최진석, 「충돌하는 세계 속의 창조적 인간: 장자의 '참인간'(眞人)」, 동서인문, No.5, 2016.

황갑연, 「유가철학과 생태철학」, 哲學硏究, 제120집, 2011.
졸고, 「체험으로서의 중국산수화」, 동양예술, Vol.43, 2019.

Isaiah Berlin, "Two concepts of liberty", *Four Essays on Liberty,* Oxford: Oxford Univ Press, 1975.

Shusterman, R., "Somaesthetics and Chinese Philosophy: Between Unity and Pragmatist Pluralism", *Frontiers of Philosophy in China,* 10(2), 2015.

Sommer, Deborah A., "Concepts of the Body in the Zhuangzi" In Victor Mair(ed.), *Experimental Essays on Zhuangzi,* 2d ed., Three Pines Press. 2010.

劉笑敢, 「兩種逍遙與兩種自由」, 華中師範大學學報(人文社會科學版), (06), 2007.

賴錫三, 「≪莊子≫身體觀的三維辯證: 符號解構·技藝融入·氣化交換」, 清華學報, 42卷1期, 2012.

賴錫三, 「≪莊子≫的物化差異·身體隱喩與政治批判」, 臺大中文學報, 第40期, 2013.

劉悅笛, 「日常生活審美化與審美日常生活化」, 哲學硏究, (01), 2005.

_____, 「儒道生活美學—中國古典美學的原色與底色」, 文藝爭鳴, (13), 2010.

張再林·張少俁, 「作爲"有味道的形式"的美」, 西北大學學報(哲學社會科學版), 41(01), 2011.

潘知常, 「生命美學:從"本質"到"意義"—關於生命美學的思考」, 貴州大學學報(社會科學版), 33(01), 2015.

封孝倫, 「生命與生命美學」, 學術月刊, 46(09), 2014.

薛富興, 「中國古代自然審美方法」, 雲南師範大學學報(哲學社會科學版), 46(03), 2014.

_____, 「生命美學的自我深化之路」, 貴州大學學報(社會科學版), 34(02), 2016.

_____, 「化:一個來自≪莊子≫的生態觀念」, 西北師大學報(社會科學版), 53(03), 2016.

李淸良, 「中國身體觀與中國問題—兼評周與沉≪身體:思想與修行≫」, 哲學動態, (05), 2006.

張再林, 「作爲"身體哲學"的中國古代哲學」, 人文雜志, (02), 2005.

周秀齡, 「≪莊子≫道「形於內」的思維硏究」, 平人文社會學報, 9卷, 2007.

左劍峰, 「遊物:≪莊子≫的自然審美方式」, 貴州大學學報(社會科學版), 33(02), 2015.

黃俊傑, 「中國思想史中'身體觀'硏究的新視野」, 中國文哲硏究集, 第24期, 2002.

黃勇, 「尊重不同的生活方式:≪莊子≫中的道家美德倫理」, 華東師範大學學報(哲學社會科學版), 2011. (Yong Huang, "Respecting Different Ways of Life: A Daoist Ethics of Virtue in the Zhuangzi", *The Journal of Asian Studies,* Vol.69 No. 4, 2010.)

4. 학위논문

곽소현, 「장자 놀이(遊) 연구」, 서강대학교 박사학위논문, 2016.

김경희, 「『장자』의 변(變)과 화(化)의 철학」, 이화여자대학교 박사학위논문, 2006.

노은임, 「자유와 미: 장자와 칸트에 있어서 실천미학의 가능성」, 성균관대학교 박사학위논문, 2009.

박소정, 「莊子의 인간 '자유'에 대한 고찰」, 연세대학교 석사학위논문, 1994.

_____, 「악론을 통해 본 장자의 예술철학」, 연세대학교 박사학위논문, 2002.

박연숙, 「듀이(J.Dewey)의 경험 미학과 예술 교호작용」, 이화여자대학교 박사학위논문, 2006.

박원재, 「道家의 理想的 人間像에 대한 硏究: '自我의 完成'을 中心으로」, 고려대학교 박사학위논문, 1996.

박희채, 「『莊子』의 生命觀 硏究: 他者性 克服 論理를 中心으로」, 성균관대학교 박사학위논문, 2012.

우제권, 「莊子의 生命美學 硏究」, 원광대학교 박사학위논문, 2008.

이성희, 「莊子 哲學의 실재관 연구: 심미적 성격을 중심으로」, 부산대학교 박사학위논문, 2001.

임태규, 「'덕(德)'을 통해 본 장자(莊子)의 미학 사상에 관한 연구: 예술 창작 주체의 관점을 중심으로」, 성균관대학교 박사학위논문, 2010.

장문호, 「莊子思想의 美學的 硏究」, 동국대학교 박사학위논문, 1986.

조민환, 「老莊의 美學思想에 관한 硏究」, 성균관대학교 박사학위논문, 1991.

함순용, 「고야 판화연작에 나타난 그로테스크 미학 연구」, 성균관대학교 박사학위논문, 2010.

허성두, 「장자의 '몸': 身 개념을 중심으로」, 서강대학교 석사학위논문, 2018.

허정선, 「리처드 슈스터만의 '몸미학'에서의 '살아있는 아름다움'」, 영남대학교 박사학위논문, 2005.

졸고, 「종병「畵山水序」의 形神論的 연구」, 성균관대 석사학위논문, 2015.

李劍虹, 「自然與自由, 莊子身體觀研究 - 以內七篇爲中心」, 安徽大學 博士學位論文, 2011.

張豐豔, 「先秦儒道身體觀及其美學意義」, 複旦大學 博士學位論文, 2005.

馮鳳儀, 「莊子身體觀 - 論逍遙的實踐基礎」, 國立臺灣大學校 博士學位論文, 2016.

박현숙

성균관대학교 동양철학과 철학박사
성균관대학교 동양철학문화연구소 연구원
주요 연구 분야: 중국미학, 중국예술철학

장자, 몸으로 노닐다
생명·생태·삶의 미학

초판인쇄 2019년 11월 11일
초판발행 2019년 11월 11일

지은이 박현숙
펴낸이 채종준
펴낸곳 한국학술정보㈜
주소 경기도 파주시 회동길 230(문발동)
전화 031) 908-3181(대표)
팩스 031) 908-3189
홈페이지 http://ebook.kstudy.com
전자우편 출판사업부 publish@kstudy.com
등록 제일산-115호(2000. 6. 19)

ISBN 978-89-268-9703-4 93150